D1705966

ISBN: 978-3-9523684-0-4
© Copyright: Arthur W. Müller,
pro sana GmbH, Reinach/BL
Fotos und Layout: Autor
Bildbearbeitung: Markus Schönholzer
Lektorat: Jutta Blättler, Dr. André Herrmann, Meta Zweifel
Produktionsüberwachung: Multiprint, Basel
Weitere Informationen: www.prosana.ch und www.vita-sana.ch
E-Mail: muelleraw@vita-sana.ch

Zu jedem Ziel führt ein Weg

81 Tage auf dem Jakobsweg

von Reinach/Basel
nach Santiago de Compostela

Arthur W. Müller

Vorbereitung und Vorgeschichte

*I*rgend ein äusserer Grund, an den ich mich nicht mehr erinnere, gab den Anstoss, auf dem Jakobsweg nach Santiago de Compostela zu wandern. Der Keim dieser Idee nahm immer mehr Gestalt an. Eine mir bekannte Eigendynamik entwickelte sich, genauso wie ich sie in der Vergangenheit zu verschiedenen Trecks im Himalaya, Südamerika oder bei der Umrundung des Kailash erlebt hatte. Ich besorgte mir Bücher, um mehr zu erfahren. Und je mehr ich mich informierte, umso stärker und heftiger wurde der Wunsch aufzubrechen, bis es dann eines Tages kein Zurück mehr gab. Ein Gedanke wird zum Wunsch, der Wunsch wird zur Tat. So einfach ist es!

Aufgrund der Schilderungen kam für mich nur ein Start von zu Hause aus in Frage. So wie sich die Pilger im Mittelalter für eine unbestimmte Zeit von zu Hause verabschiedet hatten, so wollte auch ich den ganzen Weg bis nach Santiago de Compostela erwandern. Bis es dann jedoch so weit war, benötigte ich für die Vorbereitung und die Planung meiner geschäftlichen Abwesenheit noch einige Zeit. Alles sollte auch ohne mich weiter funktionieren. Ein Start Ende Juli erschien mir am geeignetsten, weil ich noch vor Wintereinbruch ankommen wollte, um nach meiner Rückkehr noch rechtzeitig die Planung fürs neue Geschäftsjahr machen zu können. Zudem ist der Herbst mit seinen bunten Farben, dem klaren Himmel, den angenehmen Temperaturen und den vielen frischen Früchten meine liebste Jahreszeit und ideal fürs Wandern.

Ebenso klar war, dass ich mich keiner Gruppe anschliessen wollte. Da Anita, meine Frau, sich von meiner Begeisterung anstecken liess, wollten wir diese Pilgerreise gemeinsam machen. Je näher der Tag des Aufbruchs nahte, umso mehr zweifelte sie jedoch aufgrund von furchterregenden Berichten von Jakobs-Pilgern an ihrer Leistungs- und Leidensfähigkeit, befürchtete unsägliche Strapazen und unmögliche hygienische Anlagen, weshalb sie sich entschloss nicht mitzukommen. Und dann war es plötzlich soweit.

Am Mittwoch, den 26. Juli 2006, machte ich mich sehr motiviert, ja gar etwas euphorisch, jedoch auch mit grossem Respekt vor den Unwägbarkeiten auf den langen Weg nach Santiago de Compostela. Vézelay sollte mein erstes grosses Zwischenziel sein. Vézelay war im Mittelalter ein wichtiger Sammelpunkt der Pilger aus Nordeuropa und Frankreich. Während Ferien im Burgund hatten wir dieses alte Städtchen besucht. Der Kauf einer alten Landkarte mit dem Netz aller europäischen Jakobswege gab meinem Wunsch, eines Tages von hier aus nach Santiago de Compostela zu wandern, einen gehörigen Schub. Ich stellte mir vor, die Gegend um Beaune bis nach Vézelay zumindest vom Auto aus zu kennen. Und nun wollte ich diese ihres guten Weins wegen bekannte Gegend zu

Fuss erwandern. Quer durch den Schweizerischen und Französischen Jura beabsichtigte ich, entlang der Flüsse ins Burgund zu gelangen.

Über die ersten Juraketten erreichte ich das Tal von Kleinlützel, tags darauf St. Ursanne. Die nächsten Etappen gingen dem Doubs entlang nach St. Hippolyte, dann den Desoubre hinauf nach Gigat. Es waren wunderschöne Wanderungen, jeweils am Morgen in der Frühe traf ich die ersten Fischer an.

Inzwischen war Sonntag geworden. Auf der Jurahochebene brannte die Sonne unbarmherzig auf mich nieder. Das Thermometer einer Apotheke zeigte im Schatten 42° Grad Celsius. Der Durst war kaum zu stillen. Ich war froh, nach nahezu 40 km in einem Motel endlich ein freies Zimmer zu finden. Nach einem guten Nachtessen ging ich früh schlafen. Wie in den vergangenen Tagen hörte ich auf dem iPod beruhigende Meditationsmusik und dämmerte vor mich hin. Plötzlich nahm ich einen Schatten wahr, der durch das Fenster ins Zimmer sprang und ich ängstigte mich sehr. Dieser Schatten suchte nach meinem Geld, und ich hörte mich sagen, dass ich nicht mehr Geld bei mir hätte. Darauf wurde er teufelswild, verwandelte sich in einen Gorilla und fing an um sich zu schlagen. In diesem Moment wurde ich hellwach. Ich stand auf und ging zum offenen Fenster, um nachzusehen, ob ein Einsteigen überhaupt möglich sei. Das Zimmer lag mindestens fünf Meter über dem Boden. Ich beruhigte mich und nannte mich selbst einen Phantasten. Für den «Albtraum» machte ich eine Übermüdung und die erlittene grosse Hitze verantwortlich. Ich legte mich wieder ins Bett und schlief die ganze Nacht ruhig und traumlos durch.

Den nächsten Tag nach Ornans ging ich, um die Füsse zu schonen, etwas ruhiger an. Wegen der grossen Hitze vom Vortag und den flimmernden Asphaltstrassen hatten sich die ersten Blasen an den Füssen gebildet. Und der Weg bis Santiago de Compostela war noch weit.

Frühmorgens, beim Verlassen von Ornans, regnete es wie aus Kübeln, und das wiederum machte weniger Spass am Wandern als an den bisherigen Tagen. Gegen Mittag stapfte ich auf einem steilen Waldpfad bergauf, als ich vor mir einen Ammoniten von ca. 7 cm Durchmesser entdeckte. Daheim wollte ich seit Jahren in einem nahegelegenen Steinbruch einen suchen. Und da liegt ein solcher vor mir, wie für mich bestimmt. Einfach so. Unglaublich! Die Wahrscheinlichkeit, ein solches Prachtsstück auf diese Weise zu finden, entspricht wohl einem Sechser im Lotto. Das Glück war mir günstig gesinnt.

Im nächsten Ort, Rurey, machte ich am gedeckten grossen Dorfbrunnen Mittagsrast. Inzwischen hatte es aufgehört zu regnen. Mein Plastik-Regenschutz war ein altes Modell und ohne Austausch der Innenluft. Der Schweiss kondensiert und deshalb waren meine Kleider praktisch ebenso nass, wie wenn ich ihn nicht getragen hätte. Im nächstgrösseren Ort wollte ich dann eine richtige «atmungsaktive» Pelerine* kaufen. Für das Weitergehen legte ich den Regenschutz zum Trocknen, ohne ihn festzubinden, auf den Rucksack. Etwa fünf Minuten ausserhalb des Dorfes merkte ich, dass er fehlte. Als ich mich umdrehte, sah ich ihn rund 70 Meter hinter mir mitten auf der Strasse liegen. Ich überlegte mir noch, ob ich zurückgehen und ihn holen sollte, da er mir nicht von grossem Nutzen gewesen war. Ich legte den Rucksack ab und stellte ihn kurzerhand an den Strassenrand. Beim Zurückgehen fuhr mir ein alter VW entgegen. An diesem Morgen war es erst das zweite oder dritte Auto, dem ich begegnete. Beim Aufnehmen des Regenschutzes drehte ich mich um und sah, wie mein Rucksack ins Auto gepackt wurde und dieses mit Vollgas davonfuhr.

Ich rannte so schnell ich konnte zurück, um mich zu vergewissern, ob ich mich wirklich nicht getäuscht hatte. Keine Spur von meinem Rucksack. Das kann doch nicht wahr sein! Alles ist weg, die Ausweispapiere, Geld, Handy, Kreditkarten, einfach alles. Dabei hatte ich mich so gut vorbereitet. Wie überall geraten, hatte ich das Geld, die Ausweispapiere und Kopien auf die Lendentasche, den Brustbeutel und den Rucksack verteilt. Weil die Lendentasche durch das Schwitzen durchnässt war, der Brustbeutel mich

beim Wandern störte und nicht zuletzt, weil ich in den vergangen Tagen unterwegs kaum Menschen begegnet war, hatte ich an diesem Tag alles in den Rucksack gepackt.

Papierlos, mit lediglich 3.60 Euro in der Hosentasche und nur in leichten Wanderkleidern stand ich nun da und wusste nicht so recht, wie mir geschah. Warum hatte ich nur den Rucksack abgelegt? Dies ist mir auch heute immer noch unverständlich.

Zurück im Dorf erkundigte ich mich nach der Polizei. Da der nächste Posten 20 km entfernt war, rief man den Bürgermeister, damit mir dieser weiterhelfen könne. In meinem Pech hatte ich grosses Glück: der Bürgermeister ist ein pensionierter Kaufmann. Er brachte mich zu sich nach Hause, wo er mich seiner Frau, einer Ärztin, vorstellte. Die avisierte Polizei versprach, gegen 14 Uhr vorbei- zukommen. Sie erschienen zu Dritt, ohne wirklich weiterhelfen zu können. Vermutlich wussten sie nicht so recht, was sie mit mir anfangen sollten. Um die Umstände genauer abklären zu können, erwarteten sie mich am frühen Abend auf dem Posten.

Bis es soweit war, erzählte ich meinen Gastgebern von meinem Vorhaben, wel-

---

*Pelerine ist der französischer Ausdruck für Pilgerin. Dieser Regenschutz oder Umhang wird deshalb in der Schweiz auch heute noch Pelerine genannt.

9

Michèle und Maurice, welche mich nach dem Diebstahl sehr grosszügig aufnahmen und mit Geld für die Heimreise austatteten.

ches nun ein abruptes Ende gefunden hatte, und von meiner Tätigkeit als Herausgeber von *vita sana*. Einer Zeitschrift mit einem Themenschwerpunkt der alternativen, beziehungsweise komplementären Medizin. Es wurde ein Nachmittag mit interessanten Gesprächen, begleitet von einem guten Wein. Michèle erzählte von ihrer früheren Tätigkeit als Ärztin und dass sie aufgehört hatte, zu praktizieren, weil sie merken musste, dass viele ihrer Patientinnen und Patienten in Wirklichkeit gar nicht gesund werden wollten und deshalb die verordneten

Medikamente nicht einnahmen. Die regelmässigen Konsultationen dienten «lediglich» als Vorwand, um eine Schonung zu bewirken oder ein offenes Ohr für ihre Sorgen zu finden. Es ergab sich wie von selbst, dass wir im Verlaufe des Gesprächs auch auf die Vorbestimmung des Lebens, auf Schutzengel und Nahtoderfahrungen zu sprechen kamen. Dabei wurde mir auch klar, dass der Albtraum von Sonntag eine Vorwarnung gewesen sein musste. Michèle meinte dazu, dass ich meinen Rucksack unbewusst abgelegt hätte, um einem tätlichen Überfall zu

entgehen. Sie empfahl mir, auch in Zukunft vorsichtig zu sein, um einen Unfall
oder dergleichen zu vermeiden, da der
Albtraum noch nicht vollständig aufgelöst sei.

Maurice brachte mich gegen Abend
zum Polizeiposten. Verschiedene Proto-
kolle für die Versicherung wurden er-
stellt. Das Ausfertigen eines Personal-
ausweises stellte die Polizei verständli-
cherweise vor Probleme, da sie sich nur
auf meine Aussagen und die Beteuerun-
gen von Maurice, dass ich bestimmt ver-
trauenswürdig sei, stützen konnten. Von
Zeit zu Zeit verschwand einer der Be-
amten, vermutlich, um im Computer
nachzusehen, ob ich zur Fahndung ausge-
schrieben sei. Schlussendlich baten sie
mich, in einem nahegelegenen Hotel zu
übernachten, bis sie am nächsten Morgen mit dem Konsulat Kontakt aufnehmen und für mich neue Ausweispapiere
besorgen könnten. Für Maurice war dies
alles zu umständlich, er erklärte den Poli-
zisten kurzerhand, dass er mich noch am
gleichen Abend die ca. 200 km zurück in
die Schweiz fahren werde. Einen solchen
Einfluss kann nur ein Bürgermeister aus-
üben! Begleitet von den besten Wünschen fuhren wir zurück zu Michèle, die
inzwischen ein gutes Nachtessen zubereitet hatte. Zu Hause konnte ich telefonisch niemanden erreichen, der mich abholen könnte. Alle waren wohl unterwegs, um den 1. August, den Schweizer
Nationalfeiertag, zu feiern. Es wäre zuviel

Auszug aus dem Polizeirapport

von Maurice verlangt gewesen, mich
wirklich zurück nach Reinach zu fahren.
So bat ich die beiden, mir Geld zu leihen
und mich zum nächsten Bahnhof zu fahren. Von den beiden mit je 50 Euro und
Schweizerfranken und einem wärmen-
den Pullover ausgestattet, brachte mich
Maurice zum nächsten Bahnhof. Das
Schicksal hatte es gut gemeint mit mir, indem es die beiden liebenswürdigen und
grosszügigen Menschen meinen Weg
kreuzen liess. Ehrlich, ich weiss nicht, ob
ich in einer ähnlichen Situation ebenso
grosszügig gehandelt hätte.

Um Mitternacht erreichte ich mit
dem letzten Zug Basel. Der ältere Zöllner rieb sich die Augen, als er meinen
Personalausweis sah. In seiner langen
Karriere habe er noch nie ein solches

Dokument gesehen. Die Informatik hat schon ihre Vorteile, denn in kurzer Zeit konnte er mit Hilfe des Computers meine Identität feststellen und liess mich passieren.

In den nächsten Tagen war ich mit dem Sperren der Kreditkarten, der Besorgung neuer Personalausweise, der Information der Versicherungen und dergleichen beschäftigt. Freunde rieten mir,

umgehend eine neue Ausrüstung zu kaufen und sofort wieder dort zu starten, wo ich aufgehört hatte. Ich verspürte jedoch keinen inneren Drang, keinen Antrieb und kein Fernweh mehr. Ich hatte die Erfahrung Jakobsweg gemacht, und das genügte mir, weil ich in diesen wenigen Tagen so viele erfreuliche Erlebnisse hatte wie vielleicht andere auf dem ganzen Weg nicht. Der Diebstahl war bald

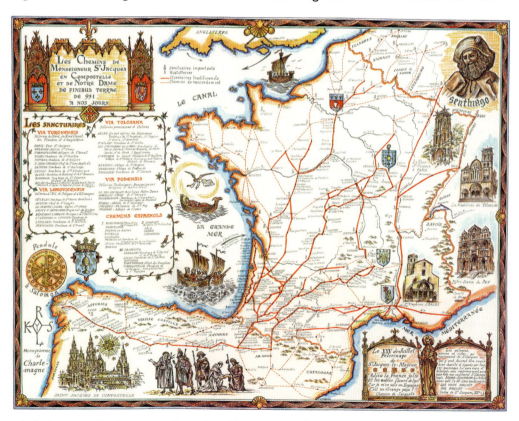

Auf dieser in Vézelay gekauften alten Karte ist ein heute nicht mehr existierender direkter Pilgerweg von Basel nach Vézelay eingezeichnet. Diesen Weg wollte ich gehen

12

einmal nur noch eine Episode, die eben auch dazu gehörte.

Am ersten Wochenende nach meiner Rückkehr unternahmen wir mit der Familie meines Sohnes einen Spaziergang. Dabei forderten mich die drei Enkelkinder zu einem Wettrennen heraus. Dann geschah das Unvermeidliche. Ich stolperte und schlug mit aller Wucht und in voller Geschwindigkeit mit dem Kopf auf dem Asphalt auf. Grosse Schürfungen an Kopf, Armen und Hüften verursachten noch während Tagen grosse Schmerzen. Damit war auch der zweite Teil meines Albtraumes, oder besser gesagt, meiner Vorahnung, eingetreten und somit aufgelöst. Ein deutliches Zeichen, dass für mich die Zeit, den Jakobsweg zu gehen, noch nicht reif genug war.

Etwa zwei Wochen später erhielt ich über meinen Sohn ein Mail von einem Franzosen. Dieser berichtete, dass er beim Joggen im Walde meinen Rucksack gefunden hätte. Er würde diesen zur Polizei bringen, wo ich ihn abholen könne. Am darauf folgenden Wochenende fuhr ich hin, um abzuholen, was von meiner Ausrüstung noch gefunden worden war. Grosse Hoffnungen machte ich mir nicht. Der Finder schilderte mir, dass der Inhalt des Rucksacks auf dem Waldboden zerstreut war. Ich war deshalb erstaunt, nahezu alles wieder vorzufinden. Ausser dem Geld, dem Handy, dem Ammoniten, der vermutlich vom Finder nicht beachtet wurde, und der Schweizer Schokola-

de fehlt nichts. Selbstverständlich besuchte ich auch Michèle und Maurice, um das geborgte Geld und den Pullover zurückzubringen und mich nochmals für die ausserordentlich grosszügige Gastfreundschaft zu bedanken.

Alljährlich treffen wir Myriam und Bruno, Geschäftsfreunde aus der Zeit meiner einstigen beruflichen Tätigkeit, zu einem Essen. Ich war total verblüfft und traute meinen Augen kaum, als ich von ihnen einen Ammoniten als Geschenk erhielt. Dieser Ammonit hat die exakt gleiche Grösse und die gleiche Farbe wie jener, den ich am letzten Tag meiner Wanderung gefunden hatte. Zuerst glaubte ich, dass sie meinen «Original» Ammoniten auf mir unbekannte Weise besorgt hätten. Myriam erzählte, dass ich

Einen Ammoniten in exakt dieser Grösse hatte ich gefunden

vor Jahren einmal gesagt hätte, ich würde liebend gerne einmal einen Ammoniten suchen gehen, hätte aber die dazu nötige Zeit bestimmt nicht gefunden.

Damit war für mich das Unternehmen Jakobsweg definitiv abgeschlossen und alles hatte seine Richtigkeit - so glaubte ich jedenfalls.

Den ganzen Winter hindurch dachte ich nicht im Geringsten an einen Neustart. Mit den wärmeren Frühlingstagen erwachte jedoch auch der «Virus» Jakobsweg wieder. Er liess nicht locker, bis der Wunsch immer konkretere Formen annahm und ich mich erneut mit der Planung beschäftigte.

Das St. Jakob-Fussballstadion oder "Joggeli", wie es in Basel genannt wird, ist weit über die Grenzen hinaus bekannt. Es steht auf dem ehemaligen Feld der Schlacht bei St. Jakob an der Birs. Auf alten Pilgerkarten ist ein Weg von Basel ins Elsass eingezeichnet. Ein Feldweg im Süden von Basel trägt den Namen Jakobsweg und führt hinauf zum Wallfahrtsort Mariastein. Die Mönche, die ich befragte, konnten jedoch keine Auskunft über einen möglichen Verlauf des Pilgerweges geben. Der nächste «Anschluss» für Pilger aus der Region Basel an den Schweizerischen Pilgerweg, der vom Bodensee nach Genf führt, ist in der Nähe von Bern. Diesen zu erreichen, zwingt einen zu einem Umweg von drei bis vier Tagen. Da mir dies zuviel war, entschloss ich mich, wiederum auf einem unausgeschilderten Weg quer durch den Jura zu wandern.

Gemäss verschiedenen Informationen soll der Pilgerweg ab Le Puy-en-Velay schöner, abwechslungsreicher und interessanter sein als jener ab Vezelay. In erster Linie ist er jedoch der älteste, der ursprünglichste Pilgerweg von allen. Auf der Landkarte ziehe ich mit einem Lineal einen Strich von Reinach bis in die Gegend von Lyon. Ob ich Lyon westlich oder östlich umgehen soll, würde ich vor Ort entscheiden. Ungefähr diesem Strich entlang werde ich versuchen, einen möglichst direkten Weg zu finden. Von dort aus sind es dann nur noch wenige Tage bis Le Puy-en-Velay.

1. Tag, 2. August 2007
Reinach - Delémont

Es ist Donnerstag, der 2. August, als ich mich erneut auf den Weg nach Santiago de Compostela begebe. Exakt ein Jahr, nachdem mir bei meinem ersten Versuch in Frankreich meine ganze Ausrüstung gestohlen worden war. Es ist in zeitlicher Hinsicht sozusagen eine Fortsetzung meiner letztjährigen Wanderung, allerdings mit einer ungewöhnlich langen Auszeit. Ich hoffe, dass die Zeit für mich nun reif ist, um das ferne Ziel zu erreichen. Ist es Zufall, dass meine erneute Wanderung genau zu diesem Zeitpunkt beginnt? Keinen Tag früher und keinen Tag später. Aus geschäftlichen Gründen hätte ich nicht früher starten können, und an unserem Nationalfeiertag wollte ich nicht. Bei meinem erneuten Start wiegt mein Rucksack noch 12 kg. Ich weiss, er ist zu schwer. Gemäss den Empfehlungen sollte er nur etwa 10 bis 15 % des Körpergewichtes ausmachen, das heisst, er sollte maximal 9 kg wiegen. Der Rucksack ist jedoch spürbar leichter als letztes Jahr, als ich mit rund 16 kg loszog. Das Übergewicht ist auf die vielen Bücher und Wanderkarten für den ersten Teil des Weges zurückzuführen, dann aber auch, weil ich für den heutigen Tag die gesamte Verpflegung inklusive zwei Liter Wasser eingepackt habe. Ausserdem dürfen für die ersten Tage Schokolade und Dörrfrüchte nicht fehlen. In einem Gürtel mit Geheimfach sind Kopien meiner Reisepapiere und etwas Reservegeld. Und selbstverständlich baumelt, anders als im letzten Jahr, eine Jakobsmuschel als Amulett an meinem Rucksack.

Mental bin ich gut vorbereitet, trotzdem entscheide ich mich erst auf dem Hausplatz zwischen verschiedenen Varianten für die längere, jedoch flache Route der Birs entlang in Richtung Laufen. Bekanntlich führen alle Wege nach Rom, beziehungsweise nach Santiago de Compostela. Ein erstes grösseres Zwischenziel ist der Besuch von Freunden in ihrer Ferienwohnung über dem Doubs, in der Nähe von La Chaux-de-Fonds.

Ich schaue zurück, ob Anita auf dem Balkon ist. Vermutlich hat sie jedoch ei-

Wegstein bei Aesch/BL; 23 Lieues de Berne (23 Orte bis Bern) Eine Lieue entspricht etwa 4.5 km. Dieser Abstand zwischen Orten wurde bei der Besiedlung eingehalten, um den Sippen genügend Raum für ihre Entwicklung zu gewähren.

15

nen Anruf bekommen, und so gehe ich ohne ein letztes Abschiedswinken weiter. Auch wettermässig ist es eine Fortsetzung meiner letztjährigen Wanderung. Der leichte Nieselregen kommt mir bekannt vor.

Auf dem ersten freien Feld hebe ich noch kleinere Steine auf, je einen für jedes Familienmitglied samt den Enkelkindern, und stecke diese in den Rucksack. Wie es Pilgerbrauch ist, will ich diese dann in Spanien einige Tageswanderungen vor dem Ziel ablegen, in der Hoffnung, diesmal so weit zu kommen.

Den ersten Wegabschnitt kenne ich von unseren Sonntagsspaziergängen und von meinen Jogging-Strecken. Ich freue mich, wieder unterwegs zu sein und

Aus dem 1. Weltkrieg stammende Solda-tenmalereien im Chessiloch.

komme gut vorwärts. Ich achte darauf, kein zu grosses Tempo einzuschlagen und haushälterisch mit meinen Kräften umzugehen. Bewusst lege ich jede Stunde ein kurze Pause ein, um eine Kleinigkeit zu essen und zu trinken.

Ich hatte mir vorgenommen, in Laufen in einem Restaurant etwas zu essen. Da es dazu jedoch noch zu früh ist, gehe ich weiter und verschiebe das Mittagessen auf später.

Auf meinem ipod höre ich Wander- und Lumpenlieder. So vergeht, wie mir scheint, die Zeit recht schnell, und ich komme entsprechend gut vorwärts. Ein Tagesziel habe ich mir bewusst nicht gesetzt, wohl aber einige Übernachtungsmöglichkeiten bei der Planung in Erwägung gezogen. Die ersten Tage will ich zum «Einlaufen und Angewöhnen» nutzen und nicht schon am ersten Tag Blasen bekommen. Ich fühle mich wohl, und da es erst früher Nachmittag ist, schiebe ich das Etappenziel immer weiter hinaus und entschliesse mich schlussendlich, bis nach Delémont zu gehen.

Bei meinen Wanderungen machte ich wie auch letztes Jahr oft die Erfahrung, dass die einheimische Bevölkerung über den kürzesten Weg und den dafür notwendigen Zeitbedarf kaum zuverlässig Auskunft geben kann. In der Folge teste ich meine Erfahrungswerte mehrmals und frage nach dem Weg und wie weit es wohl noch sei bis nach Delémont. Gemäss Wanderkarte sind es noch ca. 7 km und bei forschem Gehen benötigt man dafür 1,5 Stunden. Von der Antwort: «es ist nicht mehr weit, in gut einer halben Stunde sollten Sie dort sein» bin ich denn auch nicht sonderlich überrascht. 200

Meter weiter bestätigt ein Wegweiser auch meine Einschätzung. Weil in unserer schnelllebigen Zeit die Menschen kaum mehr eine Strecke von über einem Kilometer zu Fuss gehen, kennen sie den dafür nötigen Zeitaufwand nicht mehr. Solche Wegauskünfte sind immer mit Vorsicht zu geniessen. Ausserdem berücksichtigen Wanderwege nicht unbedingt den kürzesten, direkten Weg, sondern folgen Aussichtspunkten oder besonderen Schönheiten. Eine Erkenntnis, die mir später sicher noch helfen wird, die Wegstrecke und damit die eigenen, notwendigen Kräfte mit meinem Müdigkeitsfaktor richtig einzuschätzen.

Problemlose finde ich eine Unterkunft im Zentrum von Delémont. Bis zum Nachtessen bleibt so genügend Zeit, die Stadt zu erkunden. Obwohl Delémont mit dem Auto nur eine halbe Stunde von zu Hause entfernt ist, habe ich diese Stadt noch nie so gesehen wie jetzt. Da reise ich in der Welt herum, und das Schöne in der Nähe kenne ich kaum! Abends telefoniere ich vereinbarungsgemäss mit Anita, um ihr von meinen Erlebnissen zu erzählen und damit sie sich keine unnötigen Sorgen macht. Sie ist ganz aufgeregt. Kurz nach meinem Weggehen hatte sie meinen Pass auf dem Büropult liegen sehen, der meinem Streben nach Gewichtsbeschränkung zum Opfer gefallen war. Sie habe versucht, mir nachzulaufen. Ich sei jedoch schon über alle Berge gewesen und sie habe mir deswegen vom Balkon aus nicht winken können.

Unglaublich, dieser Weg bei Laufen soll nach Santiago de Compostela führen!

Anita hatte vergeblich versucht, mich auf meinem Handy zu erreichen, welches ich aus geschäftlichen Gründen mitgenommen habe. Obwohl ich glaube, alles gut vorbereitet und geplant zu haben, bin ich ein rechtes Risiko eingegangen, mein Geschäft während einer unbestimmt langen Zeit zu verlassen. Ich bin fest entschlossen, das Handy während des Tages nicht einzuschalten, um die Wanderung ungestört erleben zu können. Jeweils abends will ich nachsehen, ob Anrufe eingegangen sind, die einen Rückruf nötig erscheinen lassen.

Nach einem währschaften Nachtessen lege ich mich schlafen, mit dem festen Vorsatz, morgen eine kürzere Strecke zu bewältigen als die etwa 35 km von heute.

2. Tag, 3. August 2007
Delémont - Montfaucon

Um 06 Uhr ist Tagwache. Möglichst früh möchte ich unterwegs sein, um nicht während der grössten Hitze wandern zu müssen. Mit dem Wirt habe ich am Vorabend vereinbart, um 6.30 Uhr im Restaurant zu sein. Die Türe ist jedoch verschlossen. Ich warte zehn Minuten - umsonst. Alle Türen sind und bleiben verschlossen. Hätte ich das Hotel verlassen können, wäre ich ohne Frühstück losmarschiert. So steige ich nochmals ins Zimmer hinauf und lege mich aufs Bett. Um sieben Uhr versuche ich es erneut - wiederum umsonst. Es ärgert mich grausam, nicht wie geplant losmarschieren zu können.

Ich setze mich auf die Treppe und warte, steige dann nochmals ins Zimmer hinauf. Gegen acht Uhr höre ich Geräusche, und siehe da, der Wirt hat geöffnet. Er merkt mir meinen Ärger an und entschuldigt sich. Dafür serviert er mir ein sehr gutes Frühstück, macht mir einen Spezialpreis für die Übernachtung und schenkt mir einen kleinen Butterzopf als Zwischenverpflegung. Damit ist die Welt auch für mich wieder in Ordnung.

Mit dem Auto sind wir die nächste Strecke oft gefahren, sie ist mir deshalb recht gut bekannt. Es ist jedoch ein total anderes Erlebnis, einen Weg während Stunden zu Fuss zu gehen, der mit dem

Idyllische Passage in der Schlucht La Combe

Auto in wenigen Minuten durchfahren wird. Um nicht der Landstrasse zu folgen, suche ich mir einen Nebenweg und nehme dafür eine längere Strecke in Kauf. Es ist schönes Wetter, und es macht Spass, unterwegs zu sein - der Ärger vom Morgen ist verraucht und hat sich in Nichts aufgelöst. Ab Glovelier nehme ich den Weg durch die bewaldete, kühle Schlucht «La Combe». Es ist ein wahres Wander- und Freizeitparadies, kein motorisierter Verkehr - einfach eine wohltuende Stille. Einzelne Trottinettfahrer, vom Kleinkind bis zur Grossmutter, begegnen mir, sie fahren von den Jurahöhen die Schlucht hinunter. Eine gute Marketingidee der Jurabahn. Wie die Andenbahnen überwindet sie mit Spitzkehren die grossen Höhenunterschiede.

Bewusst trinke und esse ich heute regelmässig, auch wenn ich keinen grossen Hunger und Durst verspüre, denn beim gestrigen Nachtessen merkte ich, dass ich diesbezüglich gesündigt habe. Mit Heisshunger, ja fast gierig, hatte ich das Essen verschlungen.

In der Mittagspause pflege ich meine Füsse, die mich noch weit tragen müssen. Ich bringe einige Pflaster an, damit sich die Rötungen nicht zu Blasen entwickeln.

Nach einer kurzen Rast in einem kleinen, für diese Gegend typischen Gasthof entscheide ich mich, nur bis Montfaucon anstatt bis Saignelégier zu gehen. So kann ich das anschliessende Wegstück bis zu

meinen Freunden in etwa zwei gleich grosse Tagesetappen einteilen.

Vom Langlaufen her kenne ich ein einfaches Hotel und finde dort auch eine Unterkunftsmöglichkeit. Nach dem Duschen schlafe ich 1 1/2 Stunden. Offen-

Ein verführerischer Brunnen in Montfaucon

bar bin ich nach 8 Stunden unterwegs sein doch müder als ich glaubte. Gegen Abend wird es auf der Höhe von 1'000 m trotz des Sommers recht kühl. Beim Abendspaziergang trinke ich mitten im Dorf von einem Brunnen Wasser. Erst im Nachhinein sehe ich das Schild «Kein Trinkwasser». Dies jagt mir einen riesigen Schock ein: Wenn das nur keine Folgen hat! Auf solch stupide Art und Weise will ich mein Unternehmen nicht aufs Spiel setzen, ich nehme mir vor, das nächste Mal besser aufzupassen.

19

3. Tag, 4. August 2007
Montfaucon - Les Planchettes

Ohne Frühstück mache ich mich um 7 Uhr bei strahlend blauem Himmel und schon herbstlich kühlem Wetter auf den Weg. Es ist richtig angenehmes Wanderwetter. In Saignelégier geniesse ich als erster Gast in einem Einkaufscenter Kaffee und frische Gipfel. Das tut mir so richtig gut. Es scheint, als ob das Frühstück, wie letztes

weils frische Früchte und ein Brötchen als Reserve kaufe, um nicht nüchtern starten zu müssen. Ein früher Start hat zudem den Vorteil, nach einem Tagespensum von etwa 8 Stunden bereits am späten Nachmittag und nicht erst bei Dunkelheit eine Unterkunft suchen zu können.

Es ist ein richtiges Vergnügen, über die offene Juralandschaft mit ihren Wiesen und Wäldern zu wandern. Und da dies so richtig Spass macht, folge ich einem Wanderweg und nehme bewusst einen Umweg in Kauf.

An meinem geplanten Tagesziel La Ferrière mache ich im einzigen Gasthof des Dorfes Halt. Ich erkundige mich nach einem Zimmer. Alles besetzt - was mich echt schockt. Ich habe fest damit gerechnet,

Selbst im Sommer liegt herbstlicher Nebel in den Tälern und den Niederungen des Juras.

Jahr, zu einem Problem werden könnte. Wenn ich mich nach den Gewohnheiten der Pensionen und Hotels richte und erst ab 8 Uhr frühstücke, kann ich erst gegen 9 Uhr losziehen - und dies ist eindeutig zu spät. Da ich nun mal ein Morgenmensch bin, werde ich mich vorsehen und darauf achten, dass ich am Abend je-

hier eine Unterkunft zu finden, und etwas anderes gar nicht erst in Erwägung gezogen. Dieses schöne Wochenende nutzen offenbar viele Ausflügler für eine Ausfahrt. Eine Serviertochter gibt mir einige Adressen und Telefonnummern. Nur in einer Herberge, die etwa fünf km entfernt ist, gibt es noch einen Schlafplatz.

Für mich kommt dies auf keinen Fall in Frage, ich gehe doch nicht fünf km zurück, um am nächsten Tag nochmals den gleichen Weg zu machen. Eher schlafe ich in einem Heuschober. Ein Taxi möchte ich nicht nehmen, weil ich auf meiner Wanderung auf jegliches Autofahren verzichten möchte. So telefoniere ich meinen Freunden, ob sie am Abend zu Hause wären und mich auch schon heute empfangen könnten. Ich habe Glück, und so hänge ich nochmals etwa 12 km in der Luftlinie oder mindestens drei Stunden normale Wanderzeit an mein ohnehin schon langes Tagespensum an. Dieser Streckenabschnitt hat es jedoch

Typisch offene Juralandschaft mit den berühmten Freiberger Pferden.

in sich. Zuerst muss ich in eine tiefe Schlucht hinuntersteigen, um auf der anderen Seite wieder hochzuklettern. Drei Stunden vergehen, ich bin hungrig und durstig und noch weit vom Ziel entfernt. Ich telefoniere wieder meinen Freunden, um sie über meine Verspätung zu informieren. Von meinem einige Jahre zurückliegenden Besuch wusste ich, dass ihr Ferienhaus ausserhalb der Ortschaft liegt. Dass es aber vom Dorfkern bis zu ihnen nochmals sechs km sind, daran mag ich mich nicht mehr erinnern. Ernst beginnt mir den Weg zu erklären, und als er merkt, dass ich Mühe haben würde, diesen zu finden, schlägt er mir vor, nach ih-

ren Einkäufen in Les Planchettes auf mich zu warten. Diesen Vorschlag nehme ich dankend an, bin ich zu diesem Zeitpunkt doch schon über 11 Stunden und mindestens geschätzte 50 km unterwegs und so ziemlich am Ende meiner Kräfte.

Nelly und Ernst fahren mir entgegen und treffen mich kurz ausserhalb des Dorfes. Ich bin sehr froh darüber, bin ich doch inzwischen eine weitere Stunde unterwegs gewesen. Marschieren oder Wandern kann man mein Vorwärtskommen nicht mehr nennen, es ist viel eher ein mühsames Vorwärtsschleichen. Nicht nur Durst verspüre ich, auch die Füsse schmerzen stark. Da meine Freunde das

Auto auf der engen Strasse nicht wenden können, gehe ich bis ins Dorf und warte dort auf sie.

Auf dem letzten Wegstück mache ich mir Gedanken, ob ich überhaupt zu ihnen ins Auto steigen soll. Ich überlege mir das Für und Wider und ob es dem Pilgergedanken Abbruch tue, wenn ich mit ihnen nach Hause fahre. Oder soll ich ihnen nur meinen Rucksack mitgeben, um leichter vorwärtszukommen? Ihr Ferienhaus liegt weitab von meinem Weg. Für die Fortsetzung meiner Wanderung muss ich ohnehin die gleiche Strecke wieder zurückgehen. So schiebe ich denn meine Bedenken zur Seite und steige ohne Skrupel zu ihnen ins Auto.

Nach dem Duschen habe ich das Gefühl, als sei mit dem Schweiss, dem Staub und Dreck auch all die Müdigkeit wie weggespült. Ich fühle mich zu meinem eigenen Erstaunen «aufgekratzt» und verspüre keine Lust, mich bis zum Nachtessen hinzulegen, sondern geniesse zusammen mit dem befreundeten Ehepaar bei einem Glas Wein den Sonnenuntergang.

4. Tag, 5. August 2007
Les Planchettes

Es ist Sonntag, und weil ich einen Tag zu früh angekommen bin, verbringe ich bei Nelly und Ernst meinen ersten Ruhetag. Nach den ersten, eigentlich ungewollt happigen Tagespensen ist mir dieser Ruhetag willkommen. Ernst hatte vor wenigen Jahren einen Teil des Spanischen Jakobsweges zurückgelegt. Er gibt mir einige Tipps mit auf den Weg und macht mich auch darauf aufmerksam, dass die Jakobsmuschel an meinem Rucksack verkehrt befestigt sei. Richtig ist, dass die Innenseite der Muschel nach aussen gekehrt am Rucksack hänge, um all die Eindrücke unterwegs symbolisch aufzunehmen. Nach Abschluss der Pilgerreise soll die Muschel dann mit der Innenseite zur Wand aufgehängt werden, um die Erlebnisse zu speichern und zu bewahren.

Wir beide, Ernst und ich, gehören der St. Jakobs-Loge der Odd Fellows, einem weltweiten, politisch und konfessionell neutralen Orden an. Und so sprechen wir auch über die Zukunft unseres Ordens, der wie viele andere Vereinigungen Schwierigkeiten hat, neue, fähige Mitglieder zu rekrutieren.

Unsere Loge hatte bei ihrer Gründung vor 125 Jahren den Namen St. Jakob gewählt. Die Schlacht bei St. Jakob von 1444 begründete in ganz Europa den Heldenmythos der alten Eidgenossen, der bis 1961 in der Schweizerischen Nationalhymne besungen wurde.

Es ist für mich nicht verwunderlich und kein Zufall, der St. Jakobs-Loge beigetreten zu sein und nicht einer der anderen beiden Basler Logen. Ich halte es durchaus für möglich, dass es zwischen meiner Zugehörigkeit zur St. Jakobs Loge und meiner Wanderung nach Santiago de

Mit Nelly und Ernst beim Ausflug an den Doubs

Compostela einen Zusammenhang geben kann oder muss. Vielleicht liegt darin der Grund, warum mich der Jakobsweg so magisch anzieht, so wie mich vor einigen Jahren die Umrundung des heiligen Berges Kailash in seinen Bann gezogen hatte. Damals gelang mir die Umrundung auch erst beim zweiten Versuch, weil beim ersten Mal die Reise nach fünf Tagen aus politischen Gründen abgebrochen werden musste. Ich erachte dies als ein gutes Omen, Santiago de Compostela nun auch im zweiten Versuch zu erreichen.

5. Tag, 6. August 2007
Les Planchettes - Bémont

Nach einem ausgiebigen Frühstück verabschiede ich mich von meinen Freunden und starte sehr früh in Richtung Le Locle in den jungen Morgen hinein. Für mich beginnt nun ein neuer Abschnitt, da ich zum ersten Mal auf meiner Wanderung in eine Gegend komme, die ich noch nicht kenne und die ich weder zu Fuss noch mit dem Auto je bereist habe.

Hier steht die weltweit einzige unterirdische Mühle

Einem Wanderweg folgend komme ich in dieser typischen Juralandschaft gut voran. Auf einem Waldweg trottet ein junger Fuchs in 20 Meter Entfernung während gut 200 Metern vor mir her. Da ein leichter Gegenwind bläst, kann er meinen Geruch nicht aufnehmen - ein schönes Erlebnis. Ich umgehe die weltbekannte Uhrenstadt Le Locle und folge anschliessend der Hauptstrasse bis nach «Col-des-Roches». Hier steht die weltweit einzige unterirdische Mühle, die einen Grundwasserstrom nutzt. Das Museum öffnet erst um zehn Uhr. So lange möchte ich nicht warten und gehe deshalb weiter. Ursprünglich beabsichtigte ich der Hauptstrasse zu folgen. In der Zwischenzeit ist es sehr heiss geworden, sodass ich mich entschliesse, auf einem Wanderweg durch den Wald weiterzugehen. Auf einem vermutlich selten begangenen, mit viel Unkraut überwachsenen, schmalen Pfad bewältige ich einen sehr steilen Aufstieg. Dabei beschleicht mich ein etwas mulmiges Gefühl, hier darf einem nichts passieren. Vermutlich würde es lange dauern, bis ich bei einem Ausrutscher gefunden würde. Mit grösster Vorsicht steige ich weiter und bin froh, auf eine Wiese zu gelangen und dort einen Fuhrweg vorzufinden.

Weil weit und breit kein Brunnen zu sehen ist, frage ich bei einem schönen Bauernhof nach Wasser. Die Bäuerin erklärt mir, dass sie mir nur Regenwasser anbieten könne, weil es in diesem Gebiet kein Quellwasser gibt. Alles Regenwasser versickert im Jurakalk. Regenwasser habe es jedoch reichlich, und zudem sei es gesund. Mit einem Lächeln meint sie, sie sei schliesslich damit auch alt geworden, und die Blumen und Tiere gediehen damit bestens.

Sie empfiehlt mir, durch den Wald nach La Brévine zu gehen. Bei dieser Hitze sei es im Wald bestimmt kühler. Ich folge ihrem Rat, obwohl es wiederum einen grösseren Umweg darstellt. So wandere ich, der spontanen Eingebung folgend, meinem Tagesziel entgegen. Während den bisherigen Wandertagen habe ich gelernt, intuitiv den weiteren Weg zu wählen und auf eine exakte Planung der Route zu verzichten, weil an Ort und Stelle oft unvorhergesehene Hindernisse auftreten können.

Hier lebt alles nur von Regenwasser

Für Spurenleser eine wahre Freude

Mitten im Wald treffe ich auf einen Jogger, der seine Schuhe frisch binden muss. Da er dabei meine Jakobsmuschel am Rucksack baumeln sieht, kommen wir ins Gespräch. Er erzählt mir von seinem Jakobsweg, den er vor zehn Jahren ebenfalls von zu Hause aus bewältigt hatte. Es ist schon merkwürdig, da begegne ich nach Stunden des Alleinseins, weitab von jeglichen Dörfern, einem Mann auf seinem Trainingslauf, der schon mehrere Stunden unterwegs ist und der mir wertvolle Ratschläge für meine Wanderung mitgibt. Er gratuliert mir zu meinem Entschluss und wünscht mir auf meiner weiten Wanderung mit dem Pilgergruss Ultreia alles Gute.

Stunden später erreiche ich, über die typisch offenen Juraweiden gehend, La Brévine, das Sibirien der Schweiz. Ich lösche meinen gewaltigen Durst mit einem

Ein angenehmer Wanderweg führt dem See bei La Brévine entlang.

Liter Cola und stille meinen Hunger mit einem griechischen Salat und viel Brot. Es ist schon unwahrscheinlich, welche Mengen ich verzehre. Ich hoffe, auf meiner Wanderung ein paar Kilos abzunehmen. Aber bei diesem Heisshunger wird es damit wohl nichts. Es sei denn, mein Körper schaltet erst später auf Fettverbrennung, um diese Reserven zu nutzen.

Bei brütender Hitze nehme ich den Rest meines geplanten Tagespensums in Angriff. Auf einem Parkplatz spricht mich ein Ehepaar auf die Bedeutung meiner Jakobsmuschel an. Es bringt den Mund kaum noch zu, als ich ihnen erkläre, in einem Stück nach Santiago de Compostela wandern zu wollen. Sie wünschen mir alles Gute und «Chapeau». Es wird mir erst jetzt so recht bewusst, dass ich im Begriffe bin, etwas für viele Menschen Unvorstellbares vollbringen zu wollen, erst recht mit meinen 69 Jahren. Dies er-

füllt mich einerseits mit einem gewissen Stolz, andererseits steigen auch Zweifel auf, ob ich gesundheitlich und mental genügend Kraft und Reserven habe, um die zweifellos auftretenden Strapazen schadlos zu meistern.

Auf einem Kuhpfad entlang eines Sees ereiche ich mein Tagesziel. Zum Glück hat Ernst für mich ein Zimmer reserviert. Der Gasthof hat nur zwei einfache Zimmer, und die nächste Unterkunft ist einige Kilometer entfernt. Es ist ein geschichtsträchtiger Ort, denn hier machten schon Mönche auf einem oft begangenen Weg von Kloster Montbenoit nach Neuenburg einen Halt.

6. Tag, 7. August 2007
Bémont - Malbuisson

Beim Frühstück setzt sich der Wirt zu mir und erzählt von seiner letztjährigen Reise nach Hamburg. Er sei von Gästen eingeladen worden. Nein, in einer Stadt und einer solch grossen könnte er niemals leben, darauf habe er null Bock. Er sei hier in der Abgeschiedenheit zufrieden, und es fehle ihm an nichts. Sollte er einmal Lust haben, in eine Stadt zu fahren, um zu shoppen, sei er mit dem Auto bald einmal dort. Am Fernsehen könne er das Weltgeschehen verfolgen, und das genüge ihm vollauf. Den Einkauf für das Restaurant mache er einmal die Woche, und das reiche völlig. Im Gegensatz zu uns. Wenn wir nicht jederzeit die Möglichkeit haben, frisches Gemüse und Obst zu kaufen, machen wir ein Geschrei. Es geht offensichtlich auch anders.

In den Ferien ist es ja wunderschön, weitab der Zivilisation zu leben und die Ruhe bzw. Einsamkeit zu geniessen – aber auf die Dauer? Ich frage mich, wie diese Leute das aushalten. Für mich unvorstellbar, obwohl es mir auch bei längerem Alleinsein nicht langweilig wird. Offenbar sind diese Leute mit einem stärkeren Lebenswillen und mehr Kraft ausgestattet als wir Städter.

Die nächste Bahnstation ist viele Kilometer entfernt, und der Bus verkehrt hier zweimal am Tage. Unter diesen Umständen ist an einen Theater-, Konzert- oder Discobesuch nicht zu denken. Verpassen diese Leute nicht viele schöne, kulturelle Veranstaltungen, die das Leben bereichern und dazu beitragen, den Horizont zu erweitern, sich geistig und spirituell weiterzuentwickeln? Wenn bei uns der Bus oder das Tram nicht an der Haustüre vorbeifährt, ist das Ausgehen schon mühsam. Die Möglichkeit, dies nutzen zu können, ist bestimmt ein Privileg von uns Städtern, dessen wir uns jedoch zuwenig oder kaum bewusst sind und folglich oft zu wenig davon Gebrauch machen. Zudem ist Basel in dieser Hinsicht ja Spitzenklasse.

Ein sehr alter Grenzstein mitten im Wald

Nach den schönen und heissen Sommertagen hat gestern Abend ein heftiges Gewitter für eine starke Abkühlung gesorgt. Als ich mich auf den Weg mache, verhindern dichter Nebel und ein feiner

27

Nieselregen die Sicht auf mehr als 50 Meter. So habe ich Zeit, dem Gespräch mit dem Wirt nachzuhängen. Warum werden wir in eine bestimmte Familie, in eine bestimmte Gegend hinein geboren?

Das erste Städtchen in Frankreich

Sind damit dieVoraussetzungen für unser Leben und unsere Entwicklung nicht vorbestimmt, haben somit nicht alle Menschen die gleichen Entwicklungschancen? Da ich die Möglichkeit einer Reinkarnation, also einerWiedergeburt, als real erachte und gemäss der buddhistischen Philosophie an ein erworbenes Karma glaube, ist dies für mich eine mögliche Erklärung für unterschiedliche Lebensvoraussetzungen.

In Gedanken verloren vergeht mir die Zeit wie im Fluge, und es scheint mir, als wandle ich wie in Trance. Trotzdem bin ich hellwach und nehme die Rehe, Füchse und Hasen und deren Spuren bewusst wahr. Bevor ich unter den misstrauischen Blicken eines Zöllners den Zoll bei Les Verrières passiere, bringe ich die nicht mehr benötigten Karten und Bücher auf die Post. Ich glaubte, unterwegs genügend Zeit zu finden, um Bücher zu lesen. Ich merke aber bald einmal, dass ich abends nicht aufnahmefähig genug bin und die gleiche Seite mehrmals lesen muss, um den Inhalt verstehen zu können. Zu stark bin ich mit dem abgelaufenen Tag und dem Suchen nach dem besten Weg für den nächsten Tag beschäftigt. Und natürlich muss ich jeden Tag auch meine verschwitzte und staubige Wäsche im Lavabo so gut wie möglich waschen.

Vor Pontarlier sehe ich bei einer Rast einen TGV. Ich stelle mir vor, wie es wäre, in maximal vier Stunden in Paris zu sein. Ein sehr verlockender Gedanke, der ebenso schnell verschwindet wie der TGV. Eigentlich wäre es Zeit für eine

28

richtige Mahlzeit. Aus einer Mischung aus Hemmungen und der Ansicht, dass es einem Pilger nicht gut anstehe, «vornehm» zu essen, meide ich ein schönes Restaurant.

Über eine Abkürzung strebe ich meinem geplanten Etappenziel entgegen. Aber weit gefehlt, es gibt keine Unterkunftsmöglichkeit. Die nächste ist gemäss Auskünften erst in acht Kilometer Entfernung. Plötzlich nehme ich auch die schmerzenden Füsse wahr. Durch die Sohlen hindurch spüre ich die spitzen Steine, und so wird dieses letzte Wegstück recht beschwerlich, sicher auch, weil ich mich mental nicht darauf eingestellt habe.

Es ist in erster Linie der rechte Fuss, der mir aufgrund meines Beckenschiefstandes Probleme bereitet. Durch die schiefen Strassen und Fahrwege, die gegen den Rand hin abfallen, wird das Problem durch die einseitige Belastung verschärft. Die ersten Verschleisserscheinungen treten auf. In den nächsten Tagen will ich deshalb die Strassenseiten öfters wechseln und mit der in einem Seminar gelernten Ich-Therapie das Problem angehen.

Ich ertappe mich dabei, wie ich vermehrt Leute nach dem Weg oder Unterkunftsmöglichkeiten frage. Ein untrügerisches Zeichen der Übermüdung.

In der Dependance eines guten Hotels finde ich schliesslich ein günstiges Zimmer. Im Hauptgebäude hat man mich offenbar aufgrund meiner Aufmachung nicht aufnehmen wollen, oder man zweifelte an meiner Zahlungsfähigkeit. Egal, die warme Dusche und ein ausgiebiger Schlaf wecken meine Lebensgeister wieder einigermassen. Ich stelle aber auch die für mich üblichen Zeichen von Überanstrengung, wie die von der Leber verursachten Herpesbläschen, Appetitlosigkeit, Sonnenbrand und Hautausschläge fest. Meine Euphorie hat die Signale des Körpers ganz einfach beiseite geschoben, beziehungsweise unterdrückt. Eigentlich nicht verwunderlich bei meinen täglichen Etappen von vermutlich knapp 40 km. Wie ich dies vom Langlauf her kenne, sind die meisten meiner Zehennägel von den langen Abstiegen blutunterlaufen und beginnen sich abzulösen, alles nicht ganz ohne Schmerzen. Nach nur sechs Tagen bin in ich in einem etwas havarierten Zustand, und das ist eigentlich erst der Beginn meiner Wanderung. Um mich zu schonen, schwöre ich mir, am nächsten Tag nur ein kurzes Tagespensum zu vollbringen. Dabei kommt es mir entgegen, dass es das Frühstück erst ab acht Uhr gibt, und dass bei diesem misslichen Wetter ein frühzeitiges Losgehen nicht eben lustig ist.

7. Tag, 8. August 2007
Malbuisson - Chaux-Neuve

Nach über elf Stunden Schlaf bin ich ausgeruht und erholt aufgewacht. Ich freue mich auf das Weitergehen. Ein reichliches Frühstück, hat schliesslich auch 9.50 Euro gekostet, brachte meine Lebensgeister wieder voll auf Vordermann. Das Fräulein am Empfang hat für mich eine Pension in ca. 20 km Entfernung ausfindig gemacht und ein Zimmer reserviert. Auf diese Weise werde ich meinen Vorsatz, den heutigen Tag etwas gemächlicher anzugehen, auch einhalten müssen.

Ich durchwandere eine Jura-Landschaft, die sich in den letzten Tagen nur

Eine Mohn- und Kornblumenwiese, wie ich sie von früher her kannte

durch Nuancen unterscheidet. Riesige Wälder wechseln mit offenen Juraweiden und kleinen Seen ab. Das Wetter ist, wie so oft im Jura, unfreundlich und kühl, zwischen den Bäumen ziehen sich Nebelfetzen hin, die der ganzen Landschaft etwas Gespenstisches verleihen. Ich begegne auch kaum einem Menschen, die Dörfer scheinen wie ausgestorben zu sein. Ein Wetter, bei dem wir sagen: Da schickt man keinen Hund nach draussen.

Diese Gegend ist durch viele erfolgreiche Langläufer bekannt geworden, und auch internationale Langlaufwettbewerbe werden hier regelmässig durchgeführt. Mich wundert nur, wo all diese Teilnehmer übernachten, es gibt kaum ein anständiges Hotel.

Bei der ersten Rast bemerke ich das Fehlen der Trinkflasche und der Ohrhörer des iPods. Ich habe nicht realisiert, wo ich diese verloren oder allenfalls liegen gelassen habe. Die kühlen Temperaturen - in einem Dorf hat die Apotheken-Reklame gerade mal 14 Grad angezeigt - halten meinen Durst in Grenzen. Viel mehr beunruhigen mich die Blutspuren in meinem Stuhl. Ich kann mich nicht erinnern, dies jemals festgestellt zu haben.

Bei meiner Ankunft überrascht man mich mit der Mitteilung, dass es keine freien Zimmer mehr habe. In der dazugehörenden «Gîte» habe es jedoch noch viele Schlafmöglichkeiten, falls mir das nichts ausmachen würde. Will ich mei-

Wunderbar dekorierte Dorfbrunnen sind im Jura überall zu finden

nem Vorsatz treu bleiben, bleibt mir keine andere Wahl, und so sage ich etwas widerwillig zu. Ein Gîte ist so etwas wie eine Jugendherberge. Man schläft im eigenen Schlafsack und in Mehrbettzimmern. Ich bin ganz alleine in der grossen, für etwa 50 Personen ausgelegten Unterkunft. Es hat alles, was es braucht, um den Aufenthalt so angenehm wie möglich zu gestalten. Küche, Waschmaschine, Dusche, Fernseher, Cheminée.

Ich erledige dringende Sachen. SMS zu Geburtstagen schreiben, Batterien aufladen, Tagebuch schreiben, Wäsche waschen. Gestern war ich dafür zu müde, um so gründlicher wird es heute erledigt. Das Abendessen nehme ich mit grossem Genuss im Hotel ein.

Fazit: Wenn man nicht an die Grenzen geht, ist der Genuss der Erlebnisse und die Wahrscheinlichkeit, das Ziel zu erreichen, bestimmt grösser.

Den ganzen Tag alles grau in grau. Auch dies ist im Jura üblich

8. Tag, 9. August 2007
Chaux-Neuve - St-Laurent-en-Grandvaux

Wie die letzten Tage beginnt auch dieser - nämlich grau in grau. Es ist recht kühl, als ob

Praktisch Winter mitten im Sommer

es November wäre. Es regnet und regnet. Mein Regenponcho hält mich trocken und bei guter Laune. Im Regen zu wandern ist bei geeigneter Kleidung ei-gentlich kein Problem, wenn sich daraus nicht ein anderes Problem ergeben würde. Eine Rast ist, sofern kein Unterstand oder Unterschlupf zu finden ist, schlichtweg unmöglich. Man kann doch den Regenschutz nicht ausziehen, um die Zwischenverpflegung aus dem Rucksack zu nehmen, und sich in die nasse Wiese setzen. Bis man wieder marschtüchtig ist, wäre man durch und durch nass. In dieser Situation ist für mich die Konsequenz ganz einfach – ich gehe ohne Rast weiter. Und so wandere ich diesen Morgen ohne zu essen und zu trinken bis am Mittag.

Auf die Wanderung habe ich meine Skistöcke als «Walkingstöcke» mitgenommen. Sie helfen, aufrechter zu gehen

Eines der vielen kleinen, idyllischen Klöster an einsamen Juraseen

und damit den Rücken, und bei abfallendem Gelände die Knie zu entlasten. Schon die frühen Pilger wussten von diesem Vorteil, und so wurde wohl der «Pilgerstab» geboren. Er hatte für die Pilger zudem den Vorteil, sich damit verteidigen zu können. Bei dauerndem Regen haben die Stöcke grosse Nachteile. Um sie halten zu können, müssen die Arme aus dem Poncho in den Regen hinaus gestreckt werden. Bedingt durch die Kälte und Nässe spüre ich meine Finger nicht mehr, und ausserdem sind die Ärmel meiner Kleider völlig durchnässt. Erst als ich die Stöcke zusammengeschoben unter dem Regenschutz trage, merke ich zu meinem eigenen Erstaunen, wie sehr ich mich beim Gehen bereits daran gewöhnt habe und welche Erleichterung sie mir bieten. Zu Hause hatte ich mich beim Entscheid, sie mitzunehmen oder nicht, schwer getan. Nicht nur, weil sie ein zu-

sätzliches Gewicht darstellen, sondern weil ich das «Nordic Walking» etwas albern und eines Bergsteigers unwürdig finde.

Eigentlich beabsichtigte ich heute wieder eine etwas längere Etappe zu leisten. Bei diesem Dauerregen entschliesse ich mich beim Mittagessen in St-Laurent-en-Grandvaux, nach etwa 24 km, für einen frühzeitigen Abbruch der Übung, zumal das kleine Hotel noch über ein freies Zimmer verfügt. Nach dem Essen lege ich mich hin, höre Musik und lerne auf dem iPod die ersten Spanisch-Lektionen.

9. Tag, 10. August 2007
St-Laurent-en-Grandvaux - St-Lupicin

Wie könnte es anders sein, der Start erfolgt bei Nieselregen. Ich wandere durch ein einsames Gebiet, langen geraden Strassen entlang. Links und rechts bewaldete Hügelzüge. Es scheint mir, als ob es eine Geistergegend sei, oder ich bin für die anderen Lebewesen der Geist. Als wäre ich von einem anderen Planeten, starren mich weidende Pferde mit grossen, fragenden Augen an und hören gar mit Fressen auf. Das Gras hängt ihnen dabei aus dem Maul heraus. Erst wenn ich vorbeigegangen bin, wird das Kauen wieder in Gang gesetzt.

Die Dörfer sind wie ausgestorben, weit und breit keine Seele. Ich sehe niemanden arbeiten oder einkaufen gehen.

Nahezu auf Schritt und Tritt findet man in dieser Gegend Erinnerungstafeln an den 2. Weltkrieg

Wenn nicht aus einigen wenigen Häusern kleine Rauchwölklein steigen würden, müsste man annehmen, die Leute seien aus irgend einem Grunde zum Verlassen der Häuser gezwungen worden oder hätten in Panik alles stehen und liegen lassen.

So habe ich Zeit, dem Gedanken nachzuhängen, was mich eigentlich nach den Erfahrungen des letzten Jahres dazu drängte, diese Wanderung nochmals in Angriff zu nehmen. Da ich nicht katholisch bin, ist es bestimmt nicht aus religiösen Gründen und um für etwas Busse zu tun. Vom Alter her habe ich die «Midlife-Krise» hinter mir und brauche nicht nach einem neuen Sinn des Lebens zu suchen. Abenteuerlust ist es bestimmt auch nicht, da ich diesbezüglich glaube, meine Hörner abgestossen zu haben. Abstand vom bisherigen Leben zu gewinnen und eine Neuorientierung zu finden, wie es Arbeitlose tun, kann ebenfalls nicht der Grund sein. Ist es eine innere Sehnsucht nach vergangenen Epochen, die mich zu dieser Wanderung drängte? Einem Problem davonlaufen muss ich nicht, da ich annehme, intelligent genug zu sein, um zu wissen, dass es bei der Rückkehr noch immer da sein würde. Im Gegenteil, es brauchte eine gewisse Dosis Mut und Vertrauen, dass sich während meiner Abwesenheit im geschäftlichen Bereich keine gravierenden Probleme auftun würden. Kurz, ich weiss es nicht und bin gespannt, ob sich im Laufe der Wanderung eine Begründung aufdrängt.

Im Gegensatz zu den vergangenen Tagen ist hier zwischen verfallenden Häusern kaum ein geschmücktes Haus zu sehen. Vermutlich ist die Landflucht der Jugend sehr gross. Die wenigen renovierten Gebäude werden wahrscheinlich von den Erben als Ferienwohnungen genutzt, so wie dies auch bei uns im Tessin oder Bündnerland oft der Fall ist. Wo frühere Generationen mit viel Liebe eine Existenz und ein Zuhause aufbauten, verfällt nun alles in kurzer Zeit zu einem armseligen Durcheinander. Schade!

Es macht den Anschein, als ob die Einwohner vom letzten Weltkrieg noch immer traumatisiert wären und die Auswir-

kung sich in dieser Form der Zurückgezogenheit äussert. Sehr oft und selbst an unerwarteten Orten, mitten im Felde oder Wald, finden sich Gedenksteine und Tafeln für die Opfer der Résistance.

Menschenleere Dörfer noch und noch

St-Lupicin ist ein verhältnismässig kleines Dorf mit vielleicht 1'000 Einwohnern. Vermutlich spielte es im frühen Mittelalter eine grössere Rolle, weil hier eine schöne, im römischen Stil erbaute Kirche steht, nota bene das älteste Gotteshaus des ganzen Juras.

Ein idelaer Rastplatz zum Sitzen

Bei mindestens fünf Hotels oder Gasthöfen versuche ich eine Unterkunft zu finden – leider vergebens, weil alle geschlossen sind. Das Glück steht mir einmal mehr zur Seite, indem die Tochter einer kleinen Pension nach Hause kommt und ihrer Mutter ruft, dass jemand ein Zimmer suche. Selbstverständlich(!) gibt es hier kein Nachtessen, und ein Restaurant, das geöffnet ist, gibt es natürlich auch nicht. So gehe ich zum ersten Mal in meinem Leben in eine Kebab-Bude. Da sie für unsere Verhältnisse eher schmuddlig ist, braucht es für mich eine

grosse Überwindung, hier etwas zu essen. Die Frittes, den Kebab und das Cola verschlinge ich jedoch mit grossem Hunger und Genuss.

Von meinem Zimmer aus kann ich mitverfolgen, wie sich eine erstaunlich grosse Menschenmenge zu einer Abdankung versammelt. Es muss eine wichtige Persönlichkeit gewesen sein, denn verschiedene Vereinsdelegationen mit ihren Fahnen stehen Spalier. Nach dem Gottesdienst geleitet die Trauergemeinde mit Trauermusik und gesenkten Fahnen den Sarg aus dem Dorf hinaus zum Friedhof. Es herrscht eine unwirkliche, skurrile Atmosphäre wie in einem Film von Fellini. Da erinnere ich mich plötzlich daran, dass Anita mich in der letzen Nacht im Schlaf gerufen hat – ob wohl ein Zusammenhang besteht, oder ob es eine ähnliche Vision ist wie letztes Jahr vor dem Raub? Ich nehme mir vor, die nächsten Tage besonders achtsam zu sein und keine Risiken einzugehen.

Am Abend noch geschäftliche Telefonate erledigt, weil im Büro eine Unsicherheit betreffend der nächsten Ausgabe besteht. Auch die Bank hat angerufen und um Instruktion gebeten, weil die Börse verrückt spielt (ein Jahr vor der grossen Finanzkrise).

10. Tag, 11. August 2007
St-Lupicin - Oyannax

Wie in den vergangenen Tagen ist der Himmel bedeckt, Nebelschwaden verhindern eine klare Sicht.

Einem beschilderten Wanderweg folgend befinde ich mich unvermittelt in meterhohem Gras. Ohne dass ich es bemerkte, folgte der Wanderweg einem Wildwechsel. Ein erstaunter Rehbock kann es nicht fassen, dass ich so plötzlich vor ihm stehe. Er macht nicht die geringsten Anstalten zu flüchten, als ob er wüsste, dass keine Gefahr von meiner Seite zu befürchten ist.

Eine überraschende Begegnung

Soll ich umkehren oder weitergehen? Gemäss Karte dürfte es bis zu den nächsten Häusern nur höchstens 1.5 km weit sein. Ein Umkehren und einen neuen Weg suchen würde mir sicherlich zusätzliche zwei Stunden Wanderzeit abverlangen. So entschliesse ich mich, durch das hohe Gras weiterzugehen in der Hoff-

nung, den Wanderweg wiederzufinden. In kürzester Zeit bin ich vom nassen Gras vollkommen durchnässt. Einer Hochspannungsleitung folgend stehe ich, wie erhofft, nach etwa einer halben Stunde vor den erwarteten Häusern. Soll ich nun einfach durch einen grossen Garten auf den Weg gehen oder diesen umgehen? Der Gedanke, wie ich reagieren würde, wenn an einem Sonntagmorgen plötzlich ein völlig Unbekannter durch eine Wiese kommend meinen Garten durchqueren und an der Terrasse vorbeigehen würde, geht mir durch den Kopf. Das muss ja ein Landstreicher sein - höchst verdächtig! Ich zögere nicht lange und bemühe mich, möglichst unauffällig am Haus vorbeizugehen und im Dorf zu verschwinden.

Gemäss meiner geplanten Route sollte ich nun dem wiedergefundenen Wanderweg folgen. Da er mir jedoch nicht über alle Zweifel erhaben scheint, frage ich vorsichtigerweise einen Mann. Dieser rät mir denn auch davon ab, da er nur schwer zu begehen sei. Er empfiehlt mir einen grösseren Umweg zu machen, um garantiert ans Ziel zu kommen. Da ich so schnell wie möglich vorwärts kommen und Kräfte sparen will, scheue ich, seit ich losgezogen bin, jeden Umweg. Einer Eingebung folgend beherzige ich jedoch den Rat und erreiche auf gutem Weg bei St-Romain-de-Roche einen Wegweiser mit dem Hinweis «Route du Pèlerin». Wenn es auch noch nicht der Jakobsweg ist, so

Ich bin auf dem Pilgerweg!

bin ich nun auf einem Pilgerweg. Diesem folgend, treffe ich mitten im Wald, auf einem Felssporn stehend, auf die dem heiligen St. Lupicin geweihte römische Kapelle aus dem 10. Jahrhundert. Der Sage nach soll hier der heilige Lupicin ums Jahr 400 gestorben sein, und deswegen hat sich hier ein bedeutender Wallfahrtsort entwickelt.

An diesem friedlichen Ort raste ich etwas länger und geniesse die Aussicht über das weite Tal der Bionne. Für den Abstieg wähle ich den Weg für Pilger und nicht jenen für geübte Wanderer. Was nach nur wenigen Minuten folgt, übersteigt die Vorstellungskraft eines Pfades. In einer mit kleinen Bäumen und Gebüsch bewachsenen Felsrinne hangle ich mich von einem Baum zum anderen. Die Handschlaufe meiner Stöcke hänge ich an einer Astgabel oder einem festen Stein ein, um mich dann vorsichtig Tritt um Tritt rückwärts hinunterzutasten. Durch den Regen der vergangenen Tage sehr schlüpfrig gewordenes Gras und Erde zwingen mich zu grösster Vorsicht, um

nicht auszurutschen. Nach etwa einer Stunde gelange ich schweissgebadet auf ein Weglein. Da ich glaube, ein recht geübter Berggänger zu sein, kann ich mir beim besten Willen nicht vorstellen, was das, was ich eben hinter mich gebracht habe, mit einem Pilgerweg gemeinsam

Endlich findet mein Abstieg ein Ende

haben soll. Ich wage nicht daran zu denken, was geschehen wäre, falls ich ausgerutscht und abgestürzt wäre. Wie so oft werde ich mir erst im Nachhinein der Gefährlichkeit einer Situation bewusst. Heute begleitet mich offenbar ein besonderer Schutzengel. Wie treffend und wie auf mich zugeschnitten ist die Aussage der Tafel, die ich kurz darauf am Wegrand finde.

Unten im Tal verarzte ich meine Füsse, die durch den Abstieg und die Nässe stark gelitten haben. Mit trockenen So-

Auf altem Weg durch Buchs-wälder dem Lou entlang

cken fühle ich mich dann wesentlich besser, und meine Füsse schmerzen bedeutend weniger. Ein schöner Wanderweg entlang der Bionne und durch Buchswälder entschädigt mich für die erlittenen Strapazen und macht das Erlebte bald vergessen. Dieser Weg muss aufgrund der überwachsenen Mauern sehr alt und die einzige Verbindung im Tal gewesen sein.

Obwohl ich erst etwa 15km zurückgelegt habe, ist die Mittagszeit vorbei. Etwas wenig für eine Tagesleistung. Auf einer schönen Restaurantterrasse mache ich eine ausgiebige Rast. Und da es Sonntag ist, verwöhne ich mich mit einer guten Pizza, einem Glas Wein und einer Glace. Frisch gestärkt nehme ich den nächsten Abschnitt in Angriff. Die morgendlichen Strapazen habe ich offenbar gut verdaut, ich spüre keine Müdigkeit. Um nicht auf der Landstrasse gehen zu müssen, wähle ich einen grösseren Umweg mit einem langen Aufstieg durch einen

Wie wahr, da war ich wirklich in den Wolken

Wald. Der Nachmittag wird zu einem schönen Sonntagsspaziergang.

Weil ich die örtlichen Unterkunftsmöglichkeiten an meinen Etappenorten nicht kenne, versuche ich es jeweils bei der erstbesten Gelegenheit. In einem alten, miefigen Hotel warte ich an der Rezeption trotz mehrmaligen Läutens etwa 15 Minuten. Da niemand kommt, verlasse ich es mit einem etwas unguten Gefühl (warum eigentlich?). Im Zentrum finde ich in einem gepflegten Hotel ein günstiges Zimmer und im einzigen geöffneten Restaurant beim Bahnhof auch spät abends noch etwas zum Essen.

11.Tag, 12.August 2007
Oyannax -Labalme

Nach einem sehr einfachen Frühstück mache ich mich auf den Weg und marschiere der Hauptstrasse entlang. Immer auf der linken Seite, wie es bei uns Vorschrift ist, damit ich die entgegenkommenden Autos sehe und ausweichen kann. Alle Strassen, egal welcher Kategorie, fallen am Rande mehr oder weniger stark ab. Auf die Dauer stellt diese Eigenheit für die Füsse und die Hüftgelenke eine nicht zu unterschätzende Belastung dar. Ein Feldweg ist im Gegensatz dazu die reinste Wohltat. Nach Möglichkeit bevorzuge ich nun für meine Etappen viele Wald-

und Feldwege, auch wenn ich deswegen einige Kilometer weiter gehen muss. Pech, wenn auch diese Wege geteert sind. Heute geht es jedoch nicht anders.

Im Laufe des Morgens wird es immer wärmer, treffender gesagt, die Sonne brennt unerbittlich herunter. Unterwegs kaufe ich Früchte ein. Passiere den wunderschönen und fischreichen Lac de Nantua. Der Gedanke, hier eine Rast einzuschalten, ist verführerisch. Ich entscheide mich weiterzugehen, weil es noch nicht Zeit für die Mittagsrast ist. Ich bin mir jedoch sicher, später einmal hierher zu fahren.

Bei einem Friedhof, im Schatten einer Linde, verpflege ich mich und halte dann eine kurze Siesta. Bestimmt ist es ungewöhnlich, bei einem Friedhof zu rasten. Seit dem Vorjahr weiss ich jedoch, dass in Frankreich bei jedem Friedhof und bei jeder Kirche Trinkwasser zu finden ist.

Einzigartige Blumenfelder auf Magerwiesen, wie wir sie vor fünfzig Jahren auch bei uns noch kannten

Auf einer stark befahrenen Strasse mit viel Verkehr und bei brütender Hitze ereiche ich Labalme. Von weitem sehe ich die Werbung «Grottes du Cerdon», und gleich nebenan hat es in einem Landgasthof ein freies Zimmer. Da es bereits später Nachmittag ist, mache ich mich, ohne vorher zu duschen, sofort auf den Weg, um trotz den schmerzenden Füssen die Grotten zu besuchen. Der heisse Asphalt hat ihnen zugesetzt, sie

Mit Tau versilbertes Kunstwerk der Natur

Tropfsteine in den «Grottes du Cerdon»

sind daher stark geschwollen. Ein kühles Fussbad würden sie jetzt bestimmt bevorzugen.

Trotzdem, ich habe Glück und kann die letzte Nachmittagsführung mitmachen. Während 1 1/2 Stunden durchwandert man von oben die grosse Tropfsteinhöhle, und weil der Boden kühl ist, leiden meine Füsse kaum. Der unterste Höhlenteil wurde früher zur Reifung von Käse genutzt. Ein einmaliges Erlebnis, das eine Reise wert ist.

12. Tag, 13. August 2007
Labalme - Ambérieux-en-Bugey

*E*s ist ein wunderschöner Morgen. Hätte unbedingt früher starten sollen, wie im Vorjahr, um die grosse Mittagshitze zu meiden.

Das Dörfchen Cerdon, umgeben von Weinbergen

Das Frühstück wird entsprechend den Gewohnheiten von normalen Touristen erst relativ spät serviert. Und ohne Frühstück macht mir das Wandern nicht so viel Spass, auch wenn das Wetter noch so schön und angenehm ist. Kommt hinzu, dass ich das Frühstück bezahlen muss, auch wenn ich es nicht einnehme. Also muss ich mich entscheiden, entweder ohne Essen zu starten oder ein morgendliches «Picknick» auf dem Zimmer zu veranstalten und dem Wirt zu viel zu bezahlen. Mein Motor braucht mindestens einen Kaffee, um auf Touren zu kommen. So bleibt es ein ständiges Abwägen, mit oder ohne Frühstück auf den Weg zu gehen. Ist die nächste Ortschaft nur etwa eine bis zwei Stunden entfernt, wird ohne Frühstück gestartet, dann müssen ein Apfel oder eine Banane und etwas Wasser genügen.

Einem auf der Karte nicht eingezeichneten Pfad folgend, steige ich ins Tal hinunter und komme bald ins idyllische Cedron. Um nicht immer auf der verkehrsreichen Landstrasse gehen zu müssen, nehme ich die Überquerung eines hohen Hügels in Kauf.

Es ist schon eigenartig: Da gehe ich jeden Tag, lege ein Stück Weg zurück und hoffe, irgendwann das Ziel zu erreichen. Selbst dann, wenn ich von den einzelnen Etappen, geschweige denn vom ganzen Weg, mir realistischerweise keine Vorstellung machen kann. Ich weiss jedoch, dass ich mit jedem Schritt dem Ziel näher komme - früher oder später. Um in der Natur wandern zu können, mache ich nun freiwillig grössere Umwege. Dazu gehören bei brütender Hitze leider auch lange, sehr lange Strecken auf der Landstrasse. Dabei kommt es des Öfteren vor, dass mir ein Autofahrer den Vogel zeigt. Warum ist mir nicht klar.

Idyllischer Dorfbrunnen und Bach in Cerdon

Von weitem sehe ich Ambérieux, mit Einkaufscentern und viel Industrie, eben eine richtige, urbane Stadt. Eine Unterkunft zu finden, sollte eine Leichtigkeit sein. Denkste, ich marschiere einige Kilometer aufwärts ins Zentrum. Nichts zu machen. Erst nach einem weiteren Marsch von mindestens einer halben Stunde finde ich in der Nähe des Bahnhofes, ganz auf der anderen Seite der «Stadt», oder sollte man es nicht eher Dorf nennen, endlich ein kleines, mickriges Hotel. Dessen Preise stehen ganz im

Aber auch die längsten Asphaltstrecken haben mal ein Ende. Der Besuch eines Schlosses, einer Kirche oder sonst einer Sehenswürdigkeit kommt mir in solchen Situation sehr gelegen. Es ist dann nicht nur eine geistige Abwechslung, sondern auch eine körperliche Erholung. So besichtige ich heute in Ambronay die Kirche und das Kloster aus dem 12. Jahrhundert, die auch eine Reise wert sind. Das Departement Ain ist reich an vielen sehenswerten Schlössern - eines erinnert mich an Schloss Schwanstein, nur ist es weniger bekannt.

Endlos scheinende Apshaltstrassen gehören auch zum Pilgern.

43

Gothischer Kreuzgang im Kloster Ambronay

Gegensatz zur seiner Grösse. Logisch, hat es doch das Monopol am Platze. Dafür ist die Bedienung umso freundlicher.

Ich bringe ein weiteres grösseres Paket mit den nicht mehr benötigten Karten, bei Besichtigungen eingesammelten Prospekten und anderen unnötigen Habseligkeiten zur Post. Ich stelle mir vor, dass ich morgen mit einem derart erleichterten Rucksack geradezu fliegen müsste.

Ich habe das Gefühl, nun schon seit vielen, vielen Wochen unterwegs und hunderte von Kilometern von zu Hause weg zu sein. Dabei sind es noch nicht einmal ganz zwei Wochen. Wie weit man

doch in in dieser Zeit kommt. Und dabei fühle ich mich sehr wohl. Zu Hause meine ich etwas zu verpassen, wenn ich die Tagesschau nicht sehe. All die Neuigkeiten und Nachrichten fehlen mir jedoch überhaupt nicht, und es lebt sich trotzdem gut!

Ursprünglilch plante ich, auf kürzestem Weg durch die grosse Ebene mit hunderten von Seen, bzw. Weihern, nördlich von Lyon direkt St. Etienne anzusteuern. Beim näheren Studium der Karte sehe ich, dass diese Ebene nahezu waldlos ist. So entscheide ich mich, östlich von Lyon vorbeizugehen, um auf den von Genf her kommenden Jakobsweg zu stossen, der bei Chavanay die Rhône überquert. Dies hat zudem den Vorteil, dass ich etwa 10 Tage früher auf dem richtigen Jakobsweg sein werde. Ich hätte nie gedacht, dass es mir so leicht fallen könnte, einen Umweg von mindestens zwei Tagen zu wählen, nur weil mir dieser verschiedene Vorteile verspricht. Wissen werde ich es nie, ob der kürzere Weg doch nicht besser gewesen wäre.

PS: Die Füsse machen immer besser mit, und die ersten Blasen sind nahezu verheilt.

13. Tag, 14. August 2007
Ambérieux-en-Bugey - Hières-sur-Amby

Weil das Hotel kein Touristenhotel ist, kann ich um 6.30 Uhr frühstücken und mich zeitig auf den Weg machen. Auf der Landstrasse mit wenig Verkehr erreiche ich um neun Uhr Lagnieu. Es ist immer wieder schön zu erleben, wie ein Markt-Städtchen erwacht, wie die Franzosen das frische Brot holen und die ersten Gäste in den Strassencafés sitzen. Eine richtige Ferienstimmung überkommt mich, ich lasse mich vom «dolce far niente» anstecken und geniesse ebenfalls ein frisches Croissant mit Kaffee.

Da macht das Wandern richtig Spass

Wenig später überquere ich die Rhône, welche hier nach einer grossen Schlaufe nach Norden wieder südwärts

Der Übergang am nördlichsten Rhônebogen

dreht. Kurz darauf nehme ich einen abwechslungsreichen Feldweg, der entlang eines Entwässerungskanals mit vielen, bei uns selten gewordenen «Kanonenputzern» führt. Bei einer Rast bemerke ich, dass am Rucksack die Befestigungsschnur meiner Jakobsmuschel nahezu durchgescheuert ist. Einen Verlust des Pilgerkennzeichens und Talismans will ich nicht riskieren und suche daher nach einer besseren Lösung.

Von weitem sehe ich zwei Kühltürme mit den typischen Dampfwolken eines Atomkraftwerkes. Ein Zeichen, das eine Gegend in grossem Umkreis in unschö-

Weithin sichtbare Dampfwolken eines AKW

Trotz längerer Mittagspause ist heute die «Luft draussen», es fehlt mir die Kraft, ohne dass ich mich aber schwach oder erschöpft fühle. Ich werde mir bewusst, dass ich nun 12 Tage ohne Ruhetag bis zu acht und neun Stunden täglich unterwegs war. Ich nehme mir vor, in Zukunft nach der biblischen Regel sechs Tage zu wandern und am siebten Tag einen «Ruhetag» einzuschalten. So kommt es mir gelegen, am frühen Nachmittag im herausgeputzten Hières-sur-Ambey ein kleines Hotel zu finden. Ich nutze die Gelegenheit, um richtig auszuspannen und meine Siebensachen zu ordnen. Ausserdem erklärt sich die Chefin bereit, alle meine verschwitzten und staubigen Kleider in die Waschmaschine zu stecken. Auf einer Bank mache ich eine ausgiebige Siesta und gucke den vorbeiziehenden Wolken nach.

ner Art und Weise markiert und prägt. Ich muss dies eingestehen, obwohl ich unter den gegeben Umständen,ein Befürworter von Atomkraft mit Vorbehalten bin, da ich keine erneuerbare Energie kenne, die sauberer ist. Wasserkraftwerke verunstalten ebenfalls ganze Landstriche, legen viele Täler trocken und bergen die Gefahr von Dammbrüchen. Solaranlagen kosten im Moment noch sehr viel und benötigen für die Herstellung enorme Energiemengen, was in der Ökobilanz erst nach Jahrzehnten allenfalls ausgleichen wird, wenn überhaupt. Und Holzfeuerungen produzieren eine grosse Menge des für die Klimaerwärmung verantwortlichen CO_2. Eine Reduktion des Energieverbrauchs wäre wohl die beste Lösung, aber solange der Strom einfach aus der Steckdose kommt, macht sich niemand ernsthafte Gedanken.

Ein exklusives Gemeindehaus

14. Tag, 15. August 2007
Hières-sur-Amby - L'Isle-d'Ambeau

Während den ersten beiden Stunden durchwandere ich eine schöne Landschaft mit vielen Schlössern und gepflegten Landsitzen. In Crémieu ist Markt, und ich kaufe, ohne an das zusätzliche Gewicht zu denken, viele Früchte, Käse, Wurst und Brot ein. Einmal mehr bin ich von dieser Ambiance fasziniert und geniesse auf dem historischen Marktplatz einen Kaffee.

Zerfallende Kirchen und ...

Bei Tagesanbruch bin ich bereits wieder auf den Beinen

Unter einem Baum mache ich Mittagsrast und, aufgrund der reichlichen Verpflegung schläfrig geworden, ein kleines Nickerchen. Frisch gestärkt mache

ich mich wieder auf die Beine, nicht ohne vorher nochmals den weiteren Weg studiert zu haben. Nach knapp einer Stunde kommt mir alles etwas «spanisch» vor, weil die angestrebte Ortschaft einfach nicht auftauchen will. Ich realisiere, dass ich mich verirrt haben muss. Wo ich mich aber befinde, weiss ich auch nach der Konsultation der Karte nicht. In einem Weiler frage ich einen Bauern nach Wasser, da die Reserven aufgebraucht sind. Dieser rät mir, bei der nächsten Kreuzung rechts abzubiegen. Gesagt, getan. An einem Weiher stelle ich dann fest, dass ich wiederum einen falschen Weg eingeschlagen habe.

Bald darauf treffe ich auf eine sehr verkehrsreiche Strasse. Daher wechsle ich auf einen Feldweg. Dieser führt durch

Viele alte Schlösser zeugen von einstigem Wohlstand

Motel befindet. Bei den ersten Häusern wirbt eine Tafel für ein Hotel in 200 m Entfernung. Natürlich sind es nicht 200 m, sonderen einiges mehr, und nach einer Viertelstunde stehe ich vor einem geschlossenen Hotel. Also ganzer Weg zurück und weiter Richtung Autobahnanschluss.

Ein angehaltener Autofahrer beruhigt mich: Beim Autobahnanschluss gebe es zwei Motels. Endlich eine positve Nachricht. Dort angekommen, stehe ich jedoch wiederum vor ferienbedingt verschlossenen Türen. Enttäuschung macht sich breit, die noch grösser wird, als ich kurz darauf noch das zweite Motel finde, das wegen Konkurs geschlossen ist. Als ich mich damit abfinde, nun nochmals mindestens eine Stunde weitergehen zu müssen, blicke ich zurück und tatsächlich, da versteckt sich hinter Bäumen kaum sichtbar ein drittes Motel.

Bei einem kühlen Bier lasse ich den strapazenreichen Tag Revue passieren. Insgesamt bin ich über 12 Stunden unterwegs gewesen und nun auf den «Felgen». Zusammen mit den Irrwegen von mindestens zehn Kilometern bin ich bestimmt gegen 45 Kilometer gewandert. Mir ist immer noch nicht klar (auch heute bei dieser Niederschrift noch nicht), wie ich mich derart verirren konnte. Dabei war ich einst ein recht guter Orientierungsläufer! Es war eine harte Prüfung, die, so hoffe ich, mich für die bevorstehenden Abschnitte moralisch gestärkt hat.

eine ameliorierte, mit vielen hohen Hecken bewachsene Ebene. Dabei passiert es mir zweimal, dass ich einem Weg folge, der plötzlich in einem Acker oder einer Wiese endet. Ich bin nun schon viele Stunden unterwegs. Meine Müdigkeit und mein Kopf lassen es nicht zu, umzukehren und jeweils eine Viertelstunde oder 20 Minuten zurückzugehen. So durchquere ich mühsam Äcker und Hecken in der Hoffnung, bald wieder auf einen Weg oder zumindest Pfad zu treffen. Endlich ist es geschafft. Ich finde mich wieder auf einer guten Strasse. Welche Wohltat! Weit und breit ist jedoch kein Ort und keine Unterkunft in Sicht.

Ich gehe in Richtung Autobahn, in der Hoffnung, dass sich beim fünf km entfernten Anschluss, wie es oft der Fall ist, ein

15. Tag, 16. August 2007
L'Isle-d'Ambeau - Estrablin

Meine Stimmung bekommt einen Dämpfer, als ich aus dem Fenster schaue. Es regnet in Strömen. Für das Frühstück nehme ich mir viel Zeit, in der Hoffnung auf eine Aufhellung. Nichts dergleichen, und so nehme ich dann trotzdem den nächsten Abschnitt unter die Füsse. Ich meine zu spüren, dass mich die Leute etwas komisch anschauen, weil ich bei diesem Sauwetter unterwegs bin.

Heute bin ich bei der Routenwahl bedeutend vorsichtiger und lasse mir dies auch immer wieder von entgegenkommenden Personen bestätigen. Was auf der veralteten Karte aus dem Jahre 1995 als Feldweg eingezeichnet ist, entpuppt sich als Hauptstrasse. So gehe ich einige Male das gleiche Wegstück hin und zurück, bis ich mir absolut sicher bin.

Weit und breit ist kein Gebüsch und kein Baum vorhanden, als ich austreten muss. Ich suche mir ein Maisfeld aus, und gewarnt vom letzten Jahr, nehme ich meinen Rucksack bis zum Rand des Maisfeldes mit. Als ich die Hosen unten habe, höre ich, wie ein Auto vor- und kurz darauf im Rückwärtsgang zurückfährt und anhält. Für mich unvorstellbar, dass der Fahrer meinen Rucksack gesehen haben kann. Oh Schreck, nicht schon wiede! schiesst es mir durch den Kopf. Ich höre jemanden rufen: «Il y a quelqu'un?» (Ist da jemand?) «Oui, oui, naturellement» antworte ich, und höre, wie die Autotür zugeknallt wird. So schnell es nur geht,

Unweit dieser Stelle wiederholte sich beinahe das Unmögliche

zwänge ich mich durch die Maisstauden an den Maisfeldrand zurück. Ein Stein fällt mir beim Anblick des Rucksacks vom Herzen. Noch einmal, oder ein weiteres Mal, grosses Glück gehabt!

Sei es deswegen oder sonst aus einem Grund, heute verspüre ich kaum Hunger, und so zwinge ich mich, trotzdem etwas Brot und Käse zu essen. Auch die Füsse spielen recht gut mit, abgesehen von einigen Druckstellen an Fersen und Zehen - aber das gehört eben dazu. Nach dem Duschen und dem täglichen Eincremen und Massieren sind diese Schmerzen jeweils schnell vergessen.

Um die Mittagszeit frage ich bei einem Haus nach einem Hotel, einer Pension oder sonst einer Unterkunftsmöglichkeit. Während rund einer Stunde telefonieren die sehr freundlichen Leute in der Gegend herum - leider immer erfolglos. Eine zufällig vorbeikommende Bekannte weiss, dass es in etwa 16 km Entfernung ein Hotel Garni gibt. Wieder einmal Glück gehabt, es ist offen, und ein Zimmer wird für mich reserviert. Und da es für sie nicht vorstellbar ist, eine solche Strecke zu gehen, anerbieten sie sich mich hinzufahren. Dankend lehne ich ab, da es nicht mit meiner Einstellung und dem Sinn meiner Wanderung vereinbar sei. Mit den besten Wünschen verabschieden sie mich, mit der Bitte, ihnen doch zu telefonieren, wenn ich nicht mehr weitergehen könne. Beruhigt und zuversichtlich gehe ich weiter. Das letzte Wegstück ist eine zehn km schnurgerade Landstrasse. In weiter Ferne erkenne ich mein Tagesziel, eine kleine Häusergruppe. Ich vertreibe mir die Zeit mit dem Hören von Wanderliedern und bewältige zwei neue Spanischlektionen.

Das Garni-Hotel entpuppt sich als ein stilvoll hergerichtetes Herrschaftshaus mit grossem Garten. Fürs Kochen ist es nicht eingerichtet. Zum Abendessen muss ich ins nächste Dorf gehen. Ich

Mein leckeres Sandwich. Ich geniesse es wie Gott in Frankreich

erkundige mich bei der Chefin nach dem Weg zum nächsten Restaurant. Sie sieht mir offenbar meine Müdigkeit an und hat Erbarmen mit mir, denn sie offeriert mir, ein rechtes Sandwich als Nachtessen bereitzustellen. Das Angebot nehme ich natürlich sehr gerne an, damit erspare ich mir jeweils mindestens eine halbe Stunde Fussmarsch hin und zurück. Was ich dann aufgetischt bekomme, übertrifft alle meine Erwartungen und entschädigt mich reichlich für den auch heute wieder sehr langen Weg von über 40 km. Ich hatte mir doch vorgenommen, heute weniger lang unterwegs zu sein.

Wenn es sich jedoch nicht anders ergibt, bleibt einem nichts anderes übrig als weiter und weiter zu gehen. Diese Ungewissheit ist ein notwendiger Teil der Wanderung und gehört dazu. Schön, wie sich immer wieder ein Türchen öffnet.

Ich habe eine eines Pilgers würdige, königliche Unterkunft

16. Tag, 17. August 2007
Estrablin - Chavanay

Es ist leicht bewölkt und somit ideales Wanderwetter. Ich komme gut voran. In einem Kastanienwald lege ich nach zwei Stunden die erste Rast ein. Dabei telefoniere ich auch mit der Bank, weil die Börse noch immer verrückt spielt. Ich bin von mir selbst sehr überrascht, wie gelassen ich dies zur Kenntnis nehme. Ich bin erst zwei Wochen unterwegs und habe derart Abstand vom materiellen Alltag gewonnen, dass mich das nicht aufregt.

und leichter geworden. Im Grunde genommen nicht besonders verwunderlich, bin ich doch schon auf der gleichen nördlichen Breite wie etwa Mailand. Am Horizont sind weit weg die ersten hohen

Vielfältige Kulturen im Rhônetal

Ausläufer des Zentralmassives zu erkennen.

Ich überquere die stark befahrene Autobahn Lyon - Marseilles. Es tönt banal und abgedroschen, aber eine Gegend zu durchwandern bietet ein anderes Erlebnis, als sie mit dem Auto mit 130 km/h zu durchrasen. Kurz darauf sehe ich wieder einen von Paris kommenden TGV. Unweigerlich werden Erinnerungen an meinen Sprachaufenthalt in Paris wach, die jetzt intensiver sind als sonst.

Einmal mehr endet ein Feldweg unvermittelt, diesmal vor einem Maisfeld.

Ich durchwandere ein fruchtbares Gebiet mit Tabak-, Mais-, Hirse- und anderen Plantagen. Eine mir unbekannte Getreidesorte wird in grossen Mengen angepflanzt. Seitdem ich den Jura verlassen habe, stelle ich fest, wie sich im Abstand von nur zwei Tagesabschnitten die Kulturpflanzen stark verändert haben. Der Baustil ist deutlich südländischer

Baukunst nach alter Tradition

Den auf der Landkarte eingezeichneten Weg bis zur etwa ein km entfernten Hauptstrasse suche ich vergebens. Kurz entschlossen und nun auch geübt im Überwinden von unvorhergesehenen Hindernissen dringe ich in das Maisfeld ein. Die Wanderstöcke strecke ich zu einem Keil geformt nach vorne, damit mir

Das erste, langersehnte Muschelzeichen als Wegweiser für Jakobs-Pilger

die Stauden nicht um die Ohren schlagen. Um die Richtung beizubehalten, orientiere ich mich an hohen Bäumen

Die tägliche Wäsche trocknet vor dem Pensionsfenster

Wenig später erblicke ich die erste, sehnlichst erwartete stilisierte Jakobsmuschel des von Genf her kommenden Jakobsweges. Seit altersher wird er «Via Gebennensis» genannt. Diese ist mit der GR65 identisch und gehört zum Netz der gut markierten französischen Fernwanderwege. Er ist auch in meiner Wanderkarte eingezeichnet und wird mir bestimmt das Weiterkommen in den nächsten Wochen erleichtern.

Der Rhôneübergang bei Chavany mit den berühmten Rebbergen des Roussillon

Dieses kleine Zeichen scheint mir wie eine Erlösung zu sein, und eine unerwartete Zuversicht macht sich in mir breit, weil ich mir den Weg in Zukunft nicht mehr selbst suchen muss. Umwege und Verirrungen sollten nun ausgeschlossen sein. Vorbei ist die Zeit, da ich ins Unbekannte und Ungewisse gegangen bin. Ich werde nicht mehr alleine unterwegs sein, werde Pilger treffen und mich mit ihnen austauschen können.

Etwa 50 km südlich von Lyon überquere ich bei Chavanay wieder die Rhône, die inzwischen zu einem imposanten Fluss angewachsen ist. Gemäss Pilgerfüh-

rer gibt es in Chavanay mehrere Unterkunftsmöglichkeiten. Ich wähle die erstbeste, eine kleine Pension, und fahre gut mit dieser Wahl.

17. Tag, 18. August 2007
Chavanay - Bourg-Argental

Als ich am Morgen ins Restaurant will, ist dieses geschlossen. Nicht schon wieder! Ich steige aus einem Fenster auf die Hauptstrasse, um zu sehen, ob der Haupteingang offen ist. Fehlanzeige! Einige Passanten schauen

Passiert dies nur mir immer wieder? Diese Zeit hätte ich lieber im Bett verbracht und die Füsse hoch gelagert. Der Wirt entschuldigt sich mehrfach und erlässt mir den halben Pensionspreis. Innerlich wieder versöhnt, nehme ich den neuen Tagesabschnitt in Angriff.

Zwischen Villen hindurch und anschliessend durch die bekannten Rebberge des Roussillon führt der Weg sofort stark bergauf. Die gepflegten Häuser und Gärten lassen auf einen hohen Lebensstandard schliessen, ganz im Gegensatz zu den vergangenen Tagen im Jura.

In der Nähe der ersten Jakobskapelle steht ein Wegweiser mit der Distanzangabe von 1'631 km bis nach Santiago de Compostela. Es übersteigt mein Vorstellungsvermögen, richtig abschätzen zu

Der erste Aufstieg durch die Rebberge hinauf ins Zentralmassiv

mir erstaunt zu. Was mache ich nun? Gehe ich weiter ohne Frühstück und ohne zu bezahlen? Mit einem schlechten Gewissen will ich nicht auf dem Pilgerweg sein, und so warte ich einigermassen geduldig, bis der Wirt, eine knappe Stunde später als vereinbart, endlich auftaucht.

Diese Distanzangabe erschreckt mich ...

können, was diese Distanzangabe bedeutet. Umsomehr als ich in zweieinhalb Wochen ein, wie ich meine, doch schon rechtes Stück von mindestens 500 bis 550 km gewandert bin.

Ich höre Schritte hinter mir, und da sind auch schon die ersten echten Pilger. Zwei junge Frauen und zwei Jungs. Wie sich im Weitergehen herausstellt, ist die eine Frau aus Wolfhausen im Zürcheroberland und startete in Fribourg. Sie ist unterwegs, weil sie ihre Maturaarbeit über den Pilgerweg geschrieben hat. Die andere stammt aus Frankfurt, startete in Lausanne und ist aus religiösen Motiven nun zum zweiten Mal unterwegs. Le Puy-en-Velay ist das Ziel für beide. Die beiden Jungs sind in München gestartet und hoffen in Santiago de Compostela zu wissen, welche Studienrichtung sie ergreifen wollen. Kennen gelernt haben sich die vier erst vor zwei Tagen. Während kurzer Zeit gehen wir schwatzend zusam-

Meine Begegnung mit den ersten echten Pilgern

men und merken nicht, dass wir eine Abzweigung nicht wahrgenommen haben. Wir kehren bald einmal um, da gemäss der Erfahrung meiner Weggefährten eine Wegmarkierung schon längst hätte auftauchen müssen. Ich lasse sie bald ziehen, sie sind altersbedingt um einiges schneller als ich. Links und rechts sind Obstbäume derart mit Äpfeln voll behangen, dass ihre Äste abwärts wachsen. So fruchtbare Apfelbäume habe ich noch nie gesehen.

Am Mittag kehre ich in einer Wirtschaft ein, um meinen grossen Durst zu löschen. Hunger verspüre ich eigenartigerweise keinen. Bald gesellen sich zwei ältere Ehepaare zu mir, das eine aus Stuttgart, das andere aus Linz. Sie haben sich

Ungewöhnliche Bachübergänge für die Regenperiode

voriges Jahr auf dem Pilgerweg kennen gelernt und beschlossen, jedes Jahr gemeinsam einige Wochen auf dem Jakobsweg zu verbringen. Sie staunen nicht schlecht, als ich ihnen sage, bis nach Santiago de Compostela gehen zu wollen. Nein, das würden sie sich nicht zutrauen, und wünschten mir viel Glück. Beim Wirt erkundige ich mich nach einer Unterkunft. Er ruft einige Pensionen an, leider vergebens. Zur Sicherheit gibt er mir die

Ein Rosenstrauch vor dem Zimmerfenster verschönert den Aufenthalt

Adresse eines Freundes mit. Obwohl er kein Deutsch spricht, hat er mitbekommen, welches Ziel ich habe. Beim Weggehen sagt er mir ehrfürchtig, dass er für mich beten würde, damit ich gesund in Santiago ankomme. Dafür soll ich ihn dann bitte in Santiago mit ins Gebet einschliessen und dem Heiligen Jakobus auch in seinem Namen danken.

Der Rest des Tages ist eine schöne Wanderung durch Pinienwälder. Ich fühle mich wohl, auch wenn ich wieder alleine unterwegs bin. Ich komme an einem schönen Freibad vorbei. Die Versuchung, ein Bad zu nehmen, ist gross. Da ich jedoch noch keine Unterkunft habe, gehe ich weiter. Weil morgen Sonntag ist, gedenke ich auszuschlafen. Deshalb will ich mir einen gewissen Luxus leisten. Mit einem Pensionspreis von 50 Euro für die Halbpension wähle ich gemäss Führer das teuerste Hotel. Eine Ausgabe, die sich in jeder Hinsicht lohnt. Ich bekomme ein Zimmer mit einem wunderschönen Blumengarten vor der Balkontür.

Die nächsten Tagespensen führen gemäss Karte und Pilgerführer durch einsamere, vorwiegend waldigere Gegenden. Das Übernachten in Hütten, so genannten Gîtes, auch das Selberkochen der Mahlzeiten ist von nun an angesagt. Bei der Besichtigung des Städtchens kaufe ich auf dem Markt für die nächsten Tage viele Früchte, Brot, Fleisch, Suppe und etwas Süssigkeiten ein. Ein exzellentes Nachtessen inklusive einem guten Wein macht dann das Glück für heute vollkommen.

18. Tag, 19. August 2007
Bourg-Argental - Les Sétoux

Es ist Sonntag - und wie ich es mir vorgenommen habe, lege ich heute einen Ruhetag ein. Das bedeutet auch ausschlafen bis acht Uhr. Nach einer Morgenwanderung soll dann um die Mittagszeit Schluss sein.

Eine grössere Wegstrecke verläuft auf dem Trassee einer stillgelegten Eisenbahnlinie über Brücken und durch Tunnel. Die Bahn war nur während acht Jahren ab 1880 in Betrieb. Heute fragt niemand mehr nach Sinn und Zweck dieser Linie, und die späteren Generationen mussten keine Strassen bauen. Durch einen ausgedehnten Wald,

ähnlich wie im Jura, steige ich immer höher. Inzwischen habe ich heute bereits mehr als 700 Höhenmeter überwunden und bin auf 1'200 m ü.M. angekommen.

Das moderne Gîte, ein mit allem Komfort ausgerüstetes Skihaus, liegt etwas ausserhalb des Dorfes. Es wurde heute trotzdem etwas länger, weil ich

Tympanon mit dem Hl. Jakobus und Pilgern in Bourg-Argental

Das ehemalige Eisenbahnviadukt dient heute als Strasse

den Anstieg nicht berücksichtigt habe. Im mir zugewiesenen Zimmer treffe ich auf eine ältere Dame. Sie ist Musikerin und erzählt mir von ihren Sorgen. Weil ihr Sohn, ebenfalls Berufsmusiker, keine feste Anstellung hat, muss sie ihn noch immer unterstützen. Dies ist eine Situation, wie sie heute oft vorkommt. Bei der jüngeren Generation steht die Selbstverwirklichung vor dem Broterwerb. Für sie eine Selbstverständlichkeit, weil die Eltern über ein gewisses Vermögen verfügen. Sicher schwingt bei dieser Betrachtungsweise eine kleine Portion Neid mit, weil dies der älteren Generation, zu der ich auch mich zähle, nicht vergönnt war.

57

Eine Sonntagswanderung in einsamer Gegend

Im Aufenthaltsraum treffe ich auf einen Skiclub, der hier seine Jahresversammlung abhält und im Winter hier oben Langlauf betreibt. Von diesen Leuten werde ich zu Kaffee und Kuchen eingeladen, was mich natürlich freut und meine Verpflegung aus dem Rucksack bestens ergänzt.

Nachher ordne ich meine Siebensachen, selbstverständlich gehört eine gründliche Wäsche meiner Kleider auch zum Programm. Vor dem Gîte lege ich mich dann ins Gras, geniesse die Sonne, höre Musik und bewältige eine weitere Spanischlektion. Inzwischen sind weitere Pilger angekommen, zum Teil solche, denen ich am Vortag begegnet bin. Wir erzählen uns, wo und wie wir die letzte Nacht verbracht haben und welches das Ziel von morgen ist. Wir sind uns nicht

Wegmarkierungen auf dem höchsten Punkt des Weges von Genf nach Puy-en-Velay

mehr fremd, obwohl wir den ganzen Tag alleine unterwegs waren. So spüre ich zum ersten Mal die Verbundenheit zwischen Pilgern und ein Aufgehobensein, da wir alle auf dem gleichen Weg sind. Abends kochen die jungen Pilger selbst. Zusammen mit der Stuttgarterin und den beiden Ehepaaren von gestern gehe ich beim Hüttenwart des Gîte zum Essen ins Dorf. Es wurde ein vergnügter und kurzweiliger Abend.

Nachtessen zusammen mit anderen Pilgern

19. Tag, 20. August 2007
Les Sétoux - Tence

Die ersten Stunden gehe ich zusammen mit Gabriela, der Musikerin. Seit gestern Abend weiss ich, dass sie Anthroposophin ist. Sie kennt Dornach mit dem Goetheanum, unweit meines Wohnortes, gut. Wir diskutieren über die Lehre von Rudolf Steiner und über den Streit zwischen den verschiedenen Richtungen und wer nun berechtigt sei, Steiners Vermächtnis zu verwalten. Dabei geht es nicht nur um die rich-

In Les Sétoux scheint die Zeit seit dem Mittelalter stillgestanden zu sein

tige Interpretation des Gedankengutes von Rudolf Steiner, sondern, wie so oft, um viel Geld.

An einer Weggabelung trennen wir uns und wünschen uns gegenseitig eine erfolgreiche Fortsetzung des Pilgerweges, falls wir uns nicht wieder begegnen sollten. Ich nehme eine Abkürzung, nicht nur, um einige Kilometer zu sparen. Weil ich gut ausgeruht bin, will ich heute zwei im Führer beschriebene Etappen bewältigen. Eine Etappe wäre zu kurz und zwei zu lang, und dazwischen gibt es keine Übernachtungsmöglichkeiten.

Ich merke bald, wie schnell ich mich an die Markierungen gewöhnt habe und mich darauf verlassen kann. Es gilt nun wieder vorsichtig den Weg zu wählen und immer wieder mit etwelchem Zeitaufwand die Karte zu studieren. Das durchschnittliche Marschtempo wird dadurch stark vermindert. Ob sich die gewählte Abkürzung zeitlich lohnte, ist schwer abzuschätzen. Dafür habe ich sehr einsames Gebiet gesehen, und ich spüre förmlich die argwöhnischen Blicke der Bauersleute und die Verwunderung ihrer Kinder. Die Wachhunde machen mit ihrem Gebell keine Ausnahme. Ist es im normalen Leben nicht auch so? Das Verlassen der normalen, gewohnten Pfade ist mit Mehraufwand und grösseren Mühen verbunden und wird beargwöhnt.

Eingangs Tence hat es einige grössere, sehr gepflegte Villen. Es muss so etwas wie ein Zentrum sein. Ein in dieser abgeschiedenen Gegend nicht vermuteter Wohlstand wird auch gezeigt. Vor dem Gemeindehaus stehen Skulpturen, die Brunnen sind reich dekoriert und die Geschäfte sehr gepflegt. Dieser Wohlstand ist vermutlich auf die Papierfabrik zurückzuführen, die ihren Rohstoff Holz in grossen Mengen in unmittelbarer Nähe vorfindet.

Vor einem Hotel treffe ich auf eine Gruppe von Schweizer Velopilgern aus Estavayer-

Ein Bauernhof wie bei uns in den Alpen

le-Lac. Sie wollen heute noch nach Le Puy-en-Velay und in etwa zweieinhalb Wochen in Santiago de Compostela sein. Dieser Zeitplan macht mich fast schwindlig. Vorausgesetzt es geht alles gut, bin ich vielleicht in sieben bis acht Wochen am Ziel. Nicht vorstellbar!

Ich will einige Dinge telefonisch erledigen, kann jedoch mein Handy nicht mehr aufladen. Auf dem Bildschirm erscheint die Meldung «Akku wechseln». Ich habe doch keinen Akku mit dabei. Bei dieser Elektronik lernt man nie aus.

Gepflegte Villen in der Nähe von Tence

20. Tag, 21. August 2007
Tence - St-Julien-Chapiteuil

Der Duft von frisch gebackenem Brot weckt mich. Was für ein Aufstehen! Ich bin schnell bei einem köstlichen Frühstück. Frisch gestärkt und in Ferienlaune mache ich mich bei bedecktem Himmel auf den Weg. Beim Verlassen des Städtchens spricht mich ein älterer Herr an und fragt mich über das Woher und Wohin. Als er mein Ziel erfährt, bittet er mich, ihn bei der Ankunft in Santiago de Compostela ins Gebet einzuschliesen, da es immer sein Traum gewesen sei, einmal eine Pilgerreise dorthin zu unternehmen. Er seinerseits würde deshalb für das Gelingen meiner Pilgerreise beten. Wir verabschieden uns mit den besten Wünschen für die Zukunft. Wenn das so weiter geht, muss ich mir eine Liste mit all den Namen anlegen, um niemanden zu vergessen.

Etwa zwei Stunden später holen mich zwei Freiburger mit ihren Maultieren ein.

Sie wollen auch nach Santiago de Compostela. Obwohl sie mit den Maultieren schneller unterwegs sind, bereitet diese Art des Pilgerns auch Probleme. Jeden Abend müssen sie nicht nur für sich eine Unterkunft, sondern auch für die Tiere Stallungen finden. Meistens finden sie bei Bauern eine Möglichkeit.

Die Gegend wird immer eigenartiger, viele kleine und grössere Vulkankegel prägen das Landschaftsbild. Vor Jahrmillionen muss die Erde hier richtiggehend «geblubbert» haben. Es ist ein fruchtbares Land. Bis in grosse Höhenlagen gibt es Beerenplantagen. Hier haben auch die Römer ihre Spuren hinterlassen, steile Wege mit der typischen Pflästerung und den ausgeschliffenen Karrenspuren sind untrügliche Zeichen. Wege, Heckenmauern und auch Kirchen sind mit dem schwarzen Vulkangestein gebaut worden. Dieses dunkle, nahezu schwarze Baumaterial lässt das Innere der Kirchen noch

Die eindrückliche Eglise Saint-Julien

dunkler oder düsterer erscheinen, als sie ohnehin schon oft sind. Die Kirche von Araules ist ein regionaler Wallfahrtsort. Sie besitzt eine heilige Tafel mit dem späteren König Louis XIV. Die einst gestohlene Tafel tauchte auf wunderbare Weise wieder auf und soll das Dorf von der Pest verschont haben. Obwohl ich nicht katholisch bin, zünde ich in der Kirche für Anita eine Kerze an. Sie würde sicher Freude daran haben.

Hier begegne ich auch Willy aus Olten, der mit dem Velo vor zehn Tagen in Konstanz gestartet ist und bis nach Saint-Jean-Pied-de-Port, dem Ausgangspunkt des Spanischen Jakobsweges, fahren will. Beinahe entschuldigend fügt er an, dass er mit dem Velo unterwegs sei, weil seine Gelenke die Strapazen des Wanderns nicht ertragen würden. Es soll doch jeder auf seine Weise, nach seinen Möglichkeiten das Ziel erreichen und seine Wünsche erfüllen. Hauptsache, es wird etwas unternommen, um sein Glück zu finden.

Wenig später erreiche ich im Walde den mit 1'304 m höchsten Punkt der «Via Gebennensis». Nebst der Distanz summiert sich das ständige Auf und Ab zu tausenden von Höhenmetern und Leistungskilometern.

Sobald ich eine Unterkunft gefunden habe, läuft nun alles wie am Schnürchen ab, wie ein Ritual eben. Duschen, Füsse pflegen beziehungsweise verarzten, Ausruhen Klei-

Willy aus Olten als Velopilger

der waschen, Führer studieren, um ja keine Sehenswürdigkeiten zu verpassen, schlechte Fotos aussortieren, Tagebuch schreiben. Das alles beansprucht mindestens zwei Stunden Zeit. Komme ich spät an, wird davon einiges erst nach der Besichtigung des Städtchens, den Einkäufen der Zwischenverpflegung oder erst nach dem Nachtessen erledigt.

63

21. Tag, 22. August 2007
St-Julien-Chapiteuil - Le Puy-en-Velay

Für heute habe ich einen kurzen Tagesabschnitt von knapp 20 km vorgesehen, um genügend Zeit für die Besichtigung von Le Puy-en-Velay zu haben. Die Wanderung durch die bizarre Vulkanlandschaft der Auvergne ist sehr abwechslungsreich, und die Zeit vergeht im Nu.

Vom Montjoie aus, «dem Berg der Freude», ist in der Ferne zum ersten Mal Le Puy-en-Velay mit seinem Wahrzeichen der Chapelle Saint-Michel-d'Aigui-lhe auf einem spitzen Vulkankegel zu erkennen. Die Pilger des Mittelalters benannten den Berg Montjoie, weil sie nach wochenlangen oder gar monatelangen Wanderungen ein wichtiges Teilziel auf dem Weg nach Santiago de Compostela in greifbarer Nähe sahen. Alle Pilgerwege aus Skandinavien und den Balkanstaaten laufen seit altersher hier zusammen.

Bevor ich in die Stadt hineingehe, steige ich die 280 Stufen hinauf zur kleinen Chapelle Saint-Michel-d'Aiguilhe aus dem 12. Jh. Der Besuch der Kapelle wie auch der Rundblick ist auch heute noch ein eindrückliches und unvergessliches Erlebnis.

In vorchristlicher Zeit war Le Puy-en-Velay ein stark besiedeltes keltisches Zentrum. In der Folge spielte es eine wichtige Rolle bei der Christianisierung Frankreichs. Seine Bedeutung als Sammelplatz und Ausgangspunkt der mittelalterlichen Pilger hat es durch einen seiner Bischöfe erlangt. Er unternahm die erste dokumentierte und vier Jahre dauernde Pilgerreise nach Santiago de Compostela. Es ist deshalb nicht verwunderlich, dass es ein Schmelztiegel fremdländischer, in erster Linie jedoch spanischer Baukunst ist. Le Puy-en-Velay ist seiner

Wegkreuz und Markierungsmuschel des Jakobsweges   *Mauerwerk aus Lavagestein*

Schwarzen Madonna wegen zu einem der wichtigsten Marienwallfahrtsorte geworden. Aus im Krimkrieg von 1860 erbeuteten russischen Kanonen wurde eine mehrere Meter hohe Marienstatue gegossen. Sie bildet einen etwas eigenartigen, jedoch viel besuchten Gegenpol zur Altstadt, vermutlich weil sie die einstige Stärke Frankreichs dokumentiert. Le Puy-en-Velay und der hier beginnende Abschnitt des Jakobswegs gehören zum Weltkulturerbe der Unesco.

Eine steile Strasse führt durch die Altstadt hinauf zur Kathedrale. Steigt man dann anschliessend die Treppen hoch, gelangt man nicht wie sonst üblich in den hinteren Eingangsteil, sondern steht mitten im Kirchenschiff. Für zu spät kommende Kirchenbesucher bestimmt nicht sonderlich angenehm. Ich besichtige die Kathedrale und nehme an einer lohnens-

Das Wahrzeichen von Le Puy-en-Velay die Chapelle Saint-Michel-d'Aiguilhe

Klostergarten der Kathedrale

werten Führung des angebauten Klosters mit seinem schönen Kreuzgang und anderen Gebäuden teil.

Ich beabsichtige, am nächsten Morgen um sieben Uhr an der traditionellen Pilgermesse teilzunehmen. Es solll sich um ein für Pilger spezielles Erlebnis handeln. In der Nähe der Kathedrale suche ich nach einer Unterkunft, um nicht allzu früh aufstehen zu müssen. Alle Pilgerherbergen, Pensionen und Hotels sind jedoch ausgebucht. Bei der weiteren Suche lerne ich die Innenstadt mit ihren vielen Sehenswürdigkeiten, schönen Geschäften und Beizen kennen. Besonders auffallend sind die zahlreichen, offenbar florierenden Bäckereien mit ihren vielfälti-

Blick durch den Eingang der Kathedrale hinaus auf die Altstadt

Jedoch selbst in Fachgeschäften stellt dies das Personal vor eine unlösbare Aufgabe. Ich solle ein neues kaufen, die wären heutzutage doch so billig, eine Reparatur würde sich ohnehin nicht lohnen - so weit sind wir mit unserer Wegwerfgesellschaft gekommen.

Am Rande der Altstadt finde ich endlich ein Zimmer bei einer französischen Hotelkette. Schade, gerne hätte ich die spezielle Ambiance dieses alten Ortes auch im Hotel gespürt. Den Abend verbringe ich in der Altstadt, esse in einem Strassencafé eine Kleinigkeit und geniesse nach den ersten drei Wochen meiner

Einheimische Klöppelkunst

gen Brotangeboten. Ich habe den Eindruck, jedes zweite Geschäft sei eine Bäckerei. Dass so viele Betriebe bei einer derartigen Konkurrenz überleben können, erstaunt mich noch mehr. Aber eben, für die Franzosen bildet das Brot nicht nur ein Nahrungsmittel, sondern ist für sie Kunst und Kult. Nicht umsonst sind ihre Croissants und Baguettes weltberühmt. Le Puy-en-Velay ist das Zentrum des Klöppelns. Auf den Strassen wird dieses alte Handwerk gezeigt und damit natürlich zum Kauf eines solchen Souvenirs animiert. Nicht zuletzt will mein Handy auch noch repariert sein.

Wanderschaft ganz einfach das «Hiersein». Es braucht nicht viel Phantasie, um sich in diese Strassen vergangener Jahrhunderte zurückzuversetzen. Bevor ich ins Hotel gehe, suche ich noch nach dem Jakobsweg aus der Stadt hinaus, um ihn morgen früh leichter zu finden.

22. Tag, 23. August 2007
Le Puy-en-Velay - Monistrol-d'Allier

Sehr früh, bereits um 05.45 Uhr, klingelt der Wecker. Ich packe schnellstens meine Siebensachen zusammen, schliesslich will ich genügend Zeit fürs Frühstück haben. Alles geht nach meinem Begriff etwas gar langsam. Die Kaffeemaschine muss natürlich zuerst «warmlaufen», bevor sie einen Tropfen von sich gibt, und die frischen Croissants treffen kurz vor meinem Aufbruch ein. So kommt es, dass ich mit dem Rucksack nahezu die Hälfte des Weges zur Kathedrale in die Pilgermesse rennen muss. Bergauf geht mir dann die Puste aus. Ich hätte nie gedacht, dass ich eines Tages noch in eine Messe rennen würde.

An dieser Hausecke in Le Puy-en-Velay-begann die grosse Pilgertradition

Der Bischof «himself» zelebriert die eigens für die Pilger bestimmte Messe. Es sind etwa 40 Pilgerinnen und Pilger sowie etliche Zaungäste anwesend. Es ist eine feierliche und berührende Messe. Am Schluss bittet er nur die Pilger, nach vorn zu kommen und erteilt den Segen in der gewünschten Muttersprache. Jeder Pilger erhält von ihm ein Medaillon mit der Schwarzen Madonna als Be-

schützerin auf dem Pilgerweg. Ohne zu zögern nehme auch ich eine solches Medaillon. Rein rational weiss ich zwar, dass es im Grunde genommen nichts anderes

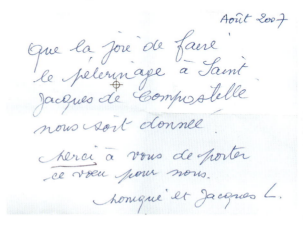

Die Bedeutung dieses Zettelchens wurde mir erst viel später klar.

darstellt als ein von Urvölkern getragenes Amulett oder einen Talisman, dem magische Käfte zugeschrieben werden. Aus ähnlichen Gründen habe ich auch die Jakobsmuschel am Rucksack gut sichtbar befestigt, um damit meine Zugehörigkeit zur Gemeinschaft der Pilger zu dokumentieren. Diese Zugehörigkeit zu einer Gruppe verleiht einem eine grössere Sicherheit und ein Aufgehobensein, ähnlich einem Club- oder Fan-Abzeichen. Was soll's, allein der Glaube an dessen Schutzkraft kann schon einiges bewirken.

Und ganz zum Schluss hält der Bischof uns noch einen Korb mit vielen zusammengefalteten Zettelchen zur Auswahl hin. Mit der mir durch «Zufall» zugeteilten Botschaft kann ich nicht viel anfangen.

Nach der Messe treffe ich einen Schweizer, den ich vor drei Tagen kennenlernte. Sein Freund ist nicht dabei. Dieser leidet unter einer starken Sehnenscheidenentzündung und hat vom Arzt für eine Woche Wanderverbot bekommen.

Er wird anschliessend nach Hause fahren, während er selbst noch bis nach St. Jean-Pied-de-Port gehen will. Zu meinem Erstaunen treffe ich auch Willy, der hier, weil es ihm so gut gefallen hat, einen ungeplanten Ruhetag einschaltet. Wir wünschen uns gegenseitig alles Gute, und weil jeder noch irgendetwas zu erledigen hat, machen wir uns einzeln auf den Weg.

Mein zeitweiliger Begleiter

Ab Le Puy-en-Velay wird der Jakobsweg bis zur spanischen Grenze «Via Podiensis» genannt. Dieser Abschnitt hat eine Länge von 720 km, durchquert das Zentralmassiv im Süden Frankreichs, das «Quercy» und den «Midi». Die überwiegende Mehrheit der Pilger beginnen ihre Wallfahrt in Le Puy-en-Velay und beabsichtigt, die Strecke bis nach St. Jean-Pied-de-Port aufgeteilt in zwei oder drei jährliche Abschnitte zurückzulegen.

Nach Le Puy-en-Velay steigt der Jakobsweg stark an. Mehr als 600 Höhenmeter müssen überwunden werden. Ich hole viele Pilger ein, die auch an der Pilgermesse waren, oder werde von anderen überholt. So komme ich mit einem übergewichtigen Berner ins Gespräch, dem das Wandern ganz offensichtlich etwelche Mühe bereitet. Wie es unter Pilgern üblich ist, tauscht man sich über das Woher und Wohin aus. Weil ich herausfinden will, warum so viele Leute unterwegs sind, frage ich auch ihn nach seinen Beweggründen. Recht barsch meint er, dass diese Frage zu intim sei und niemanden etwas angehe. Eine ganze Weile später verrät er mir dann doch, dass er alles daran setzen werde, um bis nach Santiago de Compostela zu gelangen, damit Jakobus ihm - obwohl er reformiert sei - einen seit Jahren gehegten Wunsch erfülle. Um was für einen Wunsch es sich handelt verrät er jedoch nicht, und ich insistiere nicht, um diesen zu erfahren. Wir trennen uns, als er eine Rast macht.

Ich bin nicht lange alleine. Ein bellender Hund nähert sich mir. Seitdem ich beim Joggen schon zweimal von Hunden gebissen wurde, habe ich grossen Respekt, um nicht zu sagen Angst vor ihnen. Das wäre jetzt das Dümmste, was mir passieren könnte. Bekanntlich greifen die

Das alte Städtchen Saint-Privat-d'Allier

Hunde immer von hinten an. So gehe ich abwechselnd rückwärts und vorwärts, je nachdem, wo er gerade hingerannt ist. Der Hund gibt dieses blöde Spielchen zuerst auf und trottet nun brav neben mir her. Bei einer Rast setzt er sich neben mir ins Gras und bettelt nach Futter. Ich kann nicht anders als meine Zwischenverpflegung, Käse, Brot und Salami, mit ihm zu teilen. Während einiger Stunden weicht er nicht mehr von meiner Seite. Ich beginne mir Gedanken zu machen, was ich mit einem fremden Hund auf dem Jakobsweg anfangen soll. Eingangs eines Dorfes jagt er dann einer Katze nach, und mit unserer Liebe ist es somit auch vorbei.

Das ganze Gebiet ist von kleinen und grösseren erloschenen Vulkankegeln geprägt. Vielerorts sind Aufbrüche von Basaltgestein sichtbar, manchmal vertikal aufsteigend, alsbald in treppenförmiger Formation - allerbester Anschauungsunterricht in Geologie. Zum Bau von Häusern, Kirchen, Mauern und selbst für Strassenpflästerungen wurde das grauschwarze Lavagestein verwendet und verleiht so allem eine triste, melancholische Note.

In einem kleinen, etwas verlotterten Gästehaus finde ich ein Zimmer, das heisst, es ist vielmehr eine Art bessere Abstellkammer. Beim Nachtessen sitze ich zwei Tische von einer Familie entfernt. Immer wieder schaut die Frau zu mir herüber und visiert mein linkes Handgelenk an, um nachher mit ihrem Mann zu tuscheln. Des Rätsels Lösung ist meine Armbanduhr. Die aus Lörrach stammende Frau hat sofort meine Piatti-Künstleruhr erkannt und daraus geschlossen, dass ich wohl aus Basel oder Umgebung sein müsse, da sie selbst auch eine dieser eher seltenen Uhren besitzt. Bei einem guten Wein erzählen sie von ihrer Reise nach Lourdes und wie sie sich auf der Suche nach einem Zimmer hierher verirrt haben. Mit Interesse hört die Familie meinen Schilderungen über die bisherige Wanderung zu. Leider gibt der Wirt

Durch einen Kleinstvulkan hochgeschobenes Basaltgestein

uns unmissverständlich zu verstehen, dass er schliessen will, sonst wäre dies bestimmt noch ein langer Abend geworden.

Der heutige Abschnitt beginnt wiederum mit einem grossen Aufstieg, damit wird mein Motor von Anbeginn gefordert. Von der Allier bis hinauf aufs Plateau sind es abermals mehr als 700 Höhenmeter. Und ich frage mich, warum der Pilgerweg ausgerechnet hier durchführt und nicht dem Fluss entlang. Vielleicht ist es in früheren Jahrhunderten unmöglich gewesen, einen Weg entlang den Flüssen in diesen tiefen und engen Bergeinschnitten anzulegen. Oder, was vermutlich wahrscheinlicher ist, ein Überfall durch Landstreicher und Wegelagerer wäre einfacher gewesen. So steige ich durch einen Wald hinauf, vorbei an einer heiligen Grotte. Die Hochebene ist mit unserem Jura vergleichbar.

Zu Beginn meiner Wanderung achtete ich pingelig genau auf die Einhaltung von Pausen, egal, ob sich der Ort dazu eignete oder nicht. Nun bin ich soweit fit, dass ich wenigstens zwei Stunden ununterbrochen gehen kann, ohne etwas zu essen oder zu trinken. Vermehrt achte ich jetzt darauf, einen schönen oder speziellen Rastplatz zu finden. So kommt es dann auch öfter vor, dass hinter der nächsten Wegkrümmung ein besserer Platz, vielleicht mit Wasser, vorzufinden ist. Mit dem Resultat, dass ich eine Wegbiegung nach der anderen hinter mir lasse und eigentlich recht gute Gelegenheiten auslasse. So ist es auch heute. Inzwischen ist es nahezu Mittag geworden, und da Sauges in Sichtweite ist, gehe ich direkt ins Städtchen hinein.

Heute ist Markt, und ich ergänze meine Lebensmittelvorräte. Unmittelbar daneben ist das Museum mit einer «Son et Lumière Show» über das Ungeheuer von Sauges. Selbstverständlich lasse ich mir den Besuch des Museums nicht entgehen. In den Jahren 1764 bis 1767 hat das Ungeheuer über 100 Frauen und Kinder getötet und den anderen Opfern Arme oder Beine abgebissen oder sie sonstwie schwer verletzt. Der König hatte damals die besten Jäger aus ganz Europa aufgeboten. Leider vergebens, bis es eines Tages einem einheimischen Bauern gelang, das Tier zu erlegen. Noch heute wird über die Herkunft des Ungeheuers gerätselt. Es soll dreimal so gross wie ein normaler Wolf gewesen sein, eine Chimäre, der Teufel selbst oder gar ein aus-

Das Ungeheuer von Sauges hat über hundert Frauen und Kinder getötet.

serirdisches Tier wurden und werden noch heute als Urheber der Gräueltaten nicht ausgeschlossen.

Das weitere Wegstück ist angenehm zu gehen. Es führt über Wiesen und lichte Föhrenwälder. Bei einem Brunnen mache ich Rast. Ein Pilger gesellt sich zu mir und füllt seine Flasche mit frischem Wasser. Während den folgenden Stunden gehen wir zusammen weiter und erzählen uns gegenseitig von den Erlebnissen auf unseren bisherigen Wegen. Er, Christian und von Beruf Journalist, ist anfangs Juli in München gestartet. Er hat den schneebedeckten Arlberg und anschliessend die ganze Schweiz durchquert. Sein Rucksack ist enorm gross und hat, wie er sagt, ein Gewicht von mindestens 22 kg. Ungläubig schaue ich ihn an, als er mir von den 2,5 kg Steinen erzählt, die er seit München mitträgt. Wohl weiss ich, dass im fernen Spanien, beim eisernen Kreuz am Monte Irago, Steine abgelegt werden. Schliesslich habe auch ich welche für meine Familie mit dabei. Jedoch 2,5 kg, das ist für mich unwahrscheinlich. Jedes zusätzliche Pfund wirkt sich auf das Wandertempo aus. Freunde, krebskranke Bekannte, Verwandte, sorgengeplagte Eltern, ja Priester und zuletzt ein Priester in Le Puy-en-Velay haben diesem Christian Steine mitgegeben. Eine Frau habe ihm vor der Abreise telefonisch anvertraut, dass es ihr bedeutend besser gehe, seit sie ihm die Steine übergeben habe. Nicht umsonst sagen wir: Es ist mir ein Stein vom Herzen gefallen, wenn wir eine Sorge, einen Kummer losgeworden sind. Er beteuert mir glaubwürdig, dass er dankbar sei, für all seine Bekannten Steine mittragen zu dürfen, denn so fühle er sich mit ihnen verbunden.

Christian trägt 2,5 kg Steine seit München mit sich.

Im nächsten Weiler trennen wir uns, weil ich heute schon lange unterwegs bin. Christan ist jedoch erst am Mittag gestartet und will mindestens bis zur nächsten Herberge weitergehen. Für 14 Euro finde ich eine Unterkunft in einem Privathaus, das dem Dorfwirt gehört. Im Preis inbegriffen ist ein vier Gang-Menü, selbstverständlich mit Wein, soviel das Herz begehrt, wie auch das Frühstück. Ich habe das Gefühl, als lebte ich wie Gott in Frankreich.

24. Tag, 25. August 2007
Chanaleilles - Aumont-Aubrac

Ein klarer Himmel lässt einen heissen und folglich durstigen Tag erwarten. Im Klartext bedeutet dies, genügend Wasserreserven mitzutragen. Morgen ist wieder Sonntag - also Ruhetag. Weil dem so ist, nehme ich mir heute eine längere Etappe vor. Damit diese dann doch nicht extrem lang wird, beabsichtige ich gleich zu Beginn einer im Führer beschriebenen Abkürzung zu folgen.

Typischer Glockenturm in Chanaleilles

Nach etwa 20 Minuten merke ich, dass etwas nicht stimmen kann, Offensichtlich habe ich die Markierung für die Abzweigung übersehen. Nun ist es zu spät zum Umkehren. Mein Irrtum kostet mich bestimmt eine zusätzliche Stunde Wanderzeit. So ist es, wie ich in meiner Jugend gelernt habe: «Wer keinen Kopf hat, hat Beine». Obwohl es mein eigener Fehler ist, ärgert tut's mich trotzdem. Dafür entschädigen mich die schöne Landschaft und die bunten Wiesen. Der Weg führt an der Herberge Domain du Sauvage vorbei. Diese ist im 13. Jh. erstmals urkundlich erwähnt und gehörte den Templern.

Auf dem geplanten Weg zurück, treffe ich Christian, der auf dem Col de Hospitalet (1'304 m) eben aus seinem Zelt kriecht. Die Templer betrieben hier im 12. Jh. eigens für die Pilger ein Hospiz, das dem Pass den Namen gab. In der Nähe der Kapelle gibt es auch eine Heilquelle, deren Wasser bei Augenleiden und schlecht heilenden Wunden helfen soll. Früher muss Pilgern ein sehr mühsames Unterfangen gewesen sein. Das Hospiz, gemeint ist damit wohl eine Herberge, auf der einsamen Passhöhe war sicher eine willkommene Unterkunft.

Christian will noch frühstücken und ich mag nicht auf ihn warten. Ausserdem möchte ich die verlorene Zeit kompensieren und die grösste Hitze meiden. Zur Mittagszeit mache ich eine ausgedehnte Rast in einer parkähnlichen Anlage. Ich glaubte, es sei ein bevorzugter Luftkurort für wohlhabende Franzosen; sie entpuppt sich jedoch als regionale psychia-

Das einsam gelegene Templerhospiz aus dem 13. Jh. «Le Sauvage»

trische Klinik, was mich bei der Siesta aber nicht im Geringsten stört.

Auf einer voll der Sonne ausgesetzten Asphaltstrasse geht es weiter. Die Fusssohlen und die Waden beginnen zu brennen, und der Durst ist immens. Ein kühlendes Bad wäre jetzt eine Wohltat.

Pilger sind heiss umworbene Gäste

Morgen ist wieder Sonntag und somit Ruhetag. Ich will ungestört ausschlafen können und deshalb nicht in einem Gîte übernachten. Das heisst, nach einem län-

geren Wegstück nochmals mindestens zwei Stunden weitergehen bis nach Aumont-Aubrac, wo es verschiedene Hotels geben soll. Komfort oder Luxus hat eben seinen Preis.

Im erstbesten Gasthof, einem 3-Stern-Hotel, frage ich nach einem Zimmer. Die Rezepzionistin ist sichtlich erstaunt, dass ich, ohne mit der Wimper zu zucken, bereit bin, 50 Euro für die Halbpension zu bezahlen. Vermutlich entspreche ich nicht ihren Vorstellungen eines Pilgers, vielleicht zweifelt die Dame an meiner Zahlungsfähigkeit, oder aber sie will keinen verschwitzten, dreckigen Pilger in ihrem vornehmen Hotel beherbergen. Das könnte ja die anderen Gäste stören. Trotz allem, ich erhalte das gewünschte Zimmer; ihr Gesichtsausdruck verrät jedoch, dass sie über ihren Entschluss selbst erstaunt ist.

Den Komfort koste ich voll aus. Nach der Dusche ist nicht nur der Schmutz weg, sondern auch die Müdigkeit. Im Gegensatz zu einer Herberge kann ich im Hotel jeweils meinen Rucksack unge-

La coquille du pèlerin.

Au Moyen Age, le pèlerin revenant de Compostelle portait avec joie et fierté sur sa besace, sa pèlerine ou son chapeau une coquille "Saint-Jacques" qu'il était allé ramasser dans la baie de Padron.
C'était la preuve qu'il avait bien accompli, après une longue et rude route, son pèlerinage au tombeau de l'apôtre vénéré dans la belle ville de Santiago.

Pourquoi les pèlerins de Compostelle portaient-ils une coquille ?
Nous ne le savons pas exactement mais ce fut dès l'origine l'emblème de ce pèlerinage.
Les braves pèlerins de jadis qui suivaient le chemin étoilé avec foi et confiance se posaient moins de questions que nous et ils se transmettaient avec émerveillement la belle légende que voici :

Pour atteindre Compostelle, les pèlerins devaient traverser une ria, embouchure d'un fleuve côtier de Galice, semblable à celles de certaines rivières bretonnes.
Un chevalier qui cherchait le passage à gué risqua d'être noyé par la marée montante envahissant l'estuaire. Il adressa une prière à saint-Jacques.
La légende raconte que des milliers de coquillages remontèrent alors de la plage voisine pour s'amonceler sous les pieds du cheval, maintenant ainsi le cavalier hors de l'eau et lui évitant la noyade.
Ces coquilles étaient l'enveloppe d'un mollusque appelé "Peigne de Vénus".
Depuis, on le désigne sous le nom de "Coquille Saint-Jacques" et la coquille est devenue l'emblème des pèlerins de Compostelle.

In Saint-Alban wird an vielen Stationen die Geschichte des Pilgerns erklärt

Zettel erhalten? Aufgrund von ähnlichen Ereignissen in meinem Leben glaube ich nicht mehr an Zufälle, sondern sehe alles als höhere Fügung. Je länger ich darüber nachdenke, umso eher bin ich der Überzeugung, dass dieser Wunschzettel eine Art Garantie- und Passierschein meines Schutzengels auf meinem weiteren Weg darstellt, um Santiago de Compostela sicher zu erreichen. Ich fühle auch keine damit verbundene Verpflichtung oder Druck, sondern eher grosse Sicherheit und Zuversicht.

niert «umkehren» und alles wieder ordentlich zusammenstellen und in Ordnung bringen.

Auf der Hotelterrasse leiste ich mir vor dem Nachtessen einen, wie ich meine, wohlverdienten Apéro und habe Zeit, über den Wunschzettel aus der Messe weiter zu sinnieren. Die Chance stand in diesem Falle maximal 1 zu 40, dass dieser Wunsch in die Hände eines Pilgers fällt, der den ganzen Pilgerweg gehen will. Warum habe ausgerechnet ich diesen

Blühender Wegschmuck, hier Fingerhut

Ein Wanderparadies
zwischen
Chanaleilles und Finieyrols

25. Tag, 26. August 2007
Aumont-Aubrac - Finieyrols

Ausschlafen, schön und gut frühstücken geben mir das Gefühl von seit langem verdienten Ferien. Hey, ich bin ja in den Ferien! Heute hat Anita Geburtstag. Seit ich mich erinnern kann, der erste, an dem ich nicht zu Hause bin. Sie ruft morgens früh an, um sich für die Blumen zu bedanken, die ich noch vor meiner Abreise organisiert habe. Zusammen mit unserem Sohn und seiner Familie machen sie einen Ausflug, um irgendwo gut zu essen und etwas zu besichtigen.

Ist das ein ernst gemeinter, Angst machender Hinweis?

In den nächsten beiden Tagen steht die Durchquerung der waldlosen Hochebene von Aubrac bevor. Ausgangs Dorf kaufe ich viele verschiedene Früchte und natürlich Brot und Fleisch. Noch zu Hause hoffte ich, in Frankreich frische Pfirsiche, Aprikosen und auch Tomaten kaufen zu können. Meine Hoffnungen gehen voll in Erfüllung. Pro Rast habe ich immer mindestens eine Frucht vorgesehen. Die beste Voraussetzung für eine Wohlfühlwanderung. Der Nachteil: Mein Rucksack bekommt ein ordentliches Übergewicht, was ich unter diesen Umständen jedoch gerne akzeptiere.

Weil ich spät gestartet bin, macht mir die immer grösser werdende Hitze bald einmal zu schaffen. Bis am Mittag ist die gesamte Wasserreserve von 3 Litern aufgebraucht. Auch wenn es nur eine kurze Ruhetagsetappe ist, bin ich am Ziel doch recht ausgelaugt. Die Herberge ist geschlossen, und so warte ich im Schatten unter den wenigen Bäumen bis zu deren Öffnung um halb fünf, immer in der Hoffnung, dass sie nicht ausgebucht ist. Gegen Abend trudeln noch einige andere Pilger ein. Für die Herbergsmutter zu wenige, um für uns zu kochen, so wie dies im Führer beschrieben ist. Ich bereite mir eine Tomatensuppe zu, was mit Beutelsuppen auch für mich keine Kunst darstellt. Und aus dem gut dotierten Rucksack stammt der Rest des Abendessens.

Finieyrols umfasst nur wenige Häuser. Es ist immer wieder erstaunlich, wie aus kleinen und kleinsten Weilern wie diesem vor 200 Jahren ein in damaliger Zeit berühmter Bischof und Missionar Frankreichs stammt. Schon oft habe ich mir die Frage gestellt: Warum ist ausgerechnet

Zur Abwechslung ein selbst gekochtes Nachtessen!

dieses eine Kind für eine solche Aufgabe und nicht eines seiner vielen Geschwister dafür auserkoren worden? Man sollte meinen, dass in einer solchen isolierten Gegend alle die gleichen Bildungsvoraussetzungen hätten. Wenn der Lebensplan einen solchen Weg vorsieht, können die Erschwernisse und Hindernisse offenbar noch so gross sein, sie werden dank glücklicher Fügungen und «höherer» Hilfe überwunden. Nebst intellektuellen Voraussetzungen sind Durchhaltewille, sowie eine grosse Leidens- und Entbehrungsbereitschaft weitere Charaktereigenschaften, die mit in die Wiege gelegt werden müssen.

Solch kleine, verlorene Nester bringen oft berühmte Leute hervor

26. Tag, 27. August 2007
Finieyrols - Saint-Chely-d'Aubrac

Der klare Himmel verspricht erneut einen heissen Tag. Über die urtümliche, praktisch baumlose Hochebene befürchte ich einen strapaziösen Abschnitt vor mir zu haben. Ein Pfirsich, ein Confibrot und etwas Wasser bilden mein Kurzfrühstück. Kaffe zu kochen hätte zu viel Zeit gekostet, und zudem bin ich zu bequem dazu. So ziehe ich frühmorgens los, noch bevor die anderen Pilger aufgestanden sind. Auf diese Weise kann ich möglichst lange von den etwas kühleren Temperaturen profitieren.

Urtümliche Zeugen, als ganz Europa von Eis bedeckt war

Die Hochebene macht einen unwirtlichen, kargen Eindruck. Auf den zweiten Blick ist sie jedoch abwechslungsreich, mit einer vielfältigen Blumenpracht. Die riesigen Granitblöcke vermitteln den Eindruck, als sei das Gebiet in den letzten Jahrtausenden praktisch unbewohnt gewesen und nicht bis vor einigen Jahrhunderten von einem riesigen, undurchdringbaren Wald bedeckt gewesen. Und doch, in einem kleinen Dorf steht eine wunderschöne romanische Kirche, die von einstigem Reichtum der Gemeinde zeugt.

Kurz darauf ist der Pilgerweg wegen einer Viehseuche gesperrt. Auf einem bestimmt mehr als fünf km langen Umweg wird der höchste Punkt dieses Abschnittes auf 1'400 m erreicht. Natürlich, wie könnte es anders sein, verläuft die Zusatzschlaufe auf einer Asphaltstrasse, die unter der erbarmungslos brennenden Sonne vor Hitze flimmert. Ein nicht besonders herbeigesehntes Vergnügen, das meinen geschundenen Füssen arg zusetzt.

Die schöne Klosteranlage in Aubrac ist von weitem sichtbar. Es ist nicht mehr weit bis zu einem ganz grossen Bier. Bei einem ebenso grossen wie reichen Salat rücken die Strapazen wieder etwas in den Hintergrund. Die Besichtigung des Klosters und das dazugehörende Hospiz mit seinen kühlen Räumen müssen auch für die Pilger früherer Jahrhunderte eine geschätzte körperliche Erholung geboten haben. Ein einzigartiger Kräutergarten mit vielen, mir unbekannten Heilpflanzen vervollständigt die Anlage.

Ein langer steiler Abstieg, vorwiegend durch Wald, bildet den Abschluss meines heutigen Pensums. In einer sehr gepfleg-

Das einsame Kloster und einstige Pilgerhospiz auf der Hochebene von Aubrac

ten und komfortablen Pilgerherberge finde ich für diese Nacht ein Bett. Es sind alles Dreier- und Vierer-Zimmer mit Dusche, WC und Balkon. Duschen und die Glieder strecken sind als erstes angesagt. Später kommen eine Französin und ein Belgier dazu, beides Pilger, denen ich unterwegs begegnet bin. Wir sitzen auf den Betten und erzählen von unseren bisherigen Erlebnissen. Er ist ein typischer, frühpensionierter Hochleistungspilger und absolviert Tagespensen von mindestens 50 Kilometern. Schon seit vielen Jahren verbringt er seine Ferien auf irgend einem Abschnitt des Pilgerweges. Wenn ihm eine Strecke gut gefällt, wiederholt er sie mehrmals, jedoch nur in Richtung Santiago. Die Französin ist das pure Gegenteil, mehr als zehn Kilometer am Tag liegen für sie nicht drin.

Unten im Tal liegt das idyllische Saint-Chely-d'Aubrac

27. Tag, 28. August 2007
Saint-Chely-d'Aubrac - Espalion

Beim Verlassen des Dorfes wähne ich mich im Mittelalter. Eine alte Brücke mit einem steinernen Kreuz und einem Pilger erinnert an vergangene Zeiten. Im starken Gegensatz dazu der in jüngster Zeit angelegte, pompöse Friedhof mit den reich geschmückten Familiengräbern aus poliertem Granit.

Der Weg überwindet zuerst wieder einige 100 Höhenmeter und bringt meinen Motor schon am frühen Morgen auf Touren. Es ist ein abwechslungsreicher Weg, der mich sehr ans obere Tessin, die Leventina mit ihren Steinhäusern erinnert, deren Bauart sich kaum von dieser hier unterscheidet. Richtung Saint-Côme-d'Olt geht es durch Wälder hinunter auf eine Höhe von nur noch 350 m. Von weitem sieht man den verdrehten Kirchturm, ähnlich jenem von Solothurn. Ob er wohl auch eine ähnliche Geschichte aufweist?

Ein Hauch von Mittelalter

Occitan, eine aussterbende Sprache

Der verdrehte Kirchturm von Saint-Côme-d'Olt

Nach der Besichtigung des kleinen Städtchens mit der eigenartigen Kirche mache ich auf dem alten Marktplatz eine ausgedehnte Mittagsrast. Es ist Siesta-Zeit, und so werde ich kaum einen Menschen sehen, wenn nicht gelegentlich Pilger vorübergehen. Die schönen, zweisprachigen Strassenschilder beeindrucken mich. In der Schweiz sind wir stolz auf unsere Vielsprachigkeit und auf die vielen Dialekte. Dass es dies auch in Frankreich im Übermass gibt, ist überraschend und neu für mich. Den Lauten entsprechend muss es eine Mischung aus Französisch und Spanisch sein. Im Führer finde ich des Rätsels Lösung: es ist die «Langue d'Oc» bzw. «Occitan» oder Okzitanisch, eine alte, hoffentlich nie aussterbende Sprache.

Der Weg führt aus dem Städtchen hinaus und dann dem Fluss Lot entlang. Bis Espalion sind es nur noch sechs km. Bei der nächsten Abzweigung wähle ich, weil ich mich gut fühle und weil unterwegs eine alte, schöne Kirche stehen soll, den Weg über die Hügel und nicht den einfachen und flachen Weg dem Fluss entlang. Es ist angenehm, hier zu wandern, der Weg ist schön und die Geologie der Basaltgruben ist interessant. Aber zwei Stunden vergehen, drei Stunden vergehen, und noch immer habe ich die Kirche nicht erreicht. Es ist hochsommerlich heiss. Seit Stunden habe ich nichts mehr getrunken - ich habe das Gefühl, am Verdursten zu sein. Dann endlich sehe ich die Kirche und Espalion nicht weit vor mir, unten im Tal. Der Durst ist enorm stark, und deshalb lasse ich die Kirche Kirche sein und «stürme», so gut und so schnell es die Füsse zulassen, an ihr vorbei in die

Weltkulturerbe: Die Eglise de Perse aus dem 11. Jh.

Das Feierabendvergnügen der Franzosen.

Stadt. In der ersten besten Beiz giesse ich einen Liter Cola in mich hinein, ohne das Gefühl zu haben, den Durst wirklich löschen zu können. Das waren die längsten sechs km, die ich je erlebt habe. Dafür benötigte ich knapp vier Stunden, was normalerweise in maximal 1 1/2 Stunden zu bewältigen ist. Unvorstellbar! Es ist ein schwacher Trost, dass auch andere Pilger die gleiche Erfahrung machen und wie Rohrspatzen über die Angaben im Führer schimpfen. Ich suche eine Unterkunft, nehme eine in solchen Situationen besonders willkommene Dusche und lege mich dann eine Weile hin.

Wenn ich schon den strapaziösen Weg über die Hügel gemacht habe, so will ich auch die Kirche sehen, die Füsse können noch so schmerzhaft sein. Ich gehe etwas mehr als eine halbe Stunde auf dem Weg zurück. Ohne Gepäck und frisch ausgeruht ist es ein einfacher und lohnenswerter Abendspaziergang.

Die als Unesco-Welterbe geschützte Eglise de Perse stammt aus dem 11. Jh. Sie ist am Ort erbaut, wo der heilige Hilarius 730 von den Sarazenen enthauptet wurde. Am Lot entlang kehre ich nach Espalion zurück. Die Zeit scheint hier stillgestanden zu sein. Wo sonst haben heutzutage die Menschen soviel Musse, um den Sommerabend beim Boulespiel zu verbringen?

Das dominante Schloss von Espalion

28. Tag, 29. August 2007
Espalion - Golinhac

Nach den gestrigen Strapazen habe ich etwas Mühe aufzustehen, und weil es regnet, eilt es mir ohnehin nicht. Zögerlich mache ich mich auf den Weg. Diesmal wähle ich die Landstrasse. Auf Höhenwege kann ich vorläufig gut verzichten. Schon bald erreiche ich Estaing. Dieser mittelalterliche Ort ist vor allem durch Valéry Giscard d'Estaing, den früheren Präsidenten Frankreichs, bekannt geworden. Die Einwohner sind ziemlich sauer auf ihn, weil er sich den Namen ohne anzufragen angeeignet habe. Und sehen lasse er sich auch nie.

Das alles überragende Schloss von Estaing

Der Himmel ist inzwischen wieder strahlend blau, und weil gemäss Karte ein steiler Aufstieg und wiederum ein heisser Nachmittag bevorsteht, gibt es nur einen Kurzaufenthalt in Estaing. Es geht dann um einiges besser als befürchtet. Durch Kastanien-, Buchen- und Eichenwälder ist es eine abwechslungsreiche und kurzweilige Strecke. Das fallende Laub und sein Geruch lassen als Vorboten den kommenden Herbst erahnen.

In einem Feriendorf finde ich eine einfache, jedoch gepflegte Unterkunft. Wie

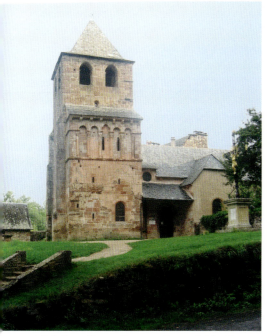

L'Eglise Saint-Pierre, 9. und 11. Jh.

durch ein Wunder funktioniert mein Handy wieder, ohne dass es am Netz angeschlossen ist. So erledige ich Anrufe, um einigen meiner einstigen engsten Mitarbeiterinnen und Mitarbeitern, die in diesen Tagen Geburtstag haben, zu gratulieren. Es ist schon sehr eigenartig, dass

Und immer wieder führt der Weg durch die unberührte Natur

ausser Anita viele unserer Freunde in den Sternzeichen Jungfrau und Steinbock geboren sind. In unserer Verwandtschaft ist die Mehrzahl in den beiden genannten Sternzeichen geboren. Mein Vater, meine Schwiegermutter, ein Enkelkind, meine Schwiegertochter, verschiedene Onkel und Tanten, alle sind Steinböcke wie ich. Anita und meine Mutter wie auch einige Tanten und Onkel sind Jungfrauen. Ich habe genügend Zeit, dieser Häufung bzw.

dieser Affinität der zwei Sternzeichen in meinem Leben nachzugehen. Etwas weniger häufig, jedoch immer noch bedeutend mehr, als dies der statistische Durchschnitt erwarten liesse, sind die im Sternzeichen Stier Geborenen vertreten. Die in unserer Verwandtschaft geboren drei Sternzeichen machen rund 75% aus. Eine aussergewöhnlich grosse Häufung. Welche Auswirkung sie auf die einzelnen Lebenspläne haben, ist mir erst zu einem kleinen Teil bekannt.

Spät abends bekomme ich noch einen Schweizer mit dem Namen Jakob als Zimmernachbarn. Zusammen gehen wir ins Dorf zum Nachtessen. Wie in den letzten Tagen ist es aus kulinarischer Sicht hervorragend und ebenso günstig. Heute gibt es unter anderem ein Linsengericht als regionale Spezialität und Wein nach Belieben. Beim Nachtessen erzählt Jakob, dass er vor acht Jahren von einem Dach gefallen sei und dabei einige Lendenwirbel zertrümmert habe. Er konnte während längerer Zeit nicht mehr gehen und sei an einen Rollstuhl gefesselt gewesen. Er habe damals dem heiligen Jakobus gelobt, nach Santiago de Compostela zu pilgern, falls er jemals wieder gehen könne. Aus unendlicher Dankbarkeit löse er dieses Versprechen nun ein. Jakob ist eine Woche vor mir, am Jakobustag, in Rohrschach gestartet. Das Gehen macht ihm zwar einige Mühe, weil eine Schraube zwei cm aus dem Rücken herausragt und ihn zwang, einen Spezial-Rucksack anfertigen zu lassen, um das stetige Aufscheuern des Rückens zu vermeiden. Die Kraft, die er aus seinem Versprechen schöpft, scheint unermesslich zu sein.

29. Tag, 30. August 2007
Golinhac - Conques

Bei leicht regnerischem Wetter, jedoch für mich idealen Temperaturen ziehe ich sofort nach dem Frühstück los, um möglichst früh in Conques anzukommen. Einerseits, um genügend Zeit für die Besichtigung von Conques zu haben, anderseits um sicher eine Unterkunft zu finden. Conques soll die Perle des Jakobsweges sein und zieht auch sonst viele Wallfahrer an. Für Pilger ist ein Übernachten in Conques ein absolutes «Must» und mit vielen Traditionen verbunden.

Ich komme gut voran, im Vergleich zu Jakob aber gehe ich ein Schneckentempo. Besonders bergauf macht sich natür-

Morgentau in seiner schönsten Form

Die Kraft der Natur ist unglaublich!

lich auch mein Alter bemerkbar. Jakob bewältigt jeden Tag spielend zwischen 40 und 50 km, öfters auch mehr, und findet immer noch genügend Zeit für Besichtigungen. Dazwischen legt er aber einzelne Ruhetage ein, um sich zu erholen. Solche Distanzen sind für mich eher die Ausnahme - nur wenn es nicht anders geht. Ich bevorzuge etwas kürzere Abschnitte und ein langsameres Tempo. Dafür wandere ich auch an meinen «Ruhetagen» einige wenige Stunden, womit ich nahezu die gleiche Wochenleistung erreiche wie die «Schnell- und Marathonläufer». Mit meinem Wanderrhythmus überschreite ich meine körperliche Leistungsgrenze nicht, oder allenfalls nur ganz kurzfristig, und benötige daher auch keine langen Erholungszeiten.

Der heutige Abschnitt ist wiederum eine richtige Bergwanderung. Nach einem steilen Aufstieg führt ein ebenso steiler Abstieg hinunter ins Tal nach Conques, welches nur noch auf 280 m ü.M. liegt.

Vor der Klosterherberge, die von Mönchen des Prämontstrantenserordens seit Mitte des 19. Jh. geführt wird, warten schon einige Pilger, darunter auch Jakob, auf die Öffnung der Rezeption. Ich habe Glück und bekomme ein Einzelzimmer mit wunderschönem Ausblick auf die Klosteranlage, das gesamte Dorf und die Schlucht.

Zusammen mit Jakob besichtige ich das ganze Dorf und die Kirche. Conques (lat. Muschelschale) ist wirklich eine Perle und begeistert durch seine Unversehrtheit, seinen Reichtum an architektonischen Schönheiten und die grossartige Bildhauerkunst.

Im Refektorium des Klosters finden sich etwa 100 Pilger zum gemeinsamen Nachtessen ein. Darunter ist auch ein älteres holländisches Ehepaar, welches ich seit le Puy-en-Velay nicht mehr gesehen habe. Sie sind im Juni in Amsterdam gestartet. Er ist wie ein Pferd mit Zaumzeug ausgerüstet und zieht auf diese Weie einen Einradwagen mit sich, auf dem Zelt, Rucksäcke und anderes Gepäck geladen sind. Wie beschwerlich müssen für ihn die vielen steinigen Auf- und Abstiege sein, wenn ich mit einem Rucksack mehr als genug zu schwitzen habe!

Der Abt heisst in mehreren Sprachen alle herzlich willkommen. Sehr humorvoll erzählt er die Geschichte des Klosters und wieviel Freude es ihm bereite, jeden Abend derart viele neue Pilger beherbergen zu dürfen. Die Bruderschaft sieht ihre Aufgabe in erster Linie im Empfang der Pilger und der Erhaltung der Kirche. Nach einem reichhaltigen und guten Essen wird unter Anleitung des Abtes der alte Pilgerkanon «Ultreia» geübt. «Ultreia» gilt auf dem weiteren Weg als Pilgergruss. Der Abt lädt zu einer nur für Pilger bestimmten Besichtigung des Tympanon und zum abschliessenden Orgelkonzert ein. Wahrlich, ein in jeder Beziehung eindrücklicher und unvergesslicher Höhepunkt auf meiner Wanderung.

Das berühmte Tympanon von Conques

Verträumt liegt Conques auf einer Sonnenterrasse

*Nachtessen im Klosterrefektorium zu-
sammen mit Jakob aus dem Rheintal*

30. Tag, 31. August 2007
Conques - Chaumal-le-Haut

Es ist düster und herbstlich kühl, als ich das Kloster verlasse. Nebelschwaden hängen in den Tannen. Eigentlich müsste kurz ausserhalb des Dorfes die Abzweigung hinunter zum Fluss kommen. Ich muss nicht richtig wach gewesen sein, dass ich die Markierung verpasst habe. Im Wissen darum, dass ich auf einem falschen Weg bin, gehe ich weiter, um unten am Fluss auf der Hauptstrasse zur Brücke zurückzugelangen.

Eine der vielen alten Pilgerbrücken, die ein eigenes Buch wert wären

Auf einem «Bijou» von Brücke aus dem 15. Jh. wird der Dourdou überquert. Auch heute noch ist es eine Brücke nur für Pilger. Tausende, ja Hunderttausende von Pilgern sind diesen Weg in der Morgenfrühe gegangen. Diese Gedanken lassen einen in dieser seit Jahr-

hunderten unveränderten Umgebung in frühere Zeiten eintauchen und sie nacherleben.

Im steilen Aufstieg sind die Spuren der vielen Pilger leicht erkennbar. Die natürlichen Steinstufen sind abgeschliffen wie die Sandsteintreppen in alten Häusern. Auf halbem Weg steht die Kapelle Sainte-Foy. In unmittelbarer Nähe davon ist eine Quelle, deren Wasser bei Augenleiden helfen soll, wie am Odilienberg im Elsass. Besteht allenfalls ein Zusammenhang zwischen diesen beiden heiligen Jungfrauen, die beide als Märtyrerinnen starben? Sollten ihren Verfolgern mit diesem Wasser die Augen geöffnet werden?

Bei der Besichtigung der Kirche in Noaihac kommt auch Jakob hinzu. Er besuchte in Conques noch die Messe. Da ich sein Tempo nicht mithalten kann, trennen wir uns wieder und wünschen uns gegenseitig auf dem weiteren Weg alles Gute. Später entscheide ich mich für eine Variante und treffe in einer Kirche einen Deutschen, welcher der Jakobusgemeinschaft Aachen angehört. Er verbringt hier jedes Jahr seine 3-wöchigen Ferien, um Pilger gegen eine kleine Spende zu verpflegen. Bei Kaffee und Kuchen vergeht die Zeit viel zu schnell. Er gibt mir einige Tipps, welche Herbergen auf dem nächsten Abschnitt eher zu empfehlen sind und welche nicht. In Livinhac finde ich die von ihm beschriebene, sehr schöne Herberge, ein kleines Schlösschen mit Park. Leider ist es geschlossen

Der Herbst naht mit riesigen Schritten

Freiwilliger Pilgerhelfer aus Aachen

und öffnet erst um fünf Uhr nachmittags. Was aber, wenn sie schon ausgebucht ist? Ich mag mich nicht auf diese Ungewissheit einlassen und setze meinen Weg fort.

Unterwegs sehe ich die Werbung einer privaten Unterkunft. Am Pilgerweg machen die Herbergen Reklame für sich wie die Hotels an Autobahnen. Ich telefoniere und reserviere ein Bett für mich. Nach mehr als einer Stunde komme ich in Montedron an, und dann wird mir bewusst, die reservierte Unterkunft verpasst zu haben.

Beim Studium des Führers holt mich Jakob wieder ein, ich glaubte, er sei schon über alle Berge entschwunden. Wir suchen gemeinsam nach einer Herberge ausgangs Dorf, stehen aber vor für immer verschlossenen Türen. Die nächste Herberge ist noch zehn km entfernt, und so weit mag ich nicht mehr gehen. Ich berichte Jakob von der Privatunterkunft. Ich telefoniere wieder der Vermieterin, die sich sofort bereit erklärt, uns mit dem Auto abzuholen. Jakob will jedoch nicht ins Auto steigen, da dies seinem Gelübde widerspricht. Ich habe diesbezüglich weniger Hemmungen, weil ja mit dem Auto ein Stück des Weges zurückgefahren wird und dieses am nächsten Morgen nochmals bewältigt werden muss. So ist es meines Erachtens kein Betrug, mit dem Auto zu fahren. Die Wirtin erklärt den Weg und meint, es sei ohnehin nicht sehr weit. Ich merke jedoch sehr rasch, dass die Beschreibung nicht stimmt und dass auf die Einheimischen, wie die Erfahrung lehrt, kein Verlass ist. Ich bitte sie, umzukehren. Wir treffen Jakob gerade noch rechtzeitig, bevor er einen falschen Weg einschlägt. Ich steige wieder aus und gehe mit Jakob zusammen den Weg in die Unterkunft. Kurz vor dieser, die weit abseits vom Pilgerweg liegt, treffen wir auf die zwei mir bekannten Freiburger, die mit ihren Maultieren nach Santiago de Compostela unterwegs sind.

Die Zimmer sind in einer renovierten Villa, die einem Aussteigerehepaar gehört. Der Hausherr empfängt uns mit einem kühlen Bier, und als wir ihm von unserem Missgeschick erzählen, meint er nur, dass wir dies seiner Frau direkt erzählen müssten. Zu oft hätte er ihr erklärt, dass die Beschreibung nicht stimme, aber sie habe ihm nicht geglaubt (kommt mir doch irgendwie bekannt vor!). Wir versprechen dies, worauf er nochmals für jeden ein Bier holt. Die beiden Aussteiger vermieten ihre Zimmer nur an Pilger und nicht des Geldes wegen, sondern weil sie damit in Kontakt mit fremden Leuten kommen. Offenbar haben sie Spass an uns, wir werden mit einem feinen Essen und einem guten Wein richtiggehend verwöhnt. Quasi als Entschuldigung für den Umweg anerbietet unsere Gastgeberin, unsere Kleider in die Waschmaschine zu stecken, damit wir morgen saubere Kleider anziehen können. Mit Jakob habe ich diesen Abend noch lange übers Bergsteigen gesprochen. Er erzählte auch von einem Erlebnis, das er fotografisch festgehalten hatte. Die einzigartigen und seltenen Bilder zeigen in sehr schöner Form «Bocksgespenster», die er von sich selbst bei Tagesanbruch in den Bündneralpen machte. Das «Bocksgespenst oder Brockengespenst» ist ein optischer Effekt, beziehungsweise eine Täuschung, die auftritt, wenn ein Schatten auf eine Nebelwand trifft und die Sonne um den Schatten herum eine Glorie in den Regenbogenfarben bildet. Bei kleinsten Luftströmungen bewegt sich der Schatten wie von Geisterhand geführt über der Erdoberfläche und kann dem uneingeweihten Betrachter einen Schrecken einjagen. Auch für heute gilt «Ende gut, - alles gut»!

Schweizer Pilger mit ihren Maultieren

31. Tag, 1. September 2007
Chaumal-le-Haut - Figeac

Zum Frühstück werden Jakob und ich mit Eiern, Schinken und natürlich ofenfrischen Croissants verwöhnt. Beim Abschied bittet uns das Ehepaar, sollten wir später einmal in der Gegend sein, doch vorbeizukommen. Nachher stürmt Jakob in seinem hohen Tempo gleich los und entschwindet im Nebel.

Obwohl ich morgen wieder meinen nun zur Gewohntheit gewordenen Ruhetag einhalten will, beabsichtige ich, heute nur ein Wegstück von knapp 25 km zu bewältigen. Figeac, so habe ich mir erzählen lassen, soll sehr schön sein. Dafür will ich mir den heutigen Nachmittag reservieren. Die Strasse hinauf bis Montedron kenne ich inzwischen auswendig, ist es doch das dritte Mal, dass ich diese Strecke zurück lege. Es ist ein einfacher, schöner Weg durch Eichen- und Kastanienwälder. Erstmals sehe ich eine grosse Kastanienbaumplantage, die Bäume stehen in Reih und Glied, so wie bei uns in den Obstplantagen. Ein für mich ungewohnter Anblick.

Unterwegs besichtige ich einige sehr alte romanische Kirchen. Auch hier wurde für den Bau sehr viel Lavagestein verwendet. Beeindruckend sind die frühen Steinhauerarbeiten in naiver Manier.

Sofort finde ich in einem kleinen Garni-Hotel ein Zimmer mit Blick auf den Fluss «Le Célé». Auf dem lebendigen Marktplatz gönne ich mir seit langem wieder einmal ein richtiges Mittagessen. In letzter Zeit hat es sich einfach nicht anders ergeben, und so habe ich mich stets aus dem Rucksack verpflegt. Ich lasse mir ausgiebig Zeit und geniesse die südliche

Adam und Eva essen vom Baum der Erkenntnis

Atmosphäre mit der scheinbaren Leichtigkeit und Lebenslust der einheimischen Bevölkerung. Vielleicht tragen das schöne Wetter mit den angenehmen Temperaturen und meine Zufriedenheit über den guten Verlauf meiner bisherigen, nun einmonatigen Wanderschaft zu dieser Beurteilung bei. Egal, mir gefällt's hier ausgesprochen gut.

Auf einer gut ausgeschilderten Besichtigungstour lerne ich dieses Städtchen mit seinen schönen Palästen kennen. Die grösste Sehenswürdigkeit bildet eine vergrösserte Kopie des Steins von Rosette, anhand dessen die Hieroglyphen durch den berühmtesten Einwoh-

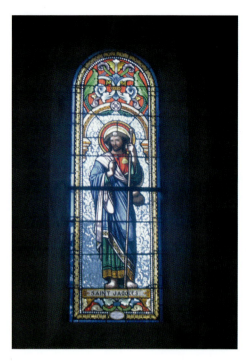

Natürlich dominiert in den meisten Kirchen entlang des Pilgerweges der heilige Jakobus

ner Figeacs anfangs des 19. Jh. entziffert werden konnten und so die Geheimnisse des alten Ägyptens preisgaben. Der Stein enthält den gleichen Text in Griechisch, Ägyptisch und mit Hieroglyphen.

Ich schicke ein weiteres, grösseres Paket mit den anlässlich von Besichtigungen gesammelten Prospekten und gekauften Führern sowie Wanderkarten nach Hause. Mein Rucksack ist jetzt vermutlich nicht mehr weit vom Idealgewicht entfernt.

Bei der Stadtbesichtigung werde ich auf ein Museum über die Résistance aufmerksam. Eine gute dokumentierte Ausstellung mit vielen Originalen bestätigt den Einwohnern von Figeac und seiner

Umgebung, dabei eine Schlüsselrolle eingenommen zu haben. Wenn man dies weiss und darauf achtet, sieht man, wie die Veteranen mit sichtlichem Stolz die Ehrenabzeichen tragen.

Am Abend lerne ich im Hotel zwei Pilgerinnen aus Kanada kennen, die dieses Jahr bis an die spanische Grenze und, wenn alles gut geht, noch ein kleines Stück weiter wandern wollen. Für den ganzen Weg reichen die Ferien nicht aus.

N.B. Am nächsten Abend erfahre ich, dass eine von den beiden bei einem Abstieg das Bein gebrochen hat. So schnell können Wünsche und Träume enden.

32. Tag, 2. September 2007
Figeac - Pech* Rouglé

Sonntag ist's. Das bedeutet spät aufstehen und ausgiebig frühstücken. Nachher geht es wie üblich bei herbstlich nebligem Wetter zuerst, und auch wie immer, stark bergauf. Oben, bei der Aiguille de Cingle, hat man eine wunderschöne Aussicht auf Figeac und das Tal des Célé. Die Hochebene ist gegenüber jener von gestern sehr karg. Öfters sieht man nun die typischen Rundhäuser, Cazelles genannt, welche als einfache Unterstände und nötigenfalls als Schlafstätten der Schafhirten dienen. Ihre einfache, aber solide Bauweise soll bis auf die Kelten zurückgehen. Auf einem schönen Wanderweg komme ich recht gut vorwärts.

Als es Mittag wird, beginne ich mich nach einer Unterkunft umzusehen. Da kommt es mir sehr gelegen, am Wegrand eine Reklame zu sehen, die auf einem Campingplatz etwas abseits des Pilgerweges Schlafmöglichkeiten anbietet. Mein Erstaunen ist gross, als mir ein Wohnwagen als Unterkunft angeboten wird. Noch nie habe ich in einem solchen geschlafen. Der ganze Wohnwagen ist für mich allein, was ich sehr schätze. Ich richte mich darin ein, mache es mir bequem und geniesse den Nachmittag in der spätsommerlichen Sonne mit den Düften von frischem Heu, Beeren und reifen Feigen. Welch ein Erlebnis und welch eine Wohltat!

Ich habe das Gefühl, schon seit einer Ewigkeit unterwegs zu sein. Seit Wochen

Die Aiguille de Cingle ist der letzte von vier Obelisken aus dem 13. Jh. und markiert die Grenzen einer Benediktinerabtei, innerhalb derer kein Gläubiger verfolgt werden durfte

habe ich keine Zeitung gelesen und nicht in die Röhre geguckt. Beides fehlt mir nicht, ganz im Gegensatz zu daheim. Dort glaube ich, etwas zu verpassen und am Leben vorbeizuleben, wenn ich einmal die Tagesschau nicht mitbekomme.

Ich schätze, bis jetzt etwa 750 km zurückgelegt zu haben. Anfänglich habe ich mir die zurückgelegten Distanzen genau

In dieser Gegend wird ein weiterer Dialekt gesprochen. «Pech» entspricht «Puy» oder Hügel und kommt vom lat. «podium»

Typisches Hirtenhäuschen, dessen Bauart auf die Kelten zurückgeht

notiert. In der Zwischenzeit ist mir dies zu mühsam geworden. Hauptsache, das Wandern macht Spass, und ich komme jeden Tag näher ans Ziel. Ich kann mir allerdings auch jetzt noch nicht so recht vorstellen, dass es bis dorthin nochmals doppelt so weit ist, und dass es möglich sein soll, alles zu Fuss zu gehen. Die Welt ist riesengross, und wenn ich die menschenleeren Gebiete sehe, so habe ich den Eindruck, dass noch viel mehr Menschen Raum zum Leben haben müssten. Von der Angst einer Übervölkerung ist man hier meilenweit entfernt.

Zu Hause glaubte ich noch, weil ich alleine unterwegs sein würde, genügend Zeit zum «Philosophieren» zu finden und einigen Lebensfragen nachzugehen. Weit gefehlt, ich bin den ganzen Tag beschäftigt mit dem Suchen des Weges und dem Aufpassen, ihn nicht zu verfehlen, mit Besichtigungen und Begegnungen mit fremden Menschen, mit dem Suchen nach einer Unterkunft, Essen einkaufen, Tagebuchschreiben, Spanisch lernen, Füsse pflegen, Kleider waschen und vieles mehr. Ich werde bestimmt nicht als Er-

leuchteter nach Hause zurückkehren, dafür braucht es vermutlich mehr Stille und Gelassenheit.

Beim Nachtessen im Restaurant des Campings begegne ich einem Ehepaar aus Moudon. Jedes Jahr gehen sie zweimal 14 Tage auf den Jakobsweg und hoffen, diesen in einigen Jahren beenden zu können. Bei einer durchschnittlichen Tagesleistung von 15 km wird das wohl noch eine Weile dauern. Für mich ist dies eine bewundernswerte Art, die ich mir nicht vorstellen kann und die meinem Charakter nicht entspricht. Zweimal im Jahr sich immer wieder neu motivieren, neu starten, an- und zurückreisen. Ich kann mir nicht vorstellen, dass das Paar auf diese Weise von der eigentlichen Pilgeratmosphäre, dem eigentlichen Pilgergedanken, des Unterwegsseins, viel mitbekommt. Kaum gestartet, ist schon wieder Ende, vom Abstandnehmen vom Alltag, die Weite der Welt erfahren, wie ich es erlebe, kann wohl kaum die Rede sein.

Eine ungewöhnliche Unterkunft

33. Tag, 3. September 2007
Pech Rouglé - Gaillac

Gestern Abend spät ist noch eine grössere Gruppe von Frauen und Männern angekommen. Sie gaben recht spät Ruhe, wie das eben bei einer Gruppenreise der Fall ist. Ich konnte deshalb erst entsprechend spät einschlafen. Ansonsten fühlte ich mich im Wohnwagen wohl. Allerdings ist das Übernachten mit wenig Komfort verbunden. Besonders, wenn man während der Nacht auf die Toilette nach draussen gehen muss. Diese Erfahrung muss nicht unbedingt wiederholt werden.

sind echte Wallfahrer, wie ich dies bisher nicht kannte. Im Gespräch erfahre ich, dass sie aus der Umgebung von Ulm stammen. Sie sind nun das fünfte Mal auf dem Jakobsweg, und bisher hat noch kein einziger Teilnehmer der ursprünglichen Gruppe gefehlt. Jedes Jahr wandern sie während zehn Tagen täglich 35 bis 40 km. Eine ganz tolle Leistung, auch wenn sie nur mit einem Tagesrucksack unterwegs sind. Das andere Gepäck, wie auch das Mittagessen wird mit Kleinbussen zu den Rastplätzen, beziehungsweise ans Tages-

Gute Gedanken am Wegrand.

Der Lärm der Gruppe weckt mich ungewohnt früh. Sie verlässt das Camping noch bei Dunkelheit. Drei Stunden später hole ich sie wieder ein. Eine Weile gehe ich bewusst hinter der Gruppe her, weil ihr Gesang mich verwundert. Den ganzen Tag singen sie und beten abwechslungsweise das «Vaterunser». Es

Cajarc im Tal des Lot

Eine singende und betende Pilgergruppe aus Ulm

ziel transportiert. Für Besichtigungen haben sie keine Zeit. Das könne man auch mit dem Auto nachholen - sie seien Wallfahrer und keine Touristen, und für sie stehe das religiöse Erlebnis im Vordergrund. Ich kann mir ein solches Pilgern nicht vorstellen. Wenn sie jedoch dabei glücklich sind, wird der Zweck des Pilgerns erreicht.

Links und rechts des Weges gibt es immer wieder Dolmen zu sehen. Erstaunlich, wie sie die Jahrtausende aus der vorkeltischen Megalithkultur ohne Vandalismus und Zerstörung überstanden haben. Ein gewisser natürlicher Respekt gegenüber diesen Bestattungsstätten wurde von Generation zu Generation weitergegeben. Es macht auch den Anschein, dass diese Plätze so genannte

Kraftorte sind, die von den frühen Christen übernommen wurden. So sieht man auf der einen Seite des Pfades ein Dolmengrab und auf der anderen Seite ein frühchristliches Kreuz. Möglicherweise, um von der Kraft, vielleicht auch von der Heiligkeit des Ortes, etwas mitzubekommen.

Am Mittag erreiche ich Cajarc, eine im frühen Mittelalter wichtige Pilgerstation. Heute ist Cajarc das Zentrum des Safrans, das im Quercy angebaut wird. Dieses ebenso bekannte wie teure Gewürz hat den sichtbaren Wohlstand der Stadt in der Neuzeit ermöglicht. Aus Cajarc stammt auch Françoise Sagan, die im letzten Jahrhundert als Skandalschriftstellerin apostrophiert und deswegen in unserer Jugend zum Idol wurde.

Offenbar ein heiliger Ort, auf der einen Seite des Weges ein Dolmengrab, auf der anderen Seite ein Kreuz

Im Schatten von Bäumen esse ich in einem kleinen Boulevardcafé einen Fisch mit Salat. Ferienstimmung pur. Zwei brasilianische Velopilger setzen sich zu mir, da sie die Jakobsmuschel an meinem Rucksack gesehen haben. Dieses Erkennungszeichen ermöglicht und erleichtert viele Begegnungen. Die beiden sind mit dem Velo von le Puy-en-Velay nach Santiago de Comopostela unterwegs. Ihre Ferien sind zu kurz, daher können sie zu ihrem Leidwesen den Weg nicht zu Fuss gehen.

Zwei Stunden später finde ich eine Unterkunft in einem Privathaus, das einer älteren Dame gehört. Sie freut sich sichtlich, wieder einmal einen Pilger beherbergen zu können. Die meisten bleiben die Nacht über in Cajarc. Gaillac ist für diese dann aufgrund der kurzen Distanz kein Etappenziel. Die mit Liebe eingerichtete Wohnung mit Schlafzimmer, Stube und Badezimmer gehört mir ganz alleine. Auf der Terrasse mit freier Sicht ins Grüne und ins Tal schreibe ich an einem Editorial und geniesse dabei den Feierabend.

Heute bin ich den ersten Tag seit langem ohne jegliches Pflaster unterwegs gewesen. Alle Blasen und entzündeten Druckstellen sind abgeheilt. Die bei mir nicht unüblichen blauen Zehennägel sind durch neue abgestossen worden. Ich habe Füsse wie ein Neugeborener. Die besten Voraussetzungen für die nächsten Wochen.

34. Tag, 4. September 2007
Gaillac - Vaylats en Quercy

Geschirr abwaschen und Bettwäsche abziehen, dann kann es losgehen. Wie meistens geht es auch heute wieder ein happiges Stück bergauf. Die Hochebene, obwohl nur rund 350 über Meer, ist karg. Das heisst, auf dem kalkigen Untergrund ist eine rentable Landwirtschaft kaum möglich. Der Weg ist von verfallenen Trockenmauern gesäumt und zeugt von einer einst blühenden und regen Bewirtschaftung. Die einstigen Felder sind vergandet. Niedriges Gehölz und vor allem viele kleine Eichen* haben wieder Besitz von Wiesen und Feldern ergriffen. Von der einst breiten Strasse ist durch den Zerfall der Mauern nun nur noch ein kleiner Fussweg übrig geblieben. Links und rechts sind vereinzelt Dolmengräber zu sehen, auch sie überwuchert. Bestimmt wurden die die Felder umgebenden Mauern bereits von den Kelten oder späte-

Ein begehrter Rastplatz im Sommer

stens von den Römern angelegt. Dieser schnurgerade historische «Cami Ferrat» nimmt auf die Geländeformen keine Rücksicht. Das heisst, jeder Hügel und jede Mulde wird in direktester Linie überwunden. Die Römer legten hier ein Netz von Verbindungstrassen sehr systematisch quer über das ganze Land.

Es ist eine schöne Wanderung ohne grosse Anforderungen. Der spezielle Duft der in der Sonne trocknenden Heidelbeersträucher erinnert mich an die

---

*Quercy als Gebietsname ist vermutlich auf die Römer zurückzuführen. Auf Lateinisch heisst Eiche «Quercus»

Ein Waschsalon aus früheren Zeiten

auf einer Alp verbrachten Jugendferien im Klöntal (Glarus). Das Duftgemisch von frischem Laub, der würzige Geruch von kürzlich geschlagenen Eichen und dürrem Gras, welcher nur bei Windstille und von der Sonne aufgeheiztem Boden entsteht, wird mir von diesem Abschnitt bestimmt in Erinnerung bleiben.

Den ganzen Tag bin ich alleine unterwegs und begegne den ersten Menschen erst wieder bei der Anmeldung in der neuen Unterkunft. Heute habe ich ein Zimmer mit allem Komfort in einem Frauenkloster gefunden. Es ist ein riesiger, gut erhaltener und gepflegter Gebäudekomplex mit einer schönen, grossen Gartenanlage.

Das Bett hat bestimmt schon bessere Zeiten gesehen. Die Stahlfedern sind ausgeleiert und machen mich glauben, in einer Hängematte zu liegen. Ich bin überzeugt, trotzdem gut schlafen zu können.

Das Nachtessen nehmen die wenigen Pilger zusammen mit den vorwiegend älteren Nonnen ein. Es gibt ein fünfgängiges Menu mit Suppe, Melone mit Schinken, Schafskoteletten mit Hörnli und Spinat, verschiedene Käse, einen Flandessert und natürlich verschiedene Weine. Die Halbpension mit Frühstück kostet lediglich 21 Euro. Wo gibt's das sonst noch? Auch am Ende der Welt lässt's sich gut leben. Selbstverständlich versucht man an einem solchen Ort, neben dem körperlichen auch für das seelische Wohl zu sorgen, indem alle zur Nachtmesse eingeladen werden.

Nach langen Tagesetappen wie der heutigen sind die Füsse jeweils mehr oder weniger stark geschwollen und

Ein durch das Gehen gesäuberter Aufstieg

schmerzen zuweilen recht heftig. Durch das Anschwellen der Füsse finden sie in den Schuhen nicht mehr genügend Platz, was den Druck zunehmend erhöht. Zu Beginn machte sich dieser Schmerz nach

Das topfebene Quercy

Nachtessen im Frauenkloster

etwa fünf Stunden oder ca. 20 km bemerkbar. Diese Schmerzgrenze stellt sich nun nach einigen Wochen der Wanderschaft normalerweise erst nach etwa sieben Stunden ein. Besteht der Tagesabschnitt jedoch aus vielen, von der Sonne aufgeheizten Asphaltstrecken oder Feldwegen mit groben Steinen, beginnen die Füsse auch schon nach wenigen Stunden zu schmerzen. Ein kühlendes Fussbad, das Einreiben einer speziellen Crème und das Hochlagern der Füsse bringt bis zum Einschlafen meistens Linderung. Ist dies jedoch nicht der Fall, sind zusätzliche Massnahmen gefragt. Um am nächsten Morgen wieder schmerzfrei losziehen zu können, unterlege ich die Füsse während des Schlafes mit Kissen. So auch heute. Ein etwas umständliches Schlafen. Was soll's. Hauptsache es hilft.

35. Tag, 5. September 2007
Vaylats en Quercy - Cahors

Ein Herbsttag, wie ich ihn liebe, kühl und strahlend blauer Himmel. Erst gegen Mittag wird es sommerlich heiss, und entsprechend werde ich durstig. Der Weg führt geradeaus, lässt trotzdem keine Auf- und Abstiege aus, genauso wie gestern. Einzelne steile Abstiege sind aufgrund der ausgetrockneten Erde schwierig. Leicht gerate ich ins Rutschen.

Es ist irrig anzunehmen, der offizielle Pilgerweg führe auf kürzestem Weg nach Santiago. Oft werden mehre kilometerlange Umwege gemacht, um in eine grössere Ortschaft zu führen. Wahrscheinlich war das früher schon so. Nur grössere Orte konnten den vielen Pilgern eine sichere Unterkunft und Verpflegung bieten. Um Cahors zu erreichen, ist auch heute eine grosszügig angelegte Schlaufe nach Norden vorgesehen, obwohl es eine um mindestens 15 Kilometer kürzere Möglichkeit gibt. Für moderne, motorisierte Menschen eine Kleinigkeit, zu Fuss jedoch eine halbe Tageswanderung. So ist der Umweg auch für mich eine Überlegung wert. Ich entscheide mich trotzdem für den Umweg nach Cahors, soll eine sehenswerte Stadt sein, und ich habe ja alle Zeit.

Gleich eingangs Stadt frage ich am frühen Nachmittag in einem direkt am Lot gelegenen schönen Hotel nach einem Zimmer. Ausgebucht - zum Glück, wie sich herausstellen sollte. Nicht etwa, weil ich später in einem eher verwahrlosten Gîte ein Bett bekomme, sondern weil ich dadurch alle Sehenswürdigkeiten in unmittelbarer Nähe habe.

In Cahors gibt es eine bereits von den Kelten verehrte heilige Quelle. Später bauten die Römer Thermen und Theater darüber. Die befestigte Brücke, ein Anblick wie aus dem Geschichtsbuch, sicherte die im Mittelalter europaweit bekannte Metropole. Diese Vergangenheit ist noch lebendig, auf Schritt und Tritt spürbar. Ich mache Einkäufe und trinke in einem schattigen Restaurant ein wohlverdientes Bier und geniesse die südländische Atmosphäre.

36. Tag, 6. September 2007
Cahors - Montcuq

Jeden Tag das Gleiche. Ein steiler Pfad mit vielen Kehren führt hinauf auf eine Aussichtsplattform. Ein Blick zurück präsentiert Cahors mit seiner Brücke in seiner ganzen Schönheit. Später folge ich einer von einer neuen Gîte beschriebenen Variante. Die Mar-

Die mittelalterliche Wehrbrücke von Cahors bei Sonnenaufgang

kierung bis zu dieser Gîte mit Schwimmbad war sehr gut, nachher fehlte sie total. Sollen die Pilger den weiteren Weg doch selbst suchen. Gemäss der Karte weiss ich, wo ich mich ungefähr befinde,

aber eben nur ungefähr. Die Wanderkarte ist im Massstab 1:100'000, und 1 mm entspricht 100 Metern. Nach einer Rast folge ich einem Pfad in den Wald hinein, um oben auf dem Hügelzug auf die ursprüngliche Route zu treffen. Der Pfad verliert sich alsbald und wird zu einem Rehwechsel. Ich stehe unten an einem enorm steilen Hang. Es gibt keine Variante, ausser ich würde nochmals ins Tal hinuntersteigen und einen anderen Weg suchen. Ich kraxle auf allen Vieren, so gut es geht, von einem Baumstamm zum anderen hoch, um Halt zu finden und um auszuruhen. Dazwischen rutsche ich immer wieder einige Meter ab. Nach einer halben Stunde stehe ich total erledigt endlich oben auf dem schönen Pilgerweg. Das hätte nicht sein müssen.

In einer Kirche sehe ich im Pilgerbuch, dass Jakob bereits vor zwei Tagen hier war. Auch die beiden Freiburger mit ihren Maultieren müssen aufgrund der frischen «Rossbollen» vor kurzem hier vorbeigekommen sein.

Bei der Mittagsrast holt mich Edith ein, eine Französin aus der Normandie, der ich vor einigen Tag begegnet bin und die in Cahors im gleichen Gîte war. Bis zur nächsten Herberge, einer umgebauten Kapelle, gehen wir einige Zeit zusammen. Sie hat dort reserviert. Ihre Wanderung bis Saint-Jean-Pied-de-Port hat sie minutiös vorausgeplant. Überall hat sie schon vor Monaten einen Platz reserviert. Das Gepäck lässt sie von einem

Etappenziel zum nächsten transportieren. Verschiedene Unternehmen teilen sich in diese Aufgabe. Die Kommerzialisierung des Pilgerweges ist weit fortgeschritten - leider. Andererseits ermöglicht diese Art des Pilgerns auch weniger kräftigen Menschen das Pilgererlebnis.

In drei Tagen möchte ich am frühen Nachmittag in Moissac ankommen, um genügend Zeit für Besichtigungen zu haben. Deshalb verabschiede ich mich nach einer Cola von Edith. Ich will noch etwa 12 km weiter gehen, um eine zeitliche Reserve zu bekommen. Dieses zusätzliche Stück fällt mir leicht, von den morgendlichen Strapazen habe ich mich voll-

Meine obligatorische Siesta

ständig erholt. Angenehme Temperaturen erleichtern das Wandern zusätzlich.

Das Gîte finde ich sofort, es liegt unmittelbar eingangs Dorf, abseits des Pilgerweges. Nach dem nun zur Routine gewordenen Ritual der Pflege, des Ausruhens und Vorbereitens des nächsten Tages mache ich mich zur Besichtigung von Montcuq auf. Welche Überraschung, in der Kirche sitzt Christian, der Münchner und löffelt eine Halbliterbox Vanilleglace leer. Er kommt mit mir zu Herberge und schlägt daneben das Zelt auf, dies ist etwas billiger als ein Bett. An den zwei Euro Differenz kann es sicherlich nicht liegen. Er markiert den harten Mann! Er erzählt mir von seiner Begegnung in Figeac mit Veteranen und einem Pfarrer der Résistance. Obwohl sie freundlich, ja herzlich

Entlang des Weges gibt es viele kunst-volle Kreuze

gewesen seien, seien die Vorbehalte gegenüber den Deutschen aufgrund der Taten der Grossväter und Väter für ihn deutlich spürbar gewesen. Ich frage ihn, was in ihm denn vorgehe, wenn er die Erinnerungstafeln an erschossene Widerstandskämpfer sehe. Er meint, am liebsten würde er gar nicht hinsehen, es befalle ihn jedes Mal ein mulmiges, ungutes Gefühl. Aber Schuldgefühle habe er nicht, da er persönlich nichts dafür könne.

Man kann den Gräueltaten in der Entwicklung des Menschheitskarmas oder Geistes auch einen positiven Aspekt abgewinnen. Ähnlich, wie man Kleinkindern immer wieder predigen kann, dass man die heisse Herdplatte nicht berühren darf, weil sie sonst die Finger verbrennen und fürchterlich weh tue: sie werden es nicht glauben. Nur durch die eigene Erfahrung (Schaden) wird das Kind klug und lernt die Lektion. Zumindest die westliche Welt hat diese Lektion begriffen und gelernt, dass es so nicht weitergehen kann. Seit nun 65 Jahren hat das westliche Europa dank dieser Einsicht keinen Krieg mehr ertragen müssen. In seiner langen Geschichte hat es dies noch nie gegeben.

Die Herbergseltern leben eine seltene Gastfreundschaft vor. Noch vor dem gemeinsamen Nachtessen werden von ihnen die wunden Füsse der Pilger frisch versorgt und für den weiteren Weg wieder möglichst fit gemacht. Was ich da an geschundenen Füssen sehe, lässt meine wenigen Blasen bedeutungslos aussehen.

Ein für uns aussergewöhnliches Kirchenfenster mit Bezug zu den Weltkriegen

37. Tag, 7. September 2007
Montcuq - L'Auberge Aube Nouvelle

Vor lauter Schwatzen war es gestern Abend spät geworden, und so bin ich heute Morgen, nachdem der Wecker geklingelt hat, nochmals eingeschlafen. Im Vergleich zu anderen Tagen ist es später Morgen, als ich losziehe.

Das Gebiet wird immer fruchtbarer und gepflegter. Nicht selten geht der Weg abwechslungsweise an grossen Gestüten für Rennpferde und edlen, herausgeputzten Landsitzen im englischen Landhausstil oder an alten Schlössern vorbei. Es ist daher weiter nicht verwunderlich, einigen Englisch sprechenden Spaziergängern zu begegnen und mit ihnen über das Woher und Wohin zu reden. Sie haben sich hier nach der Pensionierung niedergelassen, in der Meinung, hier an England mit den Hecken und Wäldern erinnert zu werden, mit dem Vorteil der bedeutend wärmeren Temperaturen und weniger Regen.

Inzwischen ist es sehr heiss geworden. Trotzdem lasse ich es mir aufgrund der Beschreibung nicht nehmen, hinauf zum kleinen Städtchen Lauzert aus dem 13. Jh. zu steigen. Der halbstündige Weg hinauf verläuft an der prallen Sonne, das kostet mich einige zusätzliche Schweisstropfen. Die Mühsal lohnt sich allemal, und wie es im Michelinführer heisst: «Ein Umweg lohnt sich». Nach der Besichtigung der Kirche halte ich unter schattigen Bäumen auf dem Platz im Zentrum Mittagsrast. Ich bekomme nur wenige

Ein heisser, durstiger Tag kündigt sich an.

Leute zu sehen. Sie bleiben wohl der Hitze wegen in ihren verdunkelten Häusern.

Der weitere Weg ist ein stetiges Auf und Ab mit auf kurzen Distanzen beträchtlichen Höhenunterschieden. Es ist manchmal derart steil, dass ein Seil angebracht wurde, um die Auf- und Abstiege zu erleichtern. Dieser Abschnitt, obwohl nur zwischen 100 und 250 m ü.M. gelegen, ist sehr kräfteraubend und mit einer voralpinen Wanderung zu vergleichen. Ebenso schön sind jedoch die vielen herrlichen Aussichten ins hügelige, fruchtbare Land mit seinen Plantagen von Kirschen-, Aprikosen- oder Pflaumenbäumen.

Auf einer grossen Waldwiese komme ich bei einer alten Pilgerkapelle vorbei und fülle dort meine Wasserreserven

Mittagsrast auf der Zitadelle Lauzert

Ein einsamer Friedhof mit alten Scheibengräbern

wieder auf. Zur Kapelle gehört ein kleiner, noch gelegentlich genutzter Friedhof, wie die wenigen Plastikblumen vermuten lassen. Im Gegensatz zu anderen Grabstätten mit ihren granitenen und marmornen Prunkgräbern sind diese hier von einer Armseligkeit, die die Bedeutungslosigkeit der Bestatteten suggeriert. Mir scheint ein solches Grab eher der Realität zu entsprechen und den Zweck besser zu erfüllen als die vielen anderen.

Am frühen Nachmittag erreiche ich L'Auberge Aube Nouvelle, ein 2-Sterne Hotel. Es ist ein mit viel Geschmack renovierter Landsitz mit grossem Garten und einer hervorragenden Küche. Sie muss ein Geheimtipp sowohl bei Velotouristen und Wanderern als auch bei Geschäftsleuten sein, denn gegen Abend ist sie ausgebucht. Nach den vielen Übernachtungen in den Gîtes nutze ich die Gelegenheit, um wieder einmal eine grosse Auslegeordnung zu machen und soweit dies möglich ist, alles in Ordnung zu bringen. Zum täglichen Ritual gehört jetzt auch das gelegentliche Stopfen von Sockenlöchern und anderen Dingen. Anschliessend lege ich mich im Hotelgarten ins sommerliche Gras und geniesse die noch warme Abendsonne.

Am Telefon erzählt mir Anita, dass Peter angerufen und sich nach meinem Ergehen erkundigt hat. Er hat den Jakobsweg vor einigen Jahren in Etappen zurückgelegt und mir viele Tipps mitgegeben. Aufgrund meines Grusses aus Conques war er über mein Fortkommen erstaunt. Er hat ausrichten lassen, dass ich mich in Moissac unbedingt einer Führung im Kreuzgang anschliessen soll.

38. Tag, 8. September 2007
L'Auberge Aube Nouvelle - Moissac

Nach einer guten Nacht starte ich frühzeitig, um gegen Mittag in Moissac zu sein, damit ich genügend Zeit für die Besichtigungen habe. Es ist angenehm frisch, und wie seit einigen Tagen ist der Himmel wolkenlos. Vollkommen ausgeruht und gut erholt komme ich zügig voran. Die 16 km Weg erscheinen mir nicht lang. Nach weniger als 3 1/2 Stunden erreiche ich bereits Moissac.

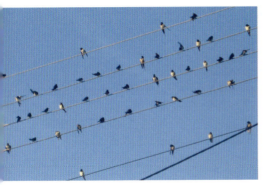

Schwalben auf dem Heimweg

Die Pilgerherberge, ein altes Karmeliterkloster, liegt ganz in der Nähe des Zentrums auf einer kleinen Anhöhe. Sie bietet einen grossartigen Ausblick über die gesamte Altstadt. Viele der alten Einrichtungen und Bilder wurden restauriert und erstrahlen in neuem Glanz. Im Kreuzgang strömt der mit vielen Rosen bepflanzte Klostergarten eine wohltuende, friedliche Ruhe aus.

Auf dem Fussweg hinauf zur Herberge jagt mir eine fauchende Viper einen

gehörigen Schreck ein. Obwohl sie nur etwa 40 cm lang ist, weiche ich ihr in einem grossen Bogen aus. Zum ersten Mal in meinem Leben bin ich einer Viper begegnet; sie flösst mir Respekt ein und ermahnt mich zur Vorsicht.

Im mir zugewiesenen Zimmer liegt wer? Ja natürlich, Christian. Da er ziemlich erschöpft ist, möchte er alleine sein, und so beziehe ich ein anderes Zimmer mit einer wunderbaren Aussicht ins Grüne.

Sofort begebe ich mich wieder in die Stadt. Auf dem grossen Wochenmarkt wird alles Mögliche angeboten. Noch selten habe ich ein solch reiches Angebot an Fischen, Fleisch, Käse und Gewürzen gesehen. Vielleicht hängt dies mit der hier stark durchmischten Bevölkerung zusammen. Auf dem Markt hat es auffällig

Schönes Wandrelief in der Klosterherberge

Pilgerweg entlang von Alleen

viele Araber in den typische Pluderhosen und den langen weissen oder braunen Hemden.

Am Rande des Marktes trinke ich ein Bier, esse eine Kleinigkeit und schaue dem fremdländischen Treiben zu. Nachher geht es zur Besichtigung der Kathedrale aus dem 11. Jh. Wie geraten, schliesse ich mich einer Führung zur Besichtigung des schönsten und mit 78 Arkadenbögen grössten Kreuzganges der Welt an. Beim Bau der Eisenbahnlinie konnte der Kreuzgang in letzter Minute dank dem Einsatz einiger weniger Bürger vor dem Abbruch gerettet werden. Kathedrale und Kreuzgang gehören heute zum Unesco - Welterbe. Der Nachmittag vergeht wie im Fluge, und vom Gesehenen tief beeindruckt und ermüdet gehe ich zurück zum Kloster.

Beim gemeinsamen, wie immer reichlichen Nachtessen gibt es ein Wiedersehen mit einigen Pilgern, die ich seit Conques nicht mehr gesehen habe, einzelne davon seit Wochen nicht mehr. Darunter ist auch das Ehepaar aus Moudon und jenes aus Amsterdam, er mit seinem Wagen. Diese Wiedersehen vermitteln einem das Gefühl, langjährige Bekannte zu treffen. Wir haben uns viel über die vergangenen Tage zu erzählen. Es ist schon eigenartig, da bin ich während Stunden alleine auf dem Pilgerweg, dabei sind andere nur wenige Stunden hinter oder vor mir. Sie haben Dinge gesehen, die ich nicht sah, waren ihrerseits aber überrascht von meinen Erzählungen von Dingen, die sie nicht gesehen und erlebt, oder die sie nicht so beeindruckt haben wie mich. In einzelnen Fällen haben sie in derselben Pension und im selben Zimmer übernachtet wie ich, nur einen Tag früher oder später. Jeder erlebt den Pilgerweg auf seine ganz persönliche Art.

39. Tag, 9. September 2007
Moissac - Saint-Antoine

Bei Sonnenaufgang verlasse ich die Herberge. Dort, wo gestern reger Betrieb herrschte, ist die Stadt jetzt absolut menschenleer. Verständlich, es ist Sonntagmorgen, und ich spüre die typische Stimmung einer Stadt, die ausschläft. Die Bäckereien verströmen den Duft von frisch gebackenem Brot und warten auf die ersten unverbesserlichen Frühaufsteher.

Heute will ich wieder ein längeres Stück gehen, ich habe ja gestern meinen «Ruhetag» eingezogen. Das erste Teilstück führt entlang eines Kanals, der in den bekannten Canal du Midi mündet. Er verläuft parallel zur Tarn, die kurz darauf in die Garonne mündet. Der Kanal ist eingesäumt von alten, hohen Platanen. Kleine Nebelfetzen liegen über dem Wasser. Auch hier Sonntagmorgen-Stimmung, einige wenige Jogger und Velofahrer sind unterwegs. Diese friedliche Stimmung vermittelt mir das Gefühl, auf einem Sonntagpaziergang zu sein. In den vertäuten Hausbooten wird es auch langsam Zeit zum Aufstehen und Frühstükken. Gelegentliches Winken und ein «bonne route» verkürzen mir die Zeit.

An einem Sonntagmorgen dem Kanal entlang wandern ist ein wahres Vergnügen.

Schade, auch dieses schöne Stück Pilgerweg geht zu Ende. Was nun folgt, ist Asphaltstrasse mit geteertem, grobkörnigem Split, richtiger Gummisohlenfresser. Abwechslung bietet eine Rallye von Autoveteranen. Ein Ehepaar lädt mich zum

111

Verführerische Oldtimer

Der einzige runde Markt in ganz Frankreich

Mitfahren ein. Es fällt mir nicht schwer, standhaft zu bleiben, verlockend war die Gelegenheit jedoch schon. Ich habe vorgesehen, in der vor mir liegenden Ortschaft am Ufer der Garonne Mittagsrast zu halten. Die Garonne ist hier ein dreckiger, dunkelbrauner Fluss, und trotzdem sind am Ufer Fischer zu sehen. Die Fische müssen, wenn sie darin überleben können, wohl eine gewöhnungsbedürftige Spezialität sein. Die Fliessgeschwindigkeit der Garonne erstaunt mich sehr, da hier nur eine Höhe von 40 m.ü.M angegeben und das Meer bis zur Mündung in Bordeaux bestimmt noch einige hundert Kilometer entfernt ist.

Je marcherai.
Je marcherai sous le soleil trop lourd,
sous la pluie à verse et dans la tourmente.
En marchant, le soleil réchauffera mon coeur de pierre,
la pluie fera de mes désirs un jardin.
A force d'user mes chaussures, j'userai mes habitudes.
Je marcherai et ma marche sera démarche.
J'irai moins au bout de la route qu'au bout de moi-même.
Je serai pèlerin.
Je ne partirai pas seulement en voyage,
je deviendrai moi-même un voyage, un pèlerinage.

Jean Debruynn

Auf dem weiteren Weg mit dem üblichen Auf und Ab besuche ich in Auvillar noch eine kleine Picasso-Ausstellung. Auf dem Marktplatz steht die einzige runde Markthalle in ganz Frankreich, ein richtiges Bijou.

Ich gehöre zu den ersten Pilgern im Gîte von Saint-Antoine und kann mir das Bett im Schlafsaal noch aussuchen. Die begehrtesten Plätze sind der frischen Luft wegen neben Fenstern und in der Nähe der Tür. Die Schlafsäle befinden sich über einer für unsere Begriffe abbruchreifen Remise. Im Vergleich zu anderen Unterkünften habe ich trotz des relativ geringen Preises zum ersten Mal das Gefühl von Abzockerei der Pilger. Null Komfort, keine Essensmöglichkeit, keine Duschen - einfach nichts.

Zusammen mit anderen Pilgern gehe ich in ein nahe gelegenes Restaurant. Der Ortsname ist vom Orden der Antoniter abgeleitet, die hier ein Hospiz gründeten. Warum gerade hier? Weit und breit keine Stadt, oder gerade deshalb?

40. Tag, 10. September 2007
Saint-Antoine - Fleurance

Gestern, als wir vom Essen zurückkamen, war Christian eben eingetrudelt. Er war zu müde, um das Zelt aufzustellen, und ausserdem hat er realisiert, dass es nicht teurer ist, in einem Gîte zu übernachten, vom Komfort ganz zu schweigen. Für diese Erkenntnis brauchte er recht lange. Offensichtlich legt er viele Pausen ein, um sich zu erholen. Ist ja nicht weiter verwunderlich bei dem von ihm vorgelegten Tempo. Bei einem solchen Rhythmus würde ich auch nicht weit kommen.

Heute ist für mich ein spezieller Tag. Es gilt Abschied zu nehmen von den vielen Pilgern, denen ich in den vergangenen Tagen und Wochen von Zeit zu Zeit immer wieder begegnet bin. Nach Mirandoux wechsle ich von der Via Podiensis zur Via Tolosana, auf welche ich in zwei Tagen nach etwa 75 km bei Auch (ausgesprochen «Osch») zu treffen hoffe. Arles ist ihr eigentlicher Ausgangs- und Sammelpunkt. Südfranzösische Pilger und jene aus Italien und dem südlichen Baltikum starten dort.

Die Via Tolosana führt hinauf zum 1'632 m hohen Somportpass an der spanischen Grenze. Dieser Pyrenäenübergang wurde schon von den Kelten und später von den Römern begangen, noch bevor die Pilgertradition nach Santiago de Compostela ihren Anfang nahm. Für mich bedeutet dieser Wechsel einen zusätzlichen Umweg von gegen 150 km oder fünf bis sechs Tagen. Im Grunde genommen eine verrückte Idee, wenn man dies alles zu Fuss gehen muss beziehungsweise freiwillig gehen will. Zu Hause war ich mir nicht sicher, ob ich zur gegebene Zeit dann auch wirklich diese Variante wählen würde. Die historisch viel ältere Wegführung und da ich mich fit fühle, liessen in den vergangenen Tagen diese Absicht zur Gewissheit reifen. Ich weiss zwar, irgendwann in diesen Tagen erst etwa die Hälfte des ganzen Weges bewältigt zu haben. Gut möglich, dass dort auch weniger Pilger unterwegs sein werden. Dafür wird aber die südländische Mentalität vorherrschen.

Idylle bei Sonnenaufgang

Noch ist es jedoch nicht so weit. Entlang eines grossen Abschnittes nach Mirandoux sind vor kurzem in Abständen von zehn m Ahornbäume, nach 100 m eine Eiche und alle Kilometer eine Pappel gepflanzt worden, damit die Pilger in ferner Zukunft nicht mehr derart der Sonne ausgesetzt sein werden. In Mirandoux bringe ich ein weiteres Paket mit Bü-

Meine grosszügige Bekanntschaft

chern, Prospekten und Wanderkarten zur Post. Obwohl es nur knapp ein Kilogramm wiegt, habe ich nun das Gefühl, fliegen zu können.

Bevor ich den Pilgerweg verlasse, will ich noch meine Lebensmittelbestände ergänzen, um für alle Fälle gewappnet zu sein. Inzwischen haben die Läden geschlossen, und so gehe ich lediglich mit einem kleinen Stück Brot und einem Pfirsich als Notproviant weiter. Ich bin nun wieder ganz alleine unterwegs, so wie in den ersten Wochen. Trotzdem habe ich das Gefühl, auf dem «richtigen» Weg zu sein. Ab sofort muss ich mich wieder intensiv mit der Wanderkarte auseinandersetzen, um ja keine Abzweigung zu

verfehlen und keine unnötigen Umwege machen zu müssen.

Der Weg ist seit dem frühen Morgen nahezu baumlos. Die Landschaft gleicht mit ihren sanften Hügeln der Toscana. Jeder Hügel muss aber bezwungen werden und verursacht unter wolkenlosem Himmel einen gewaltigen Durst. Mein Getränkevorrat ist vollständig aufgebraucht, und so hoffe ich, diesen im Dorf L'Isle Bouzon bei der Kirche ergänzen zu können. So wie das Auto von Zeit zu Zeit aufgetankt werden muss, benötigt mein Motor Wasser. Im Vergleich haben wir Menschen bescheidenere Ansprüche.

Bei der Suche nach einem Wasserhahn kommt ein Franzose auf mich zu und fragt mich nach meinen Absichten. Er anerbietet sich, bei sich zu Hause, für mich kühles und besseres Wasser zu holen. Ich gebe ihm meine beiden grossen Petflaschen mit. Er kommt mit seiner Frau und einem Kollegen zurück. Ihnen muss er wohl von einem komischen Fremden erzählt haben, da sie mich mit unverhohlener Neugier mustern. Ich erzähle ihnen von meiner bisherigen Wanderschaft und von meinem weiteren Weg. Je länger wir reden, umso grösser wird ihr Erstaunen. Nach gut einer Stunde mache ich mich zum Aufbrechen bereit und frage sie nach einer Bäckerei oder einem anderen Lebensmittelgeschäft. Oh, hier gibt es seit einigen Jahren keine Läden mehr, ist die für mich ernüchternde Antwort. Offensichtlich bemerkt die Frau meine grosse Enttäuschung oder Besorgnis. Sie erkundigt sich sofort, was ich denn brauchen würde. Etwas Brot und Käse würde bis zum Abend genügen. Wenn dies alles sei, biete das kein Problem. Und sie verschwindet in ihrem benachbarten Haus. Sie kommt mit einer grossen Tasche zurück, in der sie, wie sie sagt, eine Kleinigkeit eingepackt habe. Diese Kleinigkeit entpuppt sich jedoch als Proviant für mindestens einen weiteren Tag. Nebst Brot hat sie mir Camembert und einen Hartkäse, Schinken, frische Tomaten, Feigen, Äpfel und Pfirsiche in die Tasche gelegt. Sie erklärt mir, dass es unterwegs bis in das vier Stunden entfernte Fleurance keine Unterkunftsmöglichkeiten mehr gebe. Bestimmt werde ich noch recht Hunger bekommen, und so habe sie eben etwas mehr dazugelegt. Sie hilft mir die Esswaren im Rucksack zu verstauen und merkt, dass dieser nicht so leicht ist, wie er aussieht. Sie erschrickt darob fast ein wenig und meint, dass dies ja unglaublich sei. Ich erzähle ihnen dann von Christian, der seit München 2.5 kg Steine mit sich trägt, und von der alten Tradition, beim eisernen Kreuz in Spanien die Steine ab-

Damit wir nicht vergessen, wo wir alle enden   *Weisse Friedenstauben?*

Ein herrlicher Landsitz in einer harmonischen Landschaft

zulegen. Im Vergleich zu ihm sei mein Rucksack mit den wenigen Steinen, die ich für meine Familie mittrage, geradezu ein Leichtgewicht. Mit dem frischen Wasser und dem Proviant ist er jetzt auch fünf Kilo schwerer. Die Frau hebt drei kleinere Steine auf und fragt schüchtern, ob ich diese nicht für sie mitnehmen würde und ob sie nicht zu gross wären. Ohne zu zögern lege ich sie zu meinen Steinen in den Rucksack. Beim Abschied bedanken sich alle drei immer wieder dafür, mich kennengelernt zu haben. Meinen Einwand, es sei doch an mir, sich zu bedanken, da sie mir mit dem Proviant aus der Patsche geholfen haben, lassen sie nicht gelten. Es sei für sie ein unvergessliches Erlebnis, und sie würden bestimmt auch einmal ein kleines Stück des Jakobsweges gehen, um etwas von dieser ganz speziellen Ambiance persönlich zu spü-

ren. Der Franzose begleitet mich noch während etwa einer halben Stunde hinunter ins Tal, um mir einige Abkürzungen zu zeigen, und beteuert nochmals, wie «heureux» er sei, mich angesprochen zu haben und mir begegnet zu sein.

Wieder alleine beschäftigt mich diese ungewöhnliche Begegnung noch einige Zeit. Zuerst wollte ich das Dorf links liegen lassen, und den Wasserhahn konnte ich auch nicht auf Anhieb finden. Dies wiederum ermöglichte erst die Bekanntschaft mit diesen drei sympathischen Franzosen, und meine Essensprobleme wurden auf wundersame Weise gelöst. Zudem bescherte diese Begegnung den Dreien und mir einen interessanten Gedankenaustausch. Alles Zufall oder doch göttliche Vorsehung? Schon oft habe ich Begegnungen erlebt, die für mich eher oberflächlich waren, ja, die mich manchmal eher genervt haben. Im Nachhinein haben sich diese für die anderen, wie mir von ihnen später gesagt wurde, oft als wegweisend oder zumindest als starker Impuls herausgestellt, während ich mich kaum mehr daran erinnerte. Sind es nicht diese ungeplanten Begegnungen mit Menschen, die das Leben bereichern, und nicht das moderne, bewusst auf materiellen Gewinn ausgerichtete «Netzwerken» mit dem verpflichtenden Geben und Nehmen?

Inzwischen bin ich mir auch sicher, zu wissen, warum im letzten Jahr meine Pilgerreise ein so jähes und brutales Ende genommen hatte. Ich bin überzeugt, dass damals die Zeit für mich noch nicht reif

genug war und der Diebstahl meine Willensstärke einer Prüfung unterzog, den Jakobsweg trotz aller möglichen Widerwärtigkeiten zu gehen. Diese Einsicht bekräftigt mich zusammen mit allen anderen bisherigen positiven Signalen, dass ich dieses Jahr Santiago de Compostela erreichen werde.

Beim Eintreffen in Fleurance schlagen die Glocken auf eine eigenartige Weise, so wie ich es noch nie gehört habe. Ich bekomme eine sehr lange, langsam fahrende Autokolonne und viele Zaungäste zu sehen. Es ist der Trauerzug für eine bedeutende regionale Persönlichkeit. Im Stadtzentrum von Fleurance selbst finde ich keine Unterkunft, und so muss ich trotz grosser Müdigkeit bis ans andere Ende der Stadt, um in einem Garnihotel endlich ein Zimmer zu finden.

Es ist nicht mehr weit bis ans Tages-Ziel

41.Tag, 11.September 2007
Fleurance - Auch

Zuerst muss ich zwei km zurück ins Zentrum gehen und einen Geldautomaten finden.Auch diese Reserven müssen von Zeit zu Zeit aufgefüllt werden. Auf dem Markt bin ich einer der ersten. Ich profitiere von der Saison und kaufe wieder viele Früchte, besonders die aromatischen weissen Pfirsiche haben es mir angetan.

Fleurance zu verlassen ist keine einfache Sache. Ich suche fast verzweifelnd die richtige Abzweigung und die richtige Strasse, ohne sie jedoch zu finden. Wohl wissend, auf einer falschen Strasse zu sein, gehe ich weiter. Es ist viel beruhigender, zu wissen, auf einem falschen Weg zu sein, als überhaupt nicht zu wissen, wo man sich befindet. Die Gelegenheit zur Korrektur bietet sich alsbald.

Wo Hasen und Füchse sich Gute Nacht sagen

Von der Topographie her ist es heute eine leichte Etappe, keine einzige Steigung, einfach topfeben, dafür umso länger. Ich folge ein langes Stück dem Fernwanderweg «Coeur de Cascogne» mehr oder weniger entlang dem Fluss Gers.

Der direkte Weg würde durch das Anwesen eines Schlosses führen. Er ist jedoch versperrt, und so muss ich einige Kilometer auf einer stark befahrenen Strasse gehen. Wie ich es gelernt habe, gehe ich auf der linken Strassenseite, um rechtzeitig gesehen zu werden. Auffällig ist, wie die männlichen Automobilisten frühzeitig ausweichen, dagegen brausen die weiblichen sehr nahe an einem vorbei. Des Öfteren ist ein Ausweichen in den sumpfigen Strassengraben die einzige Rettung.

Wieder zurück auf dem Feldweg hält ein Mercedes neben mir, und eine elegant gekleidete Frau gibt mir den Tipp, eine Wiese zu überqueren, um auf dem Flussdamm direkt in die Stadt Auch zu gelangen. Er ist wohl der kürzeste Weg, aber er gibt mir in verschiedener Hinsicht zu schaffen. Ohne Schatten geht es kilometerweit schnurgeradeaus. Seit einiger Zeit sehe ich Auch vor mir, die Stadt will und will einfach nicht näher kommen, und dabei habe ich einen gewaltigen Durst. Die Getränkereserven sind aufgebraucht. Ich habe das Gefühl, als trete ich an Ort. Sicher spielt die Müdigkeit mit, da ich nun schon über acht Stunden unterwegs bin.

Plötzlich liegt eine grosse Schlange vor mir, wie ich sie in der freien Natur noch nie gesehen habe. Sie jagt mir einen gehörigen Schreck ein, weil ich sie in einem Abstand von etwa 20 Metern noch nicht beachtet habe. Ich bin mir nicht sicher, ob sie bereits ganz tot ist, da ihr

Schwanzende immer wieder anders daliegt. Mit grossem Respekt und aus einigermassen sicherer Distanz mache ich ein Foto. Meine Wanderstöcke zur Abwehr vor mich haltend, schiebe ich mich in möglichst sicherem Abstand seitlich an ihr vorbei, ohne sie den kleinsten Moment aus den Augen zu lassen. Bis ich mich wieder sicher fühle, gehe ich noch einige Meter rückwärts weiter.

Stets fröhliche Gesellen am Pilgerweg

Ist sie nun tot oder nicht?

Bei der ersten Brücke vor Auch sehe ich die mir vertraute Beschilderung mit der stilisierten Jakobsmuschel- ich bin auf der Via Tolosana.

An der verschlossenen Tür der Pilgerherberge - nach den heutigen Strapazen auch das noch - hängt ein Zettel, dass der Schlüssel im Tourismusbüro abzuho-

len sei. Wo aber ist dieses? Bei meiner Müdigkeit und dem riesigen Durst erscheint mir jeder Schritt zu viel. Schlussendlich klappt alles bestens.

Die Pilgerherberge ist ein nicht mehr benutztes Priestersemiar in einem alten, einst sicherlich vornehmen Stadthaus. Heute ist sie nur mit dem Nötigsten ausgestattet. Einzelne Zimmer sind ohne Fenster. Das Leben muss hier früher sehr spartanisch gewesen sein. Eine winzige Dusche, in der man sich kaum drehen kann, und eine kleine Küche sind aufgrund der dünnen Sperrholzwände erst später eingebaut worden. Dafür ist die Aussicht auf die Kathedrale einzigartig.

Nach dem Duschen stelle ich mich, seitdem ich von zu Hause weggegangen bin, erstmals wieder auf eine Waage. Ich wünschte mir, auf meiner Wanderschaft zwei, drei Kilos abnehmen zu können. Es sind nun gar neun Kilos, oder anderthalb Kilo pro Woche, die ich abgenommen habe. Ich traue meinen Augen kaum, ich soll nun nur noch 65 Kilos wiegen. Vielleicht

Grablegung Christi in der reich dekorierten Kathedrale von Auch

ist die Waage defekt. Eine Kontrolle der Waage ergibt kein anderes Resultat. Natürlich freue ich mich über den Gewichtsverlust. Aber aus gesundheitlichen Überlegungen mache ich mir deswegen Sorgen. Wenn ich im vermutlich gleich grossen zweiten Teil meiner Wanderung nochmals gleichviel abnehme wie bisher, würden meine Leistungsfähigkeit und Widerstandskräfte bestimmt kaum ausreichen, um Santiago de Compostela jemals zu Gesicht zu bekommen. Ich nehme mir vor, in Zukunft noch mehr zu essen. Bis jetzt hatte ich nie den Eindruck gehabt, hungern zu müssen. Das Gegenteil war der Fall, die Abendessen waren immer sehr reichhaltig und die Zwischenverpflegungen üppiger, als ich dies von meinen Bergtouren her gewohnt bin.

Erfrischt und einigermassen erholt besichtige ich die Stadt und die Kathedrale. In der Unterstadt schaue ich in einem Internetcafé vorbei, um mich in geschäftlichen Angelegenheiten auf den neuesten Stand zu bringen. Nachher bestelle ich bewusst in einer Strassenbeiz ein reichhaltiges Menü, um mein Gewicht aufzumöbeln!

Um 21 Uhr muss ich in der Herberge sein. Die ehrenamtliche Aufseherin will dann vorbeischauen. An diesem Tag bin ich der einzige Pilger in der Herberge. Sie beschwört mich, die Tür sofort hinter ihr abzuschliessen und den Schlüssel abzuziehen. Ich dürfe die Tür auf keinen Fall mehr öffnen, selbst wenn geläutet oder an der Tür gerüttelt werden sollte. In der Vergangenheit hätten oft Bettler oder «Clochards» ihre Abwesenheit benutzt, um hier zu übernachten. Als ich dann gegen Mitternacht durch ein Gepolter an der Tür aus dem Schlaf gerissen werde, habe ich ehrlich ein mulmiges Gefühl. Ich bleibe still, ohne das Licht anzuschalten, im Bett liegen, bis der Spuk vorbei ist. Es ist ein ungutes Gefühl, alleine als Unbekannter mitten in einer fremden Stadt in einem fremden Haus zu schlafen.

42. Tag, 12. September 2007
Auch - Montesquion

Der Rest der Nacht verläuft dann ohne weitere Zwischenfälle. Ich falte die Wolldecken zusammen, räume auf, lege die freiwillige Spende für das Übernachten auf den Fenstersims

Ein heisser Tag kündigt sich an

und braue mir zum Frühstück einen Kaffee. Als ich die Türe aufschliessen will, ist der Schlüssel nicht mehr da. Verzweifelt suche ich danach und stelle den ganzen Rucksack auf den Kopf. Ich suche in der Küche, in der Dusche, und unterm Bett, zwischen den Wolldecken, langsam gerate ich in Panik. Hat dies allenfalls etwas mit dem nächtlichen Gepolter zu tun? Alles Überlegen hilft nichts. So gehe ich nochmals zur Tür, und die ist offen, und dahinter ist eine zweite Tür. Vermutlich war ich gestern Abend zu müde, ich konnte mich beim besten Willen nicht an zwei Türen erinnern. Und an der äusseren Tür hängt der Schlüssel, wie ich geheissen wurde. Gott sei Dank! Mit einiger Verspätung kann ich zu meinem heu-

tigen Pensum starten. Die Nächte werden spürbar kühler, und so ist es morgens jeweils recht frisch, wenn ich auf die Strasse trete. Beim Verlassen des Spukhauses ziehe ich deswegen einen Pullover über. Die Kathedrale erstrahlt noch immer im goldenen Licht der Beleuchtung. Wunderschön. Bis auf die Bäckereien schläft alles noch.

Mit der Zeit werden die Temperaturen angenehmer, es wird ein richtiger herbstlicher Wandertag mit strahlend blauem Himmel und Nebelschleiern in den Tälern. In der Natur sind die herbstlichen Boten unübersehbar. So auch die nach Spanien oder Nordafrika zurückfliegenden Schwalben. Die Felder sind abgeerntet und die warmen Farben der gepflügten Felder vermitteln grosse Ruhe und Frieden. Die verträum-

Und noch ein verdrehter Kirchturm

ten, oft in Mulden abseits liegenden Ortschaften verstärken diesen Eindruck. Es sind Ortschaften, die sich seit langer Zeit äusserlich wohl kaum verändert haben. Man betritt sie durch ein Stadttor, in der Mitte sind Marktplatz und die Kirche, und darum herum drängen sich die Häuser. Und immer wieder stelle ich mir die Frage, wie die Menschen in dieser Einsam-

Unendlicher Durst ....

...... in einer unendlichen Landschaft

keit leben können, ohne durchzudrehen. Zwei Wochen sind bestimmt zum Aushalten, aber länger? Kein Kino, kein Theater, einfach nichts ausser der Möglichkeit, eventuell abends in die Beiz zu gehen.

Ich muss heute wohl sehr ausgeruht aussehen, denn drei unterschiedliche Personen meinen im Vorbeigehen mit offensichtlich ironischem Unterton, dass etwas Bewegung für die Gesundheit gut und empfehlenswert sei. Tägliche Wiederholung sei jedoch wichtig, ein einziger Tag nütze nicht viel. Wenn die wüssten, wie lange ich schon unterwegs bin, würden sie wohl anders reden.

Ich freue mich heute so richtig, unterwegs zu sein, und entsprechend gut komme ich voran. Nicht zuletzt, weil ich seit einigen Tagen keine Blasen mehr habe, keine Pflaster mehr brauche und die Füsse nicht mehr schmerzen.

Eingangs Montesquion weist mich ein Schild darauf hin, dass es bis Santiago de Compostela «nur» noch 935 km sind. Dies ist ein richtiger Aufsteller - keine 1'000 km mehr!

Sofort finde ich nach knapp zehn Stunden Wanderschaft, ein Zimmer in einer kleinen Landbeiz. Es gibt ja auch keine andere Möglichkeit. Es ist schon eigenartig, ich bekomme immer ein Zimmer im obersten Stock unter dem Dach. Sei es, weil die Leute wohl der Meinung sind, dass ich über genügend Kondition verfüge, um hinaufzusteigen, oder sei's, weil ich bei der Ankunft stark schwitze und entsprechend stinke. Die sehen mir wohl nicht an, dass ich bald siebzig bin und deshalb ein Zimmer in einer unteren Etage bevorzugen würde. Aus einem an-

Verführerischer Feigenduft

Nur noch 935 km !?

deren Blickwinkel gesehen kann ich dies auch als Kompliment auffassen.

Nach dem üblichen Ausspannen und der Besichtigung des kleinen Dorfes ist ein grosses Bier eine wahre Wohltat. Die Wirtin setzt sich zu mir und erkundigt sich nach meinen Wünschen fürs Nachtessen. Vermutlich bin ich der einzige Gast. Das nenne ich Kundenservice! Bis es soweit ist, telefoniere ich mit Anita und erzähle ihr von meinen Erlebnissen, natürlich ohne ein Wort von der Schlange und dem Gepolter während der Nacht zu erwähnen. Sie würde sich nur unnötig sorgen.

Diese Auswahl lässt das Herz eines jeden Franzosen höher schlagen

Ich werde nach meinen Wünschen fürs Nachtessen gefragt

43. Tag, 13. September 2007
Montesquion - Marciac

Beim Morgenessen setzt sich ein Amerikaner zu mir. Er hat, entsprechend der Gewohnheit der Franzosen, frisches Brot gekauft, und auf dem Heimweg trinkt er hier jeweils einen Kaffee. Und so nutzt er die Gelegenheit, mit einem neuen Gesicht im Dorf ins Gespräch zu kommen. Er erzählt mir von seiner früheren Tätigkeit als IBM-Verkaufsdirektor und wie er in der ganzen Welt geschäftlich herumgereist sei. Bill, so sein Name, ist 67-jährig und stammt aus Boston. Er hat sich nach seiner Pensionierung hier ein Landgut gekauft und beabsichtigt, zusammen mit seiner Frau den Rest des Lebens hier zu verbringen. Auf meine Frage, warum er ausgerechnet Montsequion gewählt hat, meint er, dass es sich einfach so ergeben

habe, weil er im südlichen Frankreich etwas gesucht habe. Seiner Meinung nach sei Frankreich die zivilisierteste und kulturell reichste Nation der ganzen Welt, und nicht zu vergessen, mit dem höchsten kulinarischen Standard. Da könne Italien mit der Toscana nicht mithalten. Er vermisse hier auch nichts. Das Fernsehen und das Internet genügten ihnen vollauf, um mit der Welt verbunden zu sein, und die medizinische Versorgung sei ausgezeichnet. Ausserdem sei Pau mit seinem Flugplatz in zwei Stunden mit dem Auto erreichbar. Sie seien jedoch schon lange nicht mehr dort gewesen. Mehr bräuchten sie nicht zum Leben.

Inzwischen hat seine Frau angerufen, weil sie aufs Brot wartet. Bill entschuldigt sich mit einem Augenzwinkern, er müsse

Eine eigenartig Kirche aus dem 13. Jh. weitab jeglicher Dörfer.

jetzt wohl gehen, sonst werde sein zweiter Kaffee kalt. Mir ist es auch recht, nicht etwa, weil mich das Gespräch langweilte, sondern weil es inzwischen bald 10.00 Uhr geworden ist. So spät bin ich noch nie aufgebrochen, und so werde ich meinen Tagesplan ändern müssen. Mal sehen, was der Tag noch mit sich bringt. Wir verabschieden uns aufs Herzlichste. Er wünschen mir zudem auf dem weiteren Weg nach Santiago de Compostela speziell noch viele interessante Begegnungen. Diese seien das Salz des Lebens, als Verkäufer muss er es ja wissen.

Es ist eine schöne Gegend, die ich durchquere. In Saint-Christau steht eine nur aus Ziegelsteinen gebaute Kirche in einem eignartigen Stil aus dem 11. Jh. Sie steht weitab von jeglicher Siedlung. Normalerweise bildet eine derart grosse Kirche das Zentrum von Städten. Der Kontrast zwischen diesem Kirchenbau und den weidenden Kühen ist irgendwie pittoresk. Was mögen die Beweggründe gewesen sein, hier auf offenem Feld eine solch grosse Kirche zu bauen?

Das letzte Stück von etwa sechs km meines im Vergleich zu den Vortagen kurzen Pensums gehe ich auf einer schnurgeraden Asphaltstrasse bis nach Marciac hinein. Völlig ungewollt schlage ich ein abnormal hohes Tempo ein, weil mir nach den Feldwegen die Autostrasse glatt wie eine Eisbahn vorkommt. Nach einer Stunde habe ich in diesem verlassenen «Nest» ein Zimmer im einzigen Hotel des Ortes gefunden.

Gibt es das, ein 2-Sternehotel, das weder Nachtessen noch Frühstück serviert? Schöne Aussichten. Inzwischen habe ich genügend Erfahrung gesammelt,

Eine architektonische Besonderheit

um auch damit fertig zu werden. Ich habe gelernt, mich den gastronomischen Hochs und Tiefs von Tag zu Tag ohne Probleme anzupassen. Ein schönes und gutes Nachtessen schätze ich jeweils wie eine Belohnung und Genugtuung für die vollbrachte Tagesleistung.

Bereis zwei Tage bin ich seit Auch nun auf der Via Tolosana, und noch habe ich keinen einzigen Pilger gesehen. So habe ich mir das eigentlich auch nicht vorgestellt. Nach Pau und dem Somport-Pass wird sich das bestimmt ändern.

44. Tag, 14. September 2007
Marciac - Anaye

Für den heutigen Tag habe ich mir einiges vorgenommen, da es unterwegs kaum Unterkunftsmöglichkeiten gibt. Auf einer vom Morgenverkehr stark befahrenen Ausfallstrasse verlasse ich sehr früh Marciac. Ich bin froh, von dieser Strasse auf einen Feldweg wechseln zu können. Ich möchte ei-

Eine alte Häuserzeile in Marciac wie aus dem Kinderbuch.

ne kleine Abkürzung machen, übersehe jedoch die Abzweigung und habe nachher Probleme, die Pilgerschilder wiederzufinden. So ergibt ein Umweg den anderen. Einmal muss ich deswegen auf einem dünnen, stark verwitterten Baumstamm einen breiten Bach überqueren. Ich schaue mich lange, jedoch ohne Erfolg nach einem anderen Übergang um. Schliesslich starte ich mit einigem Bammel das Wagnis und balanciere Schritt

für Schritt darüber hinweg. Wenn ich runtergefallen wäre, ertrunken wäre ich nicht, aber mitsamt Rucksack tropfnass.

Um die grösste Mittagshitze zu vermeiden, lege ich in Maubourguet, einem schmucken Provinzkaff, nur eine kleine Pause ein, um dann im nächsten Wald im Schatten ausgiebig ausspannen zu können. Ich habe Glück, wie für mich vorbereitet hat es einen Picknickplatz mit Bänken, Tischen und einem Brunnen mit frischem Wasser.

Wie ich aufstehe, um weiterzugehen durchzuckt mich im linken Schienbein ein grässlicher Schmerz. Sofort denke ich an einen Ermüdungsbruch. In Bruchteilen einer Sekunde erinnere ich mich an den Schmerz, als ich vor vielen Jahren beim Fussballspielen den Knöchel brach. Wie damals schwillt der Knöchel in kurzer Zeit stark an. Ich taste das Schienbein ab, kann aber nebst den Druckschmerzen nichts Aussergewöhnliches feststellen. Weil es nicht geknackt hat, beruhige ich mich alsbald und schliesse einen Knochenbruch aus. Aber welche Ursache haben denn diese schrecklichen Schmerzen? Mit einer Salbe zur Linderung von Entzündungen und Muskelkater reibe ich den geschwollenen Knöchel ein.

Es bleibt mir auch nichts anderes übrig, als bis zum nächsten Dorf mindestens weiterzugehen. Vorsichtig und behutsam mache ich einen Schritt nach dem anderen. Nach einer halben Stunde sind die Schmerzen ins Unerträglich angestiegen,

Gut erhaltenes romanisches Kirchenfenster

und ich befürchte, meine Pilgerreise unvermittelt abbrechen zu müssen. Schon wieder. Diesmal würde ich aber bestimmt keinen neuen Versuch mehr unternehmen. Wenn es nicht sein muss, dann muss es eben nicht sein.

Ich schlucke zwei Schmerztabletten, um wenigstens bis zu den nächsten Häusern zu gelangen. Die Wirkung lässt nicht lange auf sich warten, und ich kann leidlich gut, jedoch langsam und behutsam gehen. Im nächsten Dorf gibt es gemäss Auskunft von Einheimischen keine Übernachtungsmöglichkeit. Ich habe allerdings auch nicht meinen schmerzhaften Zustand erwähnt, eine Jammertante wollte

ich nicht sein. Eine Lösung hätte sich sonst bestimmt finden lassen.

Um kein zusätzliches Risiko einzugehen, folge ich strikte den Pilgermarkierungen. An einer Kreuzung zögere ich dennoch lange, weil auf der Karte der vorhandene Stausee nicht eingezeichnet ist und der direkte Weg deswegen möglicherweise nicht mehr begehbar ist. So folge ich dem ausgeschilderten Weg. Dieser legt eine Schlaufe nach der anderen ins Gelände, um ja keinen Aussichtspunkt auszulassen. Wie immer in solchen Situationen frage ich mich, ob es nicht besser wäre, umzukehren und den vom Bauchgefühl vorgesehenen Weg zu gehen. Bis jetzt habe ich mich jedoch jedes Mal ent-

Bei uns kaum mehr anzutreffen: Unverfälschte, schöne Blumenwiesen

127

*Runde Ackersteine sind hier seit alters-
her das bevorzugte Baumaterial*

schieden, weiterzugehen, in der Hoffnung, dass der Umweg bald ein Ende
nehmen und weil der andere Weg auch
Probleme aufweisen könnte. Dieses Mal
kommt der schmerzende Knöchel noch
dazu. So entscheide ich mich auch jetzt
wieder für das Weitergehen. Der Umweg
nimmt und nimmt kein Ende und umrun-
det nahezu den ganzen Stausee. Nach etwas mehr als einer Stunde sehe ich in etwa 300 m Entfernung, oder maximal zehn
Minuten, die Kreuzung, an welcher ich so
lange gezögert hatte. Ein verständlicher
Ärger überkommt mich, weil ich voller
Vertrauen, und um den schmerzenden
Knöchel zu schonen, den Markierungen
gefolgt bin. Ich hätte es eigentlich besser
wissen müssen, da im Normalfall die Karte zuverlässiger ist.

Inzwischen ist es spät geworden, bis
ich endlich vor dem Gîte, einer alten
Schule, stehe. Das Tor zum Schulhaus-
platz ist geschlossen, und ich kann nicht
hinein. Beim Eingang sehe ich einen Pilgerstab und rufe deshalb einige Male.
Nichts bewegt sich, es ist zum Verzwei-
feln. Heute kommt wirklich alles zusammen. Nahezu 13 Stunden bin ich nun
schon unterwegs und so ziemlich am Ende meiner Kräfte, und nun gelingt es mir
nicht einmal, in den Gîte hineinzukom-
men. Wenn andere Pilger hinein konnten, so muss ich doch auch fähig sein, es
zu schaffen. Ich zwinge mich, ruhig zu
bleiben, um den mir unbekannten Verrie-
gelungsmechanismus genau anzusehen.
Bisher habe ich einen Stift übersehen, der
nur wenige Millimeter aus einer Stange
herausragt. Beim Herausziehen öffnet
sich das Tor wie von selbst. Ich bin enorm
erleichtert. Endlich findet auch dieser Tag
ein glückliches Ende.

Die Herberge besteht aus einer kleinen Küche, der früheren Garderobe und
der ehemaligen Turnhalle, die zu einem
grossen Schlafsaal umfunktioniert wurde. Hier mache ich die Bekanntschaft mit
den ersten Pilgern auf der Via Tolosana.
Mein Eintrag ins Herbergsbuch erhält
seit Jahresanfang erst die Nummer 354.
Offenbar sind nur wenige Pilger auf diesem Weg. Mit den drei bereits anwesenden Pilgern ist dieses Gîte heute, im Vergleich zu anderen Tagen, geradezu über-
völkert.

Hinter diesem Eingang versteckt sich eine gute Herberge. Links und rechts sind Pilgerstäbe

gemacht zu haben. Bei Dunkelheit trudelt noch ein deutsch-französiches Ehepaar ein. Es kocht aus frischen Kastanien eine Suppe. Die Frau hat einige Erfahrung auf dem Jakobsweg. Jetzt will sie mit ihrem dritten Ehemann nach Santiago de Compostela. Vielleicht hat sie die anderen Männer damit überstrapaziert.

Heute ist mir nicht nach langem Schwatzen zumute, zu stark habe ich meine körperlichen Grenzen ausgereizt. Auch für mich gilt zu akzeptieren, dass mein Körper nicht mehr in jedem Fall die Leistung erbringen kann, die ich mir vornehme. Todmüde gehe ich bald zu Bett und falle, nachdem ich noch eine Schmerztablette geschluckt habe, sofort in einen tiefen, traumlosen Schlaf.

Wir, das sind Monique, eine Kanadierin, Chantale aus Paris und Jochen aus Berlin, sind uns rasch einig, aus dem zur Selbstbedienung angelegten Vorrat gemeinsam ein Nachtessen zu kochen. Das heisst, die beiden Frauen übernehmen das Kochen von Spaghetti-Bolognese, und wir Männer decken den Tisch und öffnen die Weinflasche. Das Essen und der Wein schmecken mir ausgezeichnet, und ich habe das Gefühl, beides wie einen Schwamm aufzusaugen. Übrigens, auch den beiden Frauen gefiel der Umweg um den See ganz und gar nicht. Und Jochen hat nicht realisert, einen Umweg

Zusammen mit Chantale, Monique und Jochen geniesse ich das wohlverdiente Nachtessen.

45. Tag, 15. September 2007
Anaye - Morlaàs

Der Knöchel ist beim Aufstehen noch immer stark geschwollen. Folglich heisst das Motto für den heutigen Tag Schonung und Erholung. Gemäss Beschreibung sind es nur 14 km bis Morlaàs. Das soll nach den mindestens 50 km des gestrigen Tages genügen. Auch in den Tagen zuvor habe ich mit meiner Leistung nicht gegeizt. Bestimmt habe ich in der vergangenen Woche gegen 300 km zurückgelegt. Mental habe ich das Ausreizen meiner körperlichen Grenzen nicht realisiert und bis gestern auch problemlos bewältigt. Die Euphorie, bald in Spanien zu sein, hat alles andere verdrängt oder in den Hintergrund gerückt. Die Natur zwingt einen auf die Dauer automatisch zur Vernunft.

Die Nähe einer Grossstadt ist unübersehbar. Kaum mehr Wälder, eine industrialisierte Landwirtschaft, viele gepflegte Wohnhäuser mit Vorgärten. Der Pilgerweg verläuft vorwiegend am Rand der asphaltierten Autostrassen. Ich bin froh, heute nicht länger unterwegs zu sein. Auch so benötige ich für den kurzen Abschnitt knapp vier Stunden. Sobald ich unbemerkt in eine schnellere Gangart verfalle, werde ich vom schmerzenden Knöchel bzw. Schienbein gebremst.

In einem kleinen Hotel mit einem Garten unmittelbar vor dem Zimmerfenster finde ich für eine Nacht eine schöne Unterkunft. Ursprünglich habe ich erwogen, mit dem Bus nach Pau zu fahren. Aufgrund der nicht nachlassenden Schmerzen lasse ich diese Idee ohne grosse Reue schnell einmal fallen. Dafür schlafe und esse ich viel. Höre Musik, büffle noch etwas Spanisch und bringe meine Wäsche wieder in Ordnung. Meine ganze Aufmerksamkeit gilt jedoch der Pflege meines Knöchels. Ich reibe ihn in regelmässigen Abständen mit der entzündungshemmenden Salbe ein, in der Hoffnung, die Geschwulst werde sich verringern.

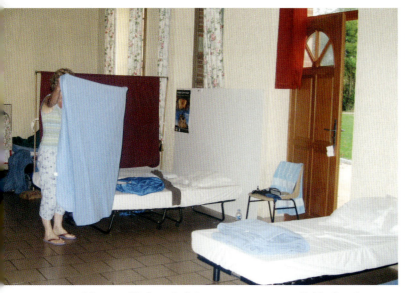

Morgendliches Aufräumen im grossen Schlafsaal

Gegen Abend will ich auf einem Rundgang im Zentrum neuen Vorrat kaufen. Die Geschäfte sind jedoch bereits geschlossen. Dies hätte ich mir denken können, habe aber vergessen, dass es Samstagnachmittag ist. Mit Ausnahme der Kathedrale mit dem beachtenswerten Portal aus dem 11. Jh. bietet Morlaàs wenig Besichtigungswürdiges, und so bin ich bald wieder zurück im Hotelzimmer.

Auf die nächsten Tage bin ich gespannt. Wenn alles einigermassen wieder rund läuft, sollte ich in vier, fünf Tagen auf dem Somportpass sein. Unvorstellbar, ich werde dann bis nach Spanien gewandert sein!

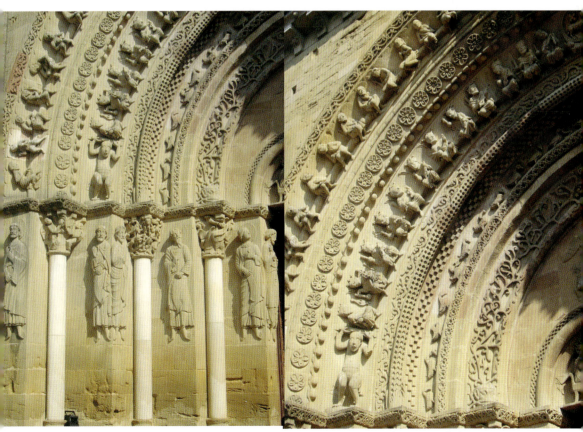

Wunderschöne Steinhauerarbeiten aus dem 11. Jh. an der Kirche in Morlaàs

46. Tag, 16. September 2007
Morlaàs - Pau - Lescar

Wieder einmal Sonntag. Eigentlich habe ich gestern meinen Ruhetag eingezogen, schlafe aber trotzdem bis gegen acht Uhr. Nach einem ausgiebigen Frühstück mache ich mich auf den Weg in Richtung Pau. Vorsichtig, um das immer noch geschwollene linke Bein möglichst nicht zu belasten und vor allem nicht zu schnell zu gehen, sonst melden sich unweigerlich die stechenden Schmerzen. Insgesamt bin ich recht zufrieden, trotz meiner Behinderung doch verhältnismässig gut vorwärts zu kommen.

gnügen habe ich zwar im Moment auch nicht besonders. Entlang von immensen Maisfeldern gelange ich am nördlichen Stadtrand von Pau zu einem parkähnlichen grossen Wald. Erstaunlich viele Hobby-Sportler, Jogger, Radfahrer oder einfach Spaziergänger sind unterwegs und absolvieren eine Variante des Vita-Parcours. Ich komme mir unter ihnen irgendwie komisch vor, weil ich der Einzige bin, der nicht zur reinen Fitnesserhaltung hier ist. Der Pilgerweg führt anschliessend um die Pferderennbahn herum auf einen mit Platanen gesäumten Boulevard und verlässt Pau im Westen.

Lescar wurde auf einem Hügel auf den Resten einer gallo-römischen Siedlung erbaut. Von den Stützmauern aus kann ich im Dunst erstmals in weiter Ferne die hohe Pyrenäenkette ausmachen.

Auf der Suche nach einer Unterkunft treffe ich Jochen in einem Gartenbistro. Zusammen trinken wir ein von ihm offeriertes Bier. Später kommen noch die beiden älteren Pilger hinzu, denen mein geschwollenes Bein sofort auffällt und die eine Tendinitis, eine Sehnenscheidenentzündung im Schienbein, diagnostizieren. Sie raten mir, Eis aufzulegen, Arnikakügelchen zu schlucken, das Bein hochzulagern

Der Brunnen des Paradieses bei Morlaàs

Zwei Pilger in meinem Alter brausen an mir vorbei. Der eine mit der Karte voraus und der andere hechelnd hinterher. Das kann kein Vergnügen sein - Ver-

132

Sonntägliche Wildschweinjagd

Endlich finde ich ein Hotel, es ist jedoch Sonntag und Montag geschlossen, Übernachtungen sind aber möglich. Nur Cafés sind geöffnet, ausser Chips haben die nichts zum Essen. Alle Speiserestaurants sind geschlossen, und ich habe einen riesigen Hunger und keine Proviantreserven. Eine Pizzeria sollte um 17.30 Uhr öffnen. Immer wieder tigere ich an ihr vorbei, je länger, desto unruhiger. Sie will und will nicht öffnen. Ich mache mich schon mit dem Gedanken vertraut, mit einem Linienbus nach Pau zu fahren, um heute noch etwas zwischen die Zähne zu kriegen. Zufälligerweise stehe ich wieder vor der Pizzeria, als ein Auto davor anhält. Der Lenker entpuppt sich als Pizzaiolo mit seiner Familie, die nach einem Picknick kurz vorbeischauen, um Getränke nach Hause mitzunehmen. Die Pizzeria bleibe heute ausnahmsweise ge-

und als Wichtigstes, einige Tage zu pausieren. Ich erinnere mich, vor 50 Jahren im Militärdienst einmal eine Sehnenscheidenentzündung an der Ferse gehabt zu haben. Im Vergleich muss es damals nicht so gravierend gewesen sein, denn ich wurde lediglich für ein paar Tage von den langen Märschen dispensiert. Ich hoffe deshalb, auch jetzt in einigen Tagen wieder voll einsatzfähig und beschwerdefrei zu sein.

Jochen geht dann noch zu einem in einer Entfernung von ungefähr drei Stunden liegenden Gîte. Ich will mir dies aufgrund der Diagnose nicht zumuten und nicht antun. Vernünftigerweise bleibe ich hier, um das Ziel, Santiago de Compostela zu erreichen, nicht zu gefährden.

Mein heiss begehrtes Sandwich

schlossen, weil morgen der Kaminfeger-vorbeikomme, ist die simple Erklärung.

Er muss mein entsetztes Gesicht gesehen haben; sofort offeriert er mir, ein paar Sandwiches und Salat zu machen, um diese im Hotel essen zu können. Notabene gratis, da er mich meinem Äusseren entsprechend als Pilger einstuft. Wieder einmal grosses Glück gehabt, bzw. die Vorsehung meint es gut mit mir.

Bei meiner Rückkehr ins Hotel treffe ich die Besitzerin. Ich erzähle ihr die Geschichte, worauf sie mir einen Teller voller Früchte offeriert, allerdings mit der Bitte, die eher einem Befehl gleich-

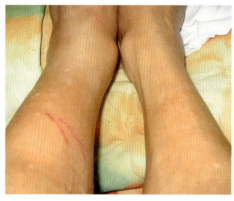

Mein von der Tendinitis geschwollenes Schienbein fühlt sich wie eine prallge-füllte Blutwurst an.

kommt, ihr bei meiner Ankunft in Santiago de Compostela eine Karte zu senden und sie ins Gebet einzuschliessen. Diesen Wunsch erfüllen zu wollen verspreche ich natürlich gerne. Es sei der gröss-

te Wunsch ihres verstorbenen Ehemannes gewesen, den Pilgerweg zu gehen, er habe jedoch nie die Zeit dafür gefunden. Die Frau gibt mir noch etwas Schokolade mit und wünscht sich ausdrücklich, dass ich diese morgen in die Hosentasche stecke. Beim Essen soll ich bitte an sie denken. Sollte ich die Schokolade in der Hosentasche vergessen, dann wäre dies eh egal, weil ich dann bestimmt an sie denken würde.

Auf dem Zimmer verschlinge ich mit Heisshunger die Sandwichs und die grosse Portion Salat. Selbst die von mir sonst verschmähte Tubenmayonnaise putze ich weg. Die offerierten Früchte spare ich mir für den morgigen Tag auf. Es könnte ja sein, dass sich eventuell erst spät eine Einkaufsmöglichkeit bietet.

Den Rest des Abends verbringe ich, wie empfohlen, mit dem Auflegen von kalten Wickeln und dem Einreiben von Dulix, einer mitgenommenen entzündungshemmenden Salbe. Peter hat mich noch angerufen und ist ziemlich erschrocken, als ich ihm von meiner Tendinitis berichte. Er meint auch, einige Ruhetage einzuschalten wäre bestimmt das Beste. Mal sehen, wie es morgen früh aussieht. Ich kann mir beim besten Willen nicht vorstellen, hier einige Tage in diesem Hotelzimmer herumzuliegen, auch wenn es noch so komfortabel ist.

47. Tag, 17. September 2007
Lescar - Oloron Sainte-Marie

Das Schlafen mit einem hochgelagerten Bein ist höchst umständlich. Ich kann mich nicht auf die Seite drehen. Spitalpatienten sind sich nichts anderes gewohnt, also muss ich mit meinen Bedingungen zufrieden sein. Trotz des unruhigen Schlafes fühle ich mich beim Aufwachen recht gut erholt. Ein ausgiebiges und reichhaltiges Frühstück hilft mit, meine Wanderfreude zurückzubringen. Ich stelle mich auf einen langen Tag ein, nicht der Distanz wegen, sondern weil ich nicht abzuschätzen vermag, wie gut ich gehen kann.

Beim Verlassen des Hotels sind die Strassen nass. Ich muss gut geschlafen haben, dass ich es nicht regnen hörte. Die Temperatur ist angenehm. Mit den langsam steigenden Temperaturen beginnen die Strassen zu dampfen. Ein leichter Nebel verwandelt sich in starken Dunst und verhindert, dass ich von der Landschaft viel mitbekomme.

In Lacommande mache ich eine längere Mittagsrast. Ich bin froh, die geschenkten Früchte jetzt verzehren zu können. Trotz den Gehbeschwerden lasse ich mir die Besichtigung der romanischen, von Kreuzrittern gegründeten Kirche aus dem 12. Jh. nicht nehmen. Speziell sehenswert ist im dazugehörenden Kloster ein sehr seltener doppelter Kreuzgang.

Der nächste Abschnitt führt vorwiegend durch Wald mit steilen Auf- und Abstiegen. Letztere bereiten mir erhebli-

Morgennebel über dem Gave de Pau

che Schmerzen, weil die Belastung des Schienbeins dabei besonders stark ist. Seitwärts hinuntersteigend, bewältige ich die steilsten Partien. Inzwischen haben sich über den Pyrenäen grosse Regenwolken gebildet und den Himmel verdunkelt. Einige Male donnert und blitzt es hinter mir ganz fürchterlich. Ich hoffe, das zwei oder drei Kilometer entfernte Oloron Sainte-Marie, ohne nass zu werden, erreichen zu können. Mitten im Wald bricht plötzlich ein unglaubliches Gewitter los. Es donnert und blitzt in

Weisse Reiher

nächster Nähe. Es giesst wie aus Kübeln, vermengt mit viel Hagel. Beim Aufschlagen auf den Kleidern tut dies grausam weh. Ich fürchte mich, unter einer hohen Tanne Schutz zu suchen, da diese als Blitzableiter wirken könnte. Dichtes Unterholz bietet mir minimalen Schutz. Trotz Regenponcho werde ich durch und durch nass. Einige wenige Autos fahren im Schritttempo vorbei. Wäre auch unmöglich gewesen, einzusteigen, ohne das Auto in ein Schwimmbad zu verwandeln.

Bei nachlassendem Regen verlasse ich den Wald und sehe auf der in die Stadt hineinführenden geraden Strasse, wie Pilger aus allen möglichen Unterständen hervorkommen. In einer Apotheke frage ich nach Schmerzmitteln und kaufe neue Pflaster. Einem amerikanischen Pilgerehepaar helfe ich mit meinen Übersetzungskünsten, irgendwelche Medikamente einzukaufen.

Für mich steht fest: Heute übernachte ich wieder in einem Hotel, um genügend Platz zum Trocknen der Kleider zu haben und um meine Tendinitis pflegen zu können. Ich habe wiederum Glück und finde im Zentrum nach kurzem Suchen ein preiswertes Hotel. Bei der kleinen Stadtbesichtigung kommt mir Jochen entgegen. Er sucht wie ich ein Internetcafé, um zu erfahren, was zu Hause und im Geschäft läuft. Er hat einen Platz in der nahe gelegenen Pilgerherberge gefunden. Zum Nachtessen verabreden wir uns in meinem Hotel, um unsere Erlebnisse auszutauschen.

Kapitell aus dem 12. Jh. an der Kirche in Lacommande

Zu meiner Überraschung sind dann im Restaurant auch Monique und Chantale; beide wähnte ich aufgrund ihres

Wandertempos bereits auf dem Somport-Pass oder noch weiter. Später erscheint auch das deutsch-französische Ehepaar. Damals in Anaye hatte die Frau grossspurig erklärt, nur wer die ganze Strecke zu Fuss gehe, sei ein echter Pilger. Jetzt muss sie kleinmütig gestehen, dass sie mit dem Taxi gefahren sind, weil ihr Mann nicht mehr als 25 km pro Tag gehen darf. Die beiden älteren Pilger, welche meine Tendinitis diagnostizierten, wohnen auch in der Herberge, da ein Hotel zu teuer sei und echte Pilger sich diesen Luxus nicht leisten würden. Sie sind völlig erstaunt, als sie

Ein idealer Rastplatz für eine längere Pause

von mir den Halbpensionspreis erfahren. Ich bezahle einiges weniger als sie. Das Abend- und Nachtessen ist für sie teurer als meine Pension. Oft gewähren die Hotels den Pilgern Vorzugspreise. Voraussetzung ist jedoch ein Pilgerpass mit Stempeln von früheren Herbergen. Der Belgier pflichtet mir sofort bei; weil er jedoch mit dem Kollegen unterwegs sei, passe er sich eben an. Der Franzose scheint mir sehr inkonsequent zu sein. Er schläft in einer Pilgerherberge, weil es günstiger ist, trinkt aber Champagner und Cognac, beides um einiges teurer als die Halbpension. Am nächsten Tag wollen beide mit dem Bus nach Spanien fahren, da sie sich in den letzten Tagen zu

stark verausgabt hätten, was mich bei ihrer Pilgerweise nicht weiter verwundert. Im Vergleich mit all diesen Pilgern bin ich trotz meiner Tendinitis gut vorangekommen und fühle mich körperlich wohl und nicht ausgelaugt. Auch das Pilgervölklein setzt sich aus den verschiedensten Charakteren zusammen, von innerer Einkehr keine Spur. Hauptsache, man pilgert nach Santiago und kann am Stammtisch mitreden. Ihr Latein besteht jeden Vergleich mit jenem der Jäger oder Fischer. Pilger machen beim «Wasser predigen und Wein trinken» keine Ausnahme.

48. Tag, 18. September 2007
Oloron Sainte-Marie - Saint-Christau

Während der Nacht erwache ich immer wieder. Es regnet wie aus Kübeln, und mein Bein schmerzt. Wahrscheinlich haben der heftige Regen, die durchnässten Kleider und Schuhe die Entzündung weiter begünstigt. Inzwischen sieht mein Bein aus wie eine glänzende, pralle Blutwurst, die demnächst zu platzen droht. Am Morgen bleibe ich deshalb, und auch des garstigen Wetters wegen, länger im Bett. Ich weiss auch nicht so recht, was ich am heutigen Tag machen soll. Vielleicht ist es, wie geraten, doch besser, einen Tag auszusetzen und die Beine hochzulagern.

Nachher waren meine Kleider so sauber wie der Waschsalon

In der Hoffnung auf eine Wetterbesserung gehe ich nach dem Frühstück zum ersten Mal in meinem Leben in einen Waschsalon. In den sieben Wochen meiner bisherigen Wanderschaft hat meine Wäsche trotz dem täglichen Auswaschen eine gräulich vergilbte Farbe angenommen. Eine gründliche Reinigung ist bestimmt kein Luxus. Nach einem genauen und längeren Studium der diversen Anleitungen gelingt es mir schlussendlich, die Waschmaschine für eine Buntwäsche und anschliessend auch den Tumbler in Betrieb zu setzen. Damit gewinne ich zusätzliche Zeit, um mich entscheiden zu können, wie der heutige Tag verlaufen soll.

Gegen zehn Uhr bin ich dann so weit, um starten zu können. Wieder in voller Wandermontur sind die Schmerzen nach wenigen Minuten jedoch so stark, dass ich mich entscheide, zurück ins Hotel zu gehen, um den Tag vernünftigerweise in Oloron Sainte-Marie zu verbringen. Das Hotel ist in der Zwischenzeit für die nächste Nacht aber bereits ausgebucht. Eine andere Unterkunft zu suchen, habe ich keine Lust, es stinkt mir. So bleibt mir nichts anderes übrig, als den weiteren Weg in Angriff zu nehmen.

Langsam und darauf bedacht, das schmerzende Bein nicht zu belasten, und ehrlich gesagt auch etwas lustlos, durchquere ich im Nieselregen die Aussenquartiere mit vielen luxuriösen Villen. Die erste Rast ist gleichzeitig auch Mittagsrast. Wie gewohnt lege ich um diese Zeit eine längere Pause ein, auch diesmal, obwohl ich erst zwei Stunden unterwegs bin. Hoffentlich ist nachher eine schnellere Gangart möglich.

Gemäss Führer ist eine Abkürzung auf der Asphaltstrasse möglich, die ich der Schmerzen wegen diesmal aber meide. Ich passe genauestens auf die Pilger-Markierungen auf, um ja keine zusätzlichen Wege gehen zu müssen. Längst hätte die nächste Markierung auftauchen sollen. Da dies nicht der Fall ist, gehe ich bis zur letzten zurück. Es besteht kein Zweifel, ich war auf dem richtigen Weg. Zurück an meinem ersten Umkehrpunkt gehe ich nun den Pfad weiter, bis dieser vor einer umzäunten Wiese endet. Wenn ich nun weiter über diese Alpwiese bergaufwärts gehe, sollte ich gemäss Karte auf eine breite Strasse gelangen. Aber auch dieser Versuch schlägt fehl. Ich kehre abermals um, steige die Alpwiese hinunter, bis ich nach etwa einer Stunde wieder bei der letzten, mir bekannten Pilger-Markierung stehe. Beim nächsten Anlauf klappt alles wie gewohnt. Mir ist völlig unerklärlich, wie ich die Markierung für die Abzweigung übersehen konnte.

Heute scheint nicht mein Tag zu sein. Bis zur nächsten Herberge ist es noch weit. Ich bin fest entschlossen, im nächstbesten Hotel, oder was immer es sein wird, nach einer Übernachtungsmöglichkeit zu fragen, egal wie kurz die heutige Etappe und wie teuer das Hotel sein wird. Ich erreiche Saint-Cristau, kein eigentlicher Ort. In einer immens grossen Parkanlage stehen zerstreut einige wenige, sehr gepflegte Kurhotels. Das Glück

Alte Trinkwasserquelle in Oloron Sainte-Marie

meint es heute doch noch gut mit mir, und ich freue mich darauf, in einem gepflegten Umfeld bald ein Zimmer zu finden. Es sind jedoch weit und breit keine Gäste zu sehen, und ich frage mich, was der Grund dafür sein könnte. Die Antwort lässt nicht lange auf sich warten. An der Rezeption erklärt man mir, dass Saisonschluss sei. Ich könne wohl ein Zimmer haben, die Küche wäre jedoch geschlossen. Das hilft mir auch nicht weiter, weil ich für heute Abend und morgen früh nicht genügend Proviant mittrage. So begebe ich mich wieder auf die Strasse. Mit dem Auto ist das kein Problem, da fährt man einfach einige Kilometer

Reife Edelkastanien als Zeichen des Herbstes

weiter bis zum nächsten Hotel. Zu Fuss ist das eine andere Geschichte, insbesondere, wenn man ein schmerzendes Bein hat.

Nach einer knappen halben Stunde komme ich zu einem weiteren Hotel. Auf der Eingangstreppe stehen zwei Personen und schwatzen. Wie es sich herausstellt, sind dies die Besitzerin des Hotels und ein Lieferant. Sie gibt mir jedoch sofort einen abschlägigen Bescheid, zuerst weil das Hotel ausgebucht sei. Nachher korrigiert sie sich, heute sei Ruhetag. Abermals enttäuscht gehe ich weiter und mache bei einer nahen Bushaltestelle Rast. Ich sehe, wie sich der Lieferant verabschiedet, und da winkt mich doch tatsächlich die Besitzerin zu sich. Wenn es mir egal sei, der einzige Gast zu sein und mit dem anwesenden Personal zu essen,

dann könne ich ein Zimmer haben. Und wie mir das egal ist! Das Zimmer ist zwar ungeheizt und daher recht kalt, auch das ist mir egal. Den Rest des Nachmittags verbringe ich vorwiegend mit Schlafen und der Pflege meiner Tendinitis.

Zur verabredeten Zeit gehe ich in den Speisesaal hinunter. Völlig überraschend sind einige wenige Gäste anwesend, darunter auch das amerikanische Pilgerpaar, dem ich am Vorabend in der Apotheke beim Einkaufen geholfen habe. Sie laden mich an ihren Tisch ein. Das Paar wohnt in Los Angeles an der Westküste, Lisa ist Verlegerin einer Filmzeitschrift und Bob ist Arzt. Ich erzähle ihnen von meiner heutigen Leidensgeschichte und wie dankbar ich sei, hier ein Zimmer bekommen zu haben. Dies erstaunt sie, denn sie hätten ihr Zimmer noch gestern Abend reserviert. Ein dem ausgezeichneten Ruf der hohen französischen Küche gerecht werdendes Essen wird uns serviert. Beim Austauschen der bisherigen Pilgererlebnisse erzähle ich ihnen nebenbei auch von meiner Begegnung mit Bill in Montesquion, die mehrere Tage zurückliegt. Ihre Freude und ihr Staunen sind grenzenlos, als sich zweifelsfrei herausstellt, dass es sich um einen guten Freund handelt. Leider sei der Kontakt buchstäblich verlorengegangen, als er sich irgendwo in Südfrankreich zur Ruhe gesetzt habe. In meinem Pilgerpass enthält der entsprechende Stempel die Telefonnummer meines Hotels. Bestimmt können sie so den Kontakt mit Bill wieder herstellen. Aus Freude über diese Nachricht offeriert Bob einen edlen und dementsprechend kostbaren Bordeaux.

Ich nutze die Gelegenheit, um Bob um seine ärztliche Meinung zu meiner Tendinitis zu fragen. Er empfiehlt mir, vor allem nur vorsichtig und langsam zu gehen und, wenn immer die Möglichkeit bestehe, das Bein hochzulagern. Wie ich ihn nach einer Prognose über den weiteren Verlauf meiner Wanderschaft frage, weicht er mir mit seiner Antwort aus - typisch Arzt. Meine Wunschvorstellung, gegen Ende Oktober in Santiago de Compostela anzukommen, kommentiert er nur mit einem vielsagenden «oh». Seine Frau Lisa hat geringe Anzeichen einer Tendinitis und nimmt mehr als Prophylaxe regelmässig Tabletten des Medikamentes «Ibuprofen». Sie gibt mir von den wenigen, die sie noch hat, drei Stück ab. Für den morgigen Tag sollten diese ausreichen; bestimmt könne ich in der nächsten Apotheke eine Packung kaufen.

Im Bett lasse ich den Tag mit all seinen Enttäuschungen und Überraschungen Revue passieren. Hätte es in Oloron Sainte-Marie nicht geregnet, wäre das Hotel ausgebucht gewesen, und hätte ich mich nicht verirrt, dann wäre ich auch nicht in diesem Hotel gelandet, und hätte ich nicht mit Lisa und Bob essen können, hätte ich auch die Medikamente nicht bekommen. Im Gegenzug hätten sie nicht mit einem alten Freund Kontakt aufnehmen können. Eine solche Verkettung von kausalbedingten Zufällen gibt es einfach nicht. Das bestärkt mich in meiner Ansicht, dass alles, was wir unternehmen, göttliche Fügung oder Vorsehung ist, auch wenn einzelne Begebenheiten im Moment nicht verständlich und begreifbar sind. Ich schlafe mit der Gewissheit ein, dass alles gut wird.

Das «geschlossene» Hotel auf dem Weg zum Somportpass

49. Tag, 19. September 2007
Saint-Christau - L'Estanguet

Nach einer guten Nacht und einem ausgiebigen Frühstück bin ich mit etwelcher Skepsis aufgebrochen. Mein Bein schmerzt mich beim Auftreten noch stark. Dies bessert sich jedoch recht bald, und ich komme gut voran. Das Wetter spielt wieder mit. Bei strahlend blauem Himmel geht es durch üppige Wiesen und vorbei an gepflegten Gärten hinunter ins Tal des Gave d'Asp. Imposante Eisenbahnbrücken dominieren die Engpässe. Die zu Beginn des letzten Jahrhunderts blühende Eisenbahnverbindung nach Spanien ist heute stillgelegt und rostet langsam vor sich hin. Vielleicht wird sie dereinst analog unserer Furkabahn wieder auferstehen.

Links und rechts steigen die Pyrenäen steil gegen den Himmel. Ihre Spitzen leuchten in der Morgensonne. Der Pilgerweg führt mit vielen engen Passagen und schwierigen Durchgängen entlang der Asp. Es ist eine richtige alpine Flusswanderung mit vielen schönen Ausblicken.

Ich mache mir grosse Sorgen, ob die letzte und einzige Apotheke des Tales in Bedous offen sein wird und mein Medikament an Lager hat. Ich schalte einen Gang höher, um noch vor der Nachmittags-Siesta in Bedous einzutreffen. Obwohl ich etwas spät bin, habe ich wiederum Glück. Auf mein Läuten hin öffnet ein junger Apotheker und verkauft mir die gewünschten zwei Packungen «Ibupro-

Der zweistöckige Kreuzgang im Kloster von Sarrance ist eine Seltenheit

In Bedous treffe ich vor der Apotheke wieder auf Lisa und Bob

fen». Er mahnt mich, als er mein Bein sieht, zu kurzen Etappen, und mit den mir nun bereits bekannten Empfehlungen wünscht er mir alles Gute. Wie ich wieder auf die Strasse trete, treffen Lisa und Bob ein, und so kann ich ihnen die mir geliehenen Tabletten zurückgeben. Sie benutzen die Gelegenheit und decken sich auch noch mit zwei Packungen des Medikamentes ein.

Zwei Velopilger, ein Franzose und ein Belgier, gesellen sich zu uns. Bevor wir uns verabschieden, kommt der Belgier nochmals auf mich zu und bittet mich, falls ich eine Ruth Lüthi in Basel kenne, so soll ich sie grüssen. Er habe sich vor über 30 Jahren in sie verliebt. So klein ist die Welt.

Zusammen mit Lisa und Bob gehe ich gemeinsam ein Stück des weiteren Weges. Da sie um einiges jünger sind als ich und daher auch schneller, bitte ich sie, nicht auf mich zu warten und Rücksicht zu nehmen. Wir würden uns bestimmt wiedersehen. Daraufhin schlagen sie ein höheres Tempo ein.

Im nächsten Dorf lerne ich beim Dorfbrunnen Nico, einen jungen Deutschen aus dem Ruhrpott, kennen. Er beabsichtige, vom Mittelmeer an den Atlantik zu wandern. Er habe sich dies vorgenommen, weil er sich und den Eltern beweisen wolle, dass er absolut in der Lage sei, auch grosse Ziele zu erreichen. Nun sei er auf den Jakobsweg gestossen, von dem er zuvor noch nichts gehört habe. Jetzt ist er entschlossen, die Herausforderung anzunehmen und nach Santiago de Compostela zu pilgern.

Über weite Strecken führt der Pilgerweg entlang dem Gave d'Asp

In Escot werden viele Märchen erzählt

LE LOUP ET LA CIGOGNE.

Les loups mangent gloutonnement.
Un loup donc étant de frairie
Se pressa, dit-on, tellement
Qu'il en pensa perdre la vie :
Un os lui demeura bien avant au gosier.
De bonheur pour ce loup, qui ne pouvait crier,
Près de là passe une cigogne.
Il lui fait signe ; elle accourt.
Voilà l'opératrice aussitôt en besogne.
Elle retira l'os ; puis, pour un si bon tour,
Elle demanda son salaire.
" Votre salaire ? dit le loup :
Vous riez, ma bonne commère !
Quoi ? ce n'est pas encor beaucoup
D'avoir de mon gosier retiré votre cou ?
Allez, vous êtes une ingrate :
Ne tombez jamais sous ma patte. "

50. Tag, 20. September 2007
L'Estanguet - Col du Somport

Seit vielen Wochen gibt es endlich wieder einmal ein Müesli zum Frühstück, so, wie ich es von zu Hause gewohnt bin. Das brauche ich auch für das letzte Teilstück auf französischem Boden, um die 27 km und 1'250 Höhenmeter bis zum Somportpass bewältigen zu können. Heute Abend werde ich in 50 Tagen nach Spanien gewandert sein. Ein unheimlich gutes Gefühl.

Das Tal ist hier oft sehr eng, und deshalb führen lange Abschnitte auf der stark befahrenen Verbindungsstrasse nach Spanien. Glücklicherweise gibt es dazwischen auch wieder die schönen Wanderwege entlang der Gave d'Asp.

Über den Pyrenäen geht die Sonne auf

Viele Brücken der stillgelegten Bahnlinie prägen das Landschaftsbild. Sie sind eigentlich in einem recht guten Zustand, und es würde vermutlich wenig brauchen, sie wieder betriebsbereit zu machen.

Nach Borce sieht man von weitem das das ganze Tal beherrschende Fort du Portalet. Über einer strategisch gut gelegenen Talenge wurde im 16. Jh. eine Burg errichtet. Im 19. Jh. wurde der darunter liegende Fels ausgehöhlt und zu einer Garnison für 3'000 Soldaten ausgebaut. Sie erinnert mich in dieser Konzeption stark an unser «Réduit» in der Göschenenschlucht. Nach Kriegsende wurde die Vichy-Regierung mit ihrem Chef, Marschall Pétain, für einige Zeit hier ins Gefängnis gesetzt.

In Urdos ist die letzte Gelegenheit,

Das Tal des Gave d'Asp ist recht ruppig

Das Fort du Portalet, einst Burg, dann Garnison für 3'000 Soldaten und später Gefängnis der Vichy-Regierung

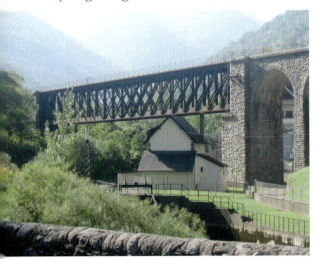

Gut erhaltene Brücke der im Jahre 1970 stillgelegten Bahnverbindung nach Spanien

um den Proviant für die nächste Zeit zu ergänzen. Eine Stunde später halte ich Mittagsrast, als Lisa und Bob in einem rasanten Tempo heranrauschen. Ich kann mir nicht vorstellen, dass sie diese Geschwindigkeit lange durchhalten können. Nach einem kurzen Schwatz gehen sie auf der Autostrasse weiter, weil sie auf einem Feldweg ihr Tempo nicht aufrechterhalten könnten.

Als ich mich erhebe, jagt mir eine vor meinen Füssen liegende Viper einen enormen Schrecken ein. Ohne ihr Fauchen wäre ich mit Bestimmtheit auf sie getreten. So aber verkriecht sie sich schnellstens unter einem Stein. Weil ich sie vorher nicht bemerkt hatte, war mein Schreck umso grösser.

Das letzte Wegstück hinauf auf den 1'650 m hohen Pass führt über schöne Alpwiesen mit einer vielfältigen Blumenpracht und durch lichte Lärchen- und Birkenwälder, exakt so wie in unseren Alpen. Um diese Jahreszeit ist der Autoverkehr über den Pass sehr gering. Sicher auch aufgrund des im Jahre 2005 eröffneten Autotunnels. Deswegen sind wohl auch keine Zöllner anwesend, und mein Grenzübertritt wird nicht wahrgenommen. Hurra - ich bin in Spanien!

Das Restaurant auf der Passhöhe ist gleichzeitig auch Pilgerherberge mit einigen wenigen einfachen Schlafstellen wie in alten SAC-Hütten. Ich habe den Eindruck, dass hier die Pilger lediglich geduldet sind. Die Passanten stellen die

Haupteinnahmequelle dar und sitzen nicht wie die Pilger im Restaurant herum, bis es Abend wird, ohne etwas zu konsumieren.

Es gibt ein Wiedersehen mit Monique und Chantale, die ich seit Oloron Sainte-Marie nicht mehr gesehen habe. Gemeinsam mit Lisa und Bob setzen wir uns zu einem einfachen Nachtessen zusammen. Die Unterschiede bei meinen Unterkünften sind schon extrem krass. Noch vor zwei Tagen haben wir in Saint-Cristau gediegen diniert und einen exzellenten Wein getrunken, und hier oben gibt es nicht mal eine Papier-Serviette. Es sind diese kurzfristigen, nicht vorhersehbaren Unterschiede, die das Leben interessant und spannend gestalten und dafür sorgen, dass kein eintöniger Alltagstrott aufkommt.

Der Col du Somport ist neben Pied-de-Port der beliebteste Startort für den spanischen Pilgerweg. Zu Beginn wird er als Arragonesischer Weg bezeichnet, der bei Puente la Reina in den Camino Francés mündet. Es gibt hier einige Neulinge, die mit dem Bus hochgefahren sind, um den beschwerlichen Aufstieg nicht machen zu müssen. Sie sind an den grossen, überdimensionierten Rucksäcken und an der blitzblanken Ausrüstung leicht auszumachen. Eine junge deutsche Pilgerin erzählt voller Stolz, dass sie einen Rucksack von rund 25 kg habe. Beim Anblick unserer Rucksäcke kommt sie schnell zur Einsicht, den grösseren Teil

davon bald einmal nach Hause zu schi-
cken.

Ich versuche, meine Spanischkenntnisse einzusetzen. Was jedoch heraus
kommt, ist ein persönliches Esperanto,
ein furchtbares Gemisch durchsetzt mit
einigen Brocken Spanisch, Französisch,
Italienisch und Englisch. Ich muss zuerst
lernen, bewusst von einer Sprache in die
andere umzuschalten, um die Automatis-
men einzuüben.

Vor dem Schlafen konsultiere ich
mein Handy, welches, warum auch immer, gelegentlich funktioniert. Ein zu-
sätzlicher Aufsteller ist das SMS meiner
Enkelin Chloë: «Lieber Grossvater, Du
bist echt schnell. Du bist ja richtig weit
gewandert. Geht es dir gut? Einen ganz
lieben Gruss von Deiner Chloë.»

Grenzübergang auf dem Somportpass und Beginn des Spanischen Pilgerweges

51. Tag, 21. September 2007
Col du Somport - Jaca

Zu Dritt, mit Lisa und Bob, basteln wir aus den eigenen Reserven mit den wenigen Früchten, Biskuits und Fruchtsaft ein kleines Frühstück zusammen. Wie gut wäre jetzt ein Kaffee. Besser als gar nichts. Das Hotel öffnet erst um neun Uhr, und die Pilger haben sich daran zu halten. Punkt. Spanische Verhältnisse eben. Wohl darum heisst es bei uns, wenn wir etwas nicht verstehen, das kommt mir spanisch vor.

Noch etwas hungrig nehme ich die 858 km bis Santiago in Angriff. Vor 10 Tagen, in Montesquion, lautete die Distanzangabe bis Santiago de Compostela auf 953 km. Es ist doch nicht möglich, dass ich in dieser Zeit nur 100 km weit marschiert bin! Es muss bestimmt einiges mehr als das Doppelte gewesen sein. Besser, ich verlasse mich nicht auf solche Angaben.

Wenige Minuten unterhalb des Passes werden die Fundamente des alten Pilgerhospizes ausgegraben. Unmittelbar daneben ist eine Retorten-Skistation im Entstehen. Nach meinem Geschmack eine grauenhafte Architektur. Hotelklötze mit kleinen Fenstern und ohne Balkone schmiegen sich eng aneinander, ohne Grün dazwischen.

Der Weg führt ab hier durch offene Wälder und Wiesen, an vielen Bunkern aus dem zweiten Weltkrieg vorbei, steil bergab hinunter nach Canfranc-Estación. Ein gewaltiger, zu Beginn des letzten Jahrhunderts im neoklassizistischen Stil

erbauter Bahnhof dominiert den einst mondänen Ort. Heute wird er nur noch durch eine Regionalbahn bedient. Seit der Autotunnel sechs km weiter unten

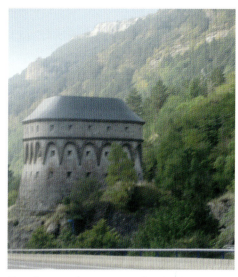

Die Spanische Version der Somport-Verteidigung

im Tal eröffnet wurde, bleiben wohl die Passanten weg, und Canfranc-Estación vermittelt das Gefühl einer einbalsamierten Geisterstadt aus der Belle-Epoque. Ähnliches kennen wir bei uns nicht. Im Café, bei meinen ersten Kaffee, verstärkt sich dieser Eindruck noch. Beim Weitergehen sehe ich, wie viele Häuser und Geschäfte zum Verkauf stehen - ob die noch einen Käufer finden?

Auf einem schönen Rastplatz ausserhalb des alten Dorfes treffe ich bei einem einfachen, sehr schön gelegenen Friedhof auf Chantale. Sie ist am Zusammen-

Viele Schafherden bevölkern das Tal

packen. Ich wundere mich, dass sie nicht schon weiter ist. Sie hat heute keine grosse Lust zum Wandern. Mir ergeht es genauso, und aus unerfindlichen Gründen fühle ich mich nicht unbedingt in einem moralischen Hoch. In knapp vier Stunden habe ich lediglich 12.5 km geschafft - und das bergab, wo das Doppelte möglich sein sollte. Wenn das so weitergeht, werde ich heute kaum bis Jaca kommen. Zudem schmerzen die Füsse, und das Bergabgehen ist für die Heilung der Tendinitis wahres Gift. Jenseits des Tales sehe ich, wie Lisa und Bob auf der Landstrasse im Eilschritt zu Tale sausen.

Villanúa ist noch schrecklicher als Canfranc-Estación. Hier sind neben alten, verfallenden Prunkhäusern die von Vorstädten her bekannten unpersönlichen Wohnsilos gebaut worden. Das soll Spanien sein, das Land vieler Ferien- und Rentnerträume? Und weil es mir hier nicht gefällt, suche ich auch keine Unterkunft. Abseits der Strasse mache ich unter Bäumen eine längere Mittagsrast. Ich bin so müde, dass ich dabei einschlafe. Als

ich wieder erwache, ist nahezu eine Stunde vergangen. Mal sehen, wie es weitergeht.

Der Schlaf hat offensichtlich nicht nur meiner Moral gut getan, auch meine Füsse fühlen sich besser an. Ich komme jetzt schneller vorwärts, und das Wandern macht trotz der unbequemen Wege wieder Freude. Mir ist nicht ganz klar, warum viele Abschnitte des Pilgerweges einer Geröllhalde nicht unähnlich sind und so das Gehen erschweren.

Castillo de Jaca ist vergleichbar mit einem Ferienort im Wallis; ausser dem alten Dorfkern gibt es nur Ferienhäuser und Restaurants, aber keine Pensionen. Ich trinke eine Cola und muss wohl oder übel weiter. Bei nächster Gelegenheit suche ich eine Unterkunft. Zwei Stunden Fussmarsch vor Jaca finde ich ein offenes Hotel, aber weit und breit ist keine Menschenseele zu finden, die ich nach einem Zimmer fragen könnte. Komisch!

Schliesslich habe ich es doch noch bis Jaca geschafft. Eine schön angelegte Allee führt hinein in die gepflegte Altstadt. Eine imposante Zitadelle prägt das Stadtbild. Trotz meiner Müdigkeit lasse ich es mir nicht nehmen, unmittelbar vor Torschluss diese Festungsanlage zu besichtigen. Für die Römer war Jaca der erste wichtige Stützpunkt in Spanien. Hier wurde die Grafschaft und das spätere Königreich Aragón gegründet, und hier steht auch die erste romanische Kathedrale Spaniens aus dem 11. Jh.

Für den morgigen Tag kaufe ich frischen Proviant und neue Socken. Die alten haben inzwischen nicht flickbare Löcher bekommen. Bei der Besichtigung der Kathedrale begegne ich Monique. Sie führt mich auf kürzestem Weg zur Pilgerherberge. Wie wohltuend und erfrischend eine Dusche sein kann, erfahre ich hier wieder von neuem. Nicht nur

Flussübergang bei Regenwetter

Staub und Schweiss scheinen weggespült zu werden, sondern auch die Mühsal des Tages. In frischen Kleidern fühle ich mich wie neugeboren und bereit zu neuen Taten. Es ist eine eigenartige Herberge. In einem grossen Saal sind immer zwei Betten durch Vorhänge zu Kojen abgetrennt, um eine kleine Privatsphäre zu gewährleisten. Ich habe Glück, das zweite Bett

wird nicht benutzt. So kann ich wieder einmal eine Auslegeordnung machen.

Mit Monique habe ich mich verabredet, um gemeinsam mit ihr und Chantale zur abendlichen Pilgermesse in der Kathedrale zu gehen. Ich bin erstaunt, wie viele Leute anwesend sind. Rechtzeitig ein Nachtessen zu bekommen, ist mit einigen Schwierigkeiten verbunden. Das spanische Leben beginnt erst ab 21 Uhr wieder langsam in Fahrt zu kommen. Wir müssen jedoch spätestens um 22 Uhr in der Herberge zurück sein; deren Tür wird um diese Zeit unwiderruflich geschlossen. Ausnahmen gibt es nicht. So hart sind hier die Sitten und Gebräuche.

Eingang zur Zitadelle von Jaca

52. Tag, 22. September 2007
Jaca - Puente la Reina da Jaca

Wer schon in Massenunterkünften geschlafen hat, kennt das geschäftige Nuscheln der Frühaufsteher, die krampfhaft versuchen, jeglichen Lärm zu vermeiden und dabei mit ihrem Getuschel und Anstossen die anderen erst recht wecken. Genau aus diesen Gründen erwache ich heute vorzeitig, obwohl es noch nicht sechs Uhr ist. Eigentlich würde ich gerne noch eine Weile liegen bleiben, so hat es aber keinen Sinn. In einem benachbarten Café, das extra für die Pilger öffnet, gibt es Kaffee und Brötchen. Von einem kräftigen Frühstück, das genügend Kraft für einige Wanderstunden gibt, kann aber nicht die Rede sein.

Nach dem Regen spriessen überall die Herbstzeitlosen

Im Trottoir eingelassene Messingmuscheln führen hinaus aus der Stadt.

In der Innenstadt sind auf dem Pilgerweg in Abständen von 20 Metern Jakobsmuscheln aus Messing in die Trottoirs eingelassen, sie weisen den Weg zur Her-

berge und auch wieder aus der Stadt hinaus. Nicht nur eine schöne Geste gegenüber den Pilgern; sie machen auf die Jahrhunderte alte Tradition und ihre Bedeutung für die Stadt aufmerksam.

Ursprünglich beabsichtigte ich, den Umweg nach San Juan de la Peña zu machen. Der Weg dorthin soll landschaftlich speziell schön sein. Die Besichtigung der dortigen Kapelle mit Klosteranlage aus dem 11. Jh. soll eine lohnenswerte Besichtung und den Umweg wert sein. Bei der entscheidenden Weggabelung scheinen die 32 km Umweg oder eine Tageswanderung doch zu viel. Mit dem Fahrrad oder Auto ist dies kein Problem, aber zu Fuss überlegt man sich einen solchen Umweg zweimal. Frühere Pilger haben bestimmt die 32 km nicht gescheut, ein Tag Wanderschaft mehr oder weniger war sicherlich ohne Bedeutung.

Ich muss mich noch immer zuerst daran gewöhnen, mich nur auf den Führer und die Markierungen zu verlassen. Wanderkarten für Spanien habe ich weder zu Hause noch unterwegs gefunden, auch in Jaca nicht. Ich komme mir irgendwie verloren vor, wenn ich nicht auf der Karte überprüfen kann, wo ich mich befinde. Ich weiss, wie die Ortschaften heissen, die sich links und rechts des Pilgerweges befinden. Einzig die Wegweiser vermitteln eine Idee von Entfernungen und nennen die Namen der bekanntesten Städte. Abkürzungen zu machen, ist hier nicht mehr möglich. Weil auch in Spanien der Jakobsweg keinen Hügel und keinen Aussichtspunkt auslässt, sind zusätzliche Kilometer die Folge.

Etwa die Hälfte der heutigen Etappe verläuft der Pilgerweg in 10 m Abstand parallel zur Hauptstrasse. Manchmal nur getrennt durch etwas Gebüsch, ansonsten sieht und hört man die Autos und die grossen Brummis vorbeirauschen. Vermutlich war der Pilgerweg zuerst da, und erst in der Neuzeit wurden daneben die Strassen gebaut.

Am frühen Nachmittag erreiche ich mein Etappenziel und finde in der Nähe, gerade rechtzeitig, bevor der grosse Regen beginnt, ein Hotel. Es scheint verlassen zu sein und kaum Gäste zu haben, alles ist leer und still. Es dauert bestimmt mehr als fünf Minuten, bis die Rezepzionistin im Computer ein freies Zimmer

Zwei ungleiche Pilger

findet. Und wie könnte es anders sein - natürlich im obersten Stock.

Die Hotelküche ist heute ebenfalls geschlossen (nur heute?). In einem Restaurant ganz in der Nähe gibt es nach spanischer Sitte erst ab 20 Uhr etwas zu essen, und so muss ich mich noch eine Weile mit knurrendem Magen in Geduld üben.

Hunderttausende von Steinmännchen zieren hier den Weg - es muss wohl ein besonderer Kraftort sein.

53. Tag, 23. September 2007
Puente la Reina da Jaca - Ruesta

Es regnet beim Aufwachen, wie mir scheint, immer öfter. Ich stehe daher erst gegen 7.30 Uhr auf. Nach einem rudimentären Frühstück, bestehend aus einer Tasse Kaffee und einem Stück Brot, begebe ich mich auf den Weg. Zum Glück hat es inzwischen aufgehört zu regnen.

Ich habe Zeit, um über die bisherigen Begegnungen mit Spaniern nachzudenken. Im Grund genommen scheinen mir die Spanier in dieser Gegend nette Menschen zu sein. Aber ich werde die Vermutung nicht los, einfach ingnoriert zu wer-

Die ersten echten Mandeln

den, als ob ich Luft wäre. Das Personal erkundigt sich kaum oder gar nicht nach einer Bestellung. Der Service lässt lange auf sich warten, sodass ich den Eindruck bekomme, die Arbeit werde nur mit Widerwillen gemacht. Hat das Wort arrogant allenfalls seine Wurzeln im Provinznamen Aragón? Mir ist bisher noch nicht klar geworden, ob dieses Verhalten aus Schüchternheit oder Unsicherheit herrührt oder ob der bekannte spanische Stolz verletzt wird, jemanden bedienen zu müssen.

Die Tendinitis ist dank den Medikamenten weitestgehend am Abklingen. Ist auch Zeit dafür. Nun bereitet mir ein Hühnerauge zwischen zwei Zehen höllische Schmerzen. Noch nie hatte ich ein Hühnerauge oder eine Warze an den Füssen. Wieso muss so etwas sich ausgerechnet jetzt bemerkbar machen? Beim Pilgern muss offenbar ganz einfach immer etwas wehtun, sonst wäre es wo-

Gespenstisch tauchen die Dörfer im Nebel auf

möglich gar kein richtiges Pilgern?! Mit allen möglichen Pflasterkombinationen versuche ich, den Schmerz zu lindern. Ist das Pflaster zu dick, drückt der Schuh auf den kleinen Zeh; ist es zu dünn, bleibt der Schmerz. Das Problem ist einfach und effizient zu lösen. Ich schlucke zwei Aspirin, und dann geht's innerhalb weniger Minuten in gutem Tempo vorwärts. Mein geplantes Tagesziel Artieda erreiche ich bereits am frühen Nachmittag. Weil es hier nichts zu besichtigen gibt und ich gut drauf bin, hänge ich nochmals über 10 km an, was auf eine Tagesleistung von 35 km hinausläuft. Folglich geht es mir gut.

Das Tal des Aragón-Flusses ist breit und fruchtbar, aus für mich unerfindlichen Gründen aber nur sehr dünn besiedelt. Auf dem ganzen Abschnitt gibt es keinen einzigen Brunnen und in den kleinen Dörfern auch keine Bar und keine Läden, um Getränke zu kaufen.

Zum ersten Mal sehe ich Mandelbäume mit den geöffneten Fruchtschalen und den Mandelkernen. Hier kommt mir das Wandern vor, wie wenn ich im Zeitlupentempo Zug fahren würde. Von weitem sehe ich ein Dorf, komme ihm näher, gleite an ihm vorbei, und es verschwindet aus meinem Blickfeld - genauso, wie wenn ich im Zuge aus dem Fenster schaue. Verrückt und erstaunlich zugleich, welche Distanzen man zu Fuss zurücklegen kann.

Heute habe ich bisher nur einen einzigen Einheimischen und sechs Pilger gesehen. Es stört mich nicht, es ist mir nicht langweilig. Die verschiedenen Gelände- und Erdformationen regen meine Fantasie über das mögliche Aussehen dieser Gegend vor hunderten oder eher vor

Der Weg lässt keinen Hügel und keine Mulde aus

zehntausenden von Jahren an. Der letzte Tagesabschnitt gleicht einer kurzweiligen Herbstwanderung auf einem Naturlehrpfad durch Schwemmgebiete und Föhrenwälder, vorbei an Ruinen und einer in Restauration begriffenen Pilger-Kirche.

Auch derart morastige Abschnitte gehören dazu

Der einstige Grenzturm von Ruesta

Der Dorfplatz mit der Kirche aus dem 16. Jh. des im Jahre 1959 verlassenen Ruesta

Von weitem ist der Burgturm von Ruesta auf einem Felsen sichtbar. Beim Näherkommen werde ich von den vielen Ruinen überrascht. Der aus dem 11. Jh. stammende, einst zweifelsohne schöne Ort ist seit dem Bau des Yesa-Stausees im Jahre 1959 verlassen und am Zerfallen. Weil der See einige Kilometer entfernt ist, sehe ich den Zusammenhang nicht. Ruesta war einst eine wichtige Bastion an der Grenze zu Navarra und für die Pilger eine bedeutende Station. Verrückt, was Generationen während Jahrhunderten mit Liebe pflegten, zerfällt in wenigen Jahren. Die Vergänglichkeit aller Dinge wird einem hier plastisch vor Augen geführt. Jedoch, ich bin mir sicher, auch davon werden Spuren für die Ewigkeit übrig bleiben.

Freiwillige haben eine solche Hausruine zu einer gemütlichen und komfortablen Herberge umgebaut. Der Herbergsvater kommt nicht aus dem Staunen heraus, als er meinen Pilgerpass sieht. Er kann es kaum fassen, dass ich von der Schweiz bis hierher gewandert bin. Er wünscht mir weiterhin gute Gesundheit und Durchhaltewillen, und dass ich aufpassen soll, um im fernen Santiago de Compostela anzukommen.

54. Tag, 24. September 2007
Ruesta - Liédena

Eine weitere typische Nacht in einer Herberge habe ich hinter mir. Hans aus Kaiserstuhl bei Freiburg hat sich beim Nachtessen erkundigt, ob jemand im Zimmer schnarche, da er sonst beim besten Willen nicht schlafen könne. Er würde es sonst vorziehen, im Freien zu übernachten. Alle beteuerten, dass dies nicht der Fall sei. Nun, Hans war der einzige, der die ganze Nacht die anderen mit seinem Schnarchen am Schlafen hinderte. Einige Male habe ich ihn angestossen, mit dem Effekt, dass er sich während wenigen Minuten auf die Seite drehte, um von neuem loszulegen. Viele standen deswegen frühmorgens auf. Möglicherweise auch, weil das Abendessen eher mickrig gewesen wa, und alle Hunger verspürten, so wie ich auch.

und sind bei Tagesanbruch losgezogen. Ist ja klar, das ersetzt keinen Kaffee, und so müssen sich alle mit Wasser begnügen. Kommt dazu, dass es möglicherweise erst im nächsten Dorf ein Restaurant gibt. Und bis dahin sind es etwa 20 km. Ohne Kaffee und Müesli dauert es seine Zeit, bis ich auf Touren komme. Unausgeruht und ohne richtiges Essen beginnt der Tag wenig verheissungsvoll.

Der Pilgerweg durch die Föhrenwälder ist umso schöner. Immer wieder gibt er den Blick frei auf den tiefblauen Yesa-Stausee und auf die gegenüberliegende Pyrenäen-Bergkette. Während Stunden wandere ich alleine durch diese einsame Gegend hoch über dem Stausee westwärts. Von weitem sehe ich auf der Gegenseite weit oben am Hang das sagenumwobene Kloster Leire. Alles wie aus dem Bilderbuch.

Morgentau auf Moosgeflecht

Frühstück gibt es erst um neun Uhr, und so haben sich die meisten am Vorabend mit einem Lunchpaket eingedeckt

Eine solche Wegmarkierung vorzufinden ist oft eine grosse Erleichterung

Eine unvergessliche Wanderung entlang des Yesa-Stausees bei schönstem Herbstwetter

Leider findet diese Idylle ein jähes Ende. Die Provinz Navarra will quer durch dieses schöne Gebiet eine Autobahn bauen. Auf knapp 10 km Länge wurde eine einige hundert Meter breite Schneise in den Wald gehauen, man schreckte nicht davor zurück, ganze Hügel abzutragen. Die Provinz Aragón sträubt sich jedoch dagegen und will für den Anschluss kein Geld lockermachen. Und so bleibt die geplante Autobahn vorerst als offene Wunde der Natur abrupt im Walde stecken. Was bleibt, ist zweckloser Raubbau an der Natur. Menschlicher Irrsinn verwandelt in kürzester Zeit in eine Wüste, was die Natur in Tausenden von Jahren harmonisch wachsen liess. Seldwyla pur!

In Yesa mache ich in einem Restaurant eine verspätete Mittagsrast und probiere die verschiedensten Tapas. Tapas sind kleine Häppchen wie zum Beispiel kleine Würstchen, eingelegtes Gemüse und Pil-

ze. Ganz lecker. Hungrig wie ich bin, tunke ich mit viel Brot auch die fettigste Sauce auf, etwas, vor dem mir bisher graute. Der Nachholbedarf an Kalorien muss grösser sein, als mir bewusst ist. Ich merke auch, wie sich in meinem Kopf die Spanischkenntnisse besser geordnet haben. Auf jeden Fall kann ich mich inzwischen so gut verständigen, dass ich bekomme, was ich will. Und das will doch schon einiges heissen.

Bevor ich das Restaurant verlasse, kommt «Schnarcher»-Hans mit seiner Frau Elisabeth. Während die beiden essen, trinke ich nochmals einen Kaffee. So erfahre ich, dass sie jedes Jahr einige Wochen auf dem Pilgerweg verbringen und immer wieder Neues entdecken. Auch sie empfanden das gestrige Nachtessen mit der Linsensuppe und den wenigen Hackfleischbällchen als ungenügend. Um für solche Situationen gewappnet zu sein, haben sie von zu Hause viele Nüsse mitgenommen. Elisabeth offeriert mir grosszügig davon. Ich habe eher den Eindruck, dass sie dies aus schlechtem Gewissen macht, weil Hans während der letzten Nacht so stark schnarchte, was er sonst nie mache. Beide bleiben in Yesa - sie haben hier eine Unterkunft reserviert. Ich will bis zum 10 km entfernten Liédena gehen, damit ich morgen in der Frühe in der berühmten Schlucht von Lumbier sein kann. In einem grossen Motel finde ich ein Zimmer, wo ich mich gut erholen und neue Kräfte tanken kann.

Liédena, ein typisches spanisches Städtchen, genauso, wie wir uns dies vorstellen

Der Abt Virila vom Kloster Leire. Virila lenkte in fernen Zeiten das Ge-schick des Klosters von Leire. In seinen alten Tagen unternahm er lange Wan-derungen in die nahen Wälder. Bei einer Quelle setzte er sich nieder, hörte dem Gesang einer Nachtigall zu und fiel dabei in einen tiefen Schlaf. Als er wieder erwachte, stand die Sonne tief am Hori-zont. Er hoffte, wenigstens pünktlich zur Vesper zurück im Kloster zu sein. Er glaubte zu träumen, anstelle seiner kleinen Kapelle stand nun eine grosse Kirche. Verwirrt klopfte er ans Portal. Ein ihm unbekannter Mönch fragte ihn nach seinem Namen. "Ich bin Abt Virila, so öffnet mir doch. Was ist in dieser kurzen Zeit nur geschehen?." Der Mönch lächelte verständnisvoll. "Sicher seid ihr müde und habt euch verirrt, denn unser Abt ist Don Domingo. "Das ist nicht möglich, erst heute bin ich in die Berge gegangen. Seit eine Nachtigall zu singen anfing, ist nun alles wie verwandelt." Der Mönch eilt zu seinem Abt und erzählt ihm von Virila. Dieser Name schien Don Domingo be-kannt zu sein. In der Bibilothek fand er eine Eintragung über das Verschwinden des Abtes Virila. Dies aber lag mehr als 300 Jahre zurück. Virila nannte aber als Beweis seinen Geburtsort.. Alle Mönche wurden sich bewusst, Zeugen eines Wunders zu sein. Als hätte es weiterer Beweise bedurft, flatterte bei der Vesper eine Nachtigall in die Kirche und steckte Virila den verschwundenen Ring an den Finger.

55. Tag, 25. September 2007
Liédena - Monreal

*I*n der Rezeption brennt noch kein Licht, und beim Restaurant stehe ich vor verschlossenen Türen, wie ich dort um sieben Uhr aufbruchbereit erscheine. Hoffentlich muss ich nicht bis neun Uhr warten, um bezahlen zu können. Die Steh-Bar dagegen ist geöffnet und von viele Lastwagenfahrern bevölkert. Zum Kaffee, welch köstliche Ausnahme, gibt es ein Sandwich mit einer spanischen Omelette, bestehend aus Eiern, Kartoffeln, Tomaten und anderem Gemüse. Für mich ungewohnt, aber kräftigend ist es. Ich ergänze meinen Proviant mit Marsriegeln und Brötchen aller Art.

Ein seltenes Erlebnis den Adlern und Geiern zuzuschauen, wie sie ihre Kreise drehen

Inzwischen ist auch jemand am Empfang aufgetaucht. Ich staune echt, die Übernachtung kostet lediglich 25 Euro, inklusive feudales Nachtessen. Es gab eine Lauch-Kartoffelsuppe, ein grosses Entrecôte mit Frittes und Gemüse, Honig-Melone zum Dessert und natürlich Wein und Mineralwasser à discrétion. Nachher schlief ich wie ein Herrgöttchen.

Der erste Teil der heutigen Etappe soll einer der aussergewöhnlichsten Abschnitte auf dem ganzen Camino sein. Und so ist es denn auch. Auf dem ehema-

Eine imposante und einmalige Schlucht

ligen Trassee einer stillgelegten Eisenbahnlinie betritt man durch einen Tunnel
die grandiose Schlucht von Lumbier, die
für ihre Floravielfalt und ihre Vogelwelt
bekannt ist. Da der Tunnel eine starke
Krümmung aufweist, ist es in dessen Mitte stockdunkel, und ich muss mich an den
Wänden vorwärts tasten.

Während meinem Aufenthalt in der
Schlucht kann ich einmal 14 Adler oder
Lämmergeier zählen, die weit oben am
Himmel im Aufwind majestätisch kreisen. Die bizarre Schlucht ist ein in sich
geschlossenes natürliches Reservat geblieben. Kein normaler Weg führt hinein.
Sie kann nur durch die ehemaligen Eisen-
bahntunnels betreten und verlassen werden.

Trotz stahlender Sonne und wolkenlosem Himmel bläst ein frischer, kühler
Wind, so dass ich während des ganzen
Tages den Pullover nicht ausziehen kann.
Viele Windturbinen zieren den Horizont, oder besser gesagt, verunstalten
die Landschaft und sorgen mit ihrem
ständigen Surren ununterbrochen für
Hintergrundmusik. Für mich keine echte
Alternative zur Energiegewinnung, zumindest nicht in bewohnten Gebieten.

Ausserhalb Lumbier komme ich mit
einer älteren Spanierin ins Gespräch, die
ihren Hund spazieren führt. Sie begleitet
mich ein Stück des Weges und erzählt
mir von ihrer Zeit in Basel. In Muttenz,
einem Vorort, hat sie während Jahren in
einer bekannten Firma gearbeitet. Die
Welt ist klein, nie hätte ich erwartet, hier
jemanden zu treffen, der meine Her-
kunftsgegend so gut kennt.

Heute verursacht das Hühnerauge
wiederum grosse Schmerzen. Alle Pfla-
stervarianten bringen keine Linderung,
bis ich auf die glorreiche Idee komme,
mit dem Sackmesser meinen rechten
Turnschuh aufzuschlitzen. Der Druck ist
weg, und von nun an ist das Pilgern wieder um einiges angenehmer.

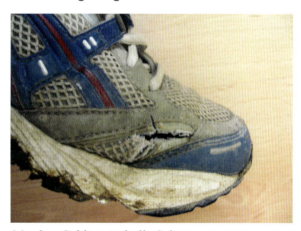

Mit dem Schlitz sind alle Schmerzen weg

In einer Apotheke eingangs Monreal
besorge ich mir endlich Hühneraugen-
pflaster. Ich muss sehr leidend aussehen,
weil mir die Apothekerin die ganze Packung schenkt. Oder vielleicht auch, weil
ich ihr ein dickes Kompliment für ihr
schönes Geschäft mache. Es ist eine sehr
gepflegte Apotheke in Stil des vorletzten
Jahrhunderts. Vielen Keramikdosen zum
Aufbewahren von Tees und Heilkräutern

Windparks mit hunderten von Windrädern begleiten mich den ganzen Tag mit ihrem Surren

stehen schön geordnet in einem alten Gestell. So etwas ist bestenfalls noch in einem Museum zu sehen.

In der Herberge treffe ich auf einen Belgier, der auf dem Rückweg nach Hause ist. Er jagt uns mit seiner Schilderung der Übernachtungs-Situation in Puente la Reina einen gehörigen Schrecken ein. Letzte Nacht hätten dort 368 Pilger eine Unterkunft gesucht. Viele seien mit Bussen in über 100 km entfernte Unterkünfte transportiert worden. Weil in Puente la Reina sich verschiedene Pilgerwege vereinigen, haben wir, die noch nie dort waren, keinen Grund, an seinen Schilderungen nur im Geringsten zu zweifeln. Schöne Perspektiven!

Nach dem üblichen Erholungsritual mache ich mich auf zur Besichtigung von Monreal und um Einkäufe fürs Nachtessen zu tätigen. Seit Jaca habe ich Monique und Chantale nicht mehr gesehen. Mit

ihnen zusammen und einem holländischen Ehepaar, das sie kennen gelernt haben, vereinbaren wir, gemeinsam ein Nachtessen zu kochen. In einem Restaurant bin ich am Kaffeetrinken, als der Belgier weinend und mit gepacktem Rucksack hereinkommt und sich zu mir setzt. Er erzählt mir, dass er eben von zu Hause einen Anruf bekommen habe und erfahren musste, dass sein 71-jähriger Vater an einem Herzinfarkt verstorben sei. Er will so rasch wie möglich zurück nach Puente la Reina oder Pamplona, um dort einen Zug zu nehmen. Er habe jedoch praktisch kein Geld mehr. Trotzdem hat er einen Whisky oder Cognac bestellt, was ich in Anbetracht seiner Lage für nichts Aussergewöhnliches halte. Er redet um den Brei herum, bis ich mich anerbiete, ihm Geld zu leihen. Zuerst ist die Rede von 30 Euro. Beim Diskutieren merken wir dann bald einmal, dass dies für die Zugsfahrt bis nach Belgien nicht reichen würde. Immer wieder hört man von Gaunern und «Wegelagerer», die es auf die gutmütigen Pilger abgesehen haben. Vorsichtig, wie ich bin, und um nicht abgezockt zu werden, frage ich ihn nach seinem Ausweis. Wie wenn er meinen Argwohn gespürt hätte, zeigt er mir seine Identitätskarte. Er unterschreibt problemlos auch eine mit seiner Adresse versehene Quittung. Weinend verspricht er mir in die Hand, sobald er zu Hause sei, werde er mir das Geld überweisen. So übergebe ich ihm, auf seine Ehrlichkeit vertrauend, praktisch mein ganzes Bargeld von 150 Euro. Da ich noch heute beim Bancomaten wieder Geld beziehen kann, ist dies weiter nicht schlimm. Hätte ich mehr Geld auf mir getragen, hätte ich ihm vermutlich auch mehr gegeben, einen derart bemitleidenswerten Eindruck hat er auf mich gemacht. Auf dem Heimweg zur Herberge bin ich mir dann nicht mehr sicher, und so schreibe ich das Geld gedanklich bereits jetzt als Unkosten, beziehungsweise als Verlust, ab. Ich rede mir ein, im Leben für unnützere Dinge

Die Apotheke in Monreal ist eine Augenweide für Nostalgiker

Geld ausgegeben zu haben. Sollte er mich betrogen haben, dann hat er dafür einen enormen schauspielerischen Aufwand betrieben und Unannehmlichkeiten in Kauf genommen. So hat er beispielsweise die sichere Unterkunft verlassen. Beim gemeinsamen Nachtessen erzähle ich die Geschichte. Unisono sind alle der Meinung, dass sich der Belgier gar seltsam benommen habe, und niemand hätte ihm Geld geliehen.

Inzwischen sind zwei Jahre vergangen. Das Geld habe ich noch immer nicht bekommen, dafür bin ich um eine Erfahrung und um ein unvergessliches Pilgererlebnis reicher. Vielleicht schwingt dabei auch eine gewisse Enttäuschung mit, verbunden mit einem leichten Ärger über meine Naivität. Ich mag diesem Pilger (?) auch nicht schreiben, da der Brief möglicherweise als unzustellbar zurückkom-

men könnte, was meine Menschenkenntnis zusätzlich erschüttern würde.

Wir sind mit dem Nachtessen praktisch fertig, als sich ein junges Paar an den Tisch setzt und Vorbereitungen für sein Abendessen trifft. Ich bemerke, wie diese Leute mich immer wieder mustern und miteinander tuscheln. Die Frau verschwindet im Schlafsaal, um kurz darauf mit einem kleinen Buch zurückzukommen. Die beiden erzählen, wie sie durch den Herbergsvater in Ruesta auf mich aufmerksam gemacht worden seien, weil ich seit bald zwei Monaten aus der Schweiz kommend unterwegs sei. Dies sei für sie kaum zu fassen, zumal ich doch bald siebzig sei. Am Tage danach hätten sie während einer Rast drei vierblättrige Kleeblätter gefunden. Sie hätten dann miteinander vereinbart, eines davon mir als Erinnerung zu schenken, sollten sie

Die beiden glücklichen Geber eines vierblättrigen Kleeblattes

mir jemals wieder begegnen. Mit diesen Worten zeigen sie mir die frisch gepressten Glücksbringer, von welchen ich einen aussuchen darf. Ich bin sprachlos, soviel Glück und Aufmerksamkeit erfahren zu dürfen, und verspreche ihnen, das Kleeblatt sorgfältig zu hüten und ihm zu Hause einen Ehrenplatz zu geben. Dieses vierblättrige Kleeblatt ziert als Erinnerung an dieses einmalige Erlebnis das Titelbild dieses Buches. Für mich stellte es eine Art Entschädigung für das dem Belgier geliehene Geld dar. Solch gegensätzliche Erlebnisse mit umgekehrten Vorzeichen, so unmittelbar hintereinander, können nur mir passieren. Welch ein Glückspilz ich doch bin!

56. Tag, 26. September 2007
Monreal - Puente la Reina

Keiner hat am Vortag dem Belgier die Schauermärchen über den Massenandrang von Pilgern in Puente la Reina für bare Münze abgenommen. Alle haben sie den Coolen gemimt. Und siehe da, die meisten sind um sechs Uhr schon auf den Beinen, um möglichst frühzeitig loszuziehen und am frühen Mittag ein Bett ergattern zu können. Ich lasse mich von der Hektik ansteckenn und verlasse zusammen mit einigen anderen nach einem kleinen Frühstück um sieben Uhr die Herberge. Es ist noch dunkel, und die Wegmarkierungen sind nur schlecht erkennbar.

Schon bald beginnt es zu regnen, vorerst nur leicht, dann immer heftiger. Aus den Tagen in Frankreich bin ich es gewohnt, im Regen zu marschieren. Das Unangenehme dabei ist lediglich der Umstand, keine Rast machen zu können. Dörfer hat es auch keine, um sich in einem Restaurant aufzuwärmen, etwas Warmes zu trinken und Tapas zu essen. So marschiere ich eben ununterbrochen während mindestens vier Stunden. Es geht bergauf und bergab, immer dem Waldrand entlang. Die Wege sind morastig und glitschig, zwei Schritte vor, einer zurück. Bis Mittag habe ich lediglich 15 km zurückgelegt, keine berauschende Leistung.

Bei einigen Häusern sehe ich einen Wegweiser und schaue nach, ob einer der angezeigten Namen als Durchgangsort im Führer erwähnt ist. Ich gehe das Risiko ein, unter Umständen einen längeren Weg gehen zu müssen, folge dem Wegweiser und verlasse den Pilgerweg. Innerlich klopfe ich mir auf die Schulter. Weil die Strasse entlang eines neu angelegten Bewässerungskanals führt, ist sie topfeben. Auf der guten Strasse komme ich nun zügig voran und sehe weit oben am Berg, wie Monique und Chantale herumkraxeln.

Es hört auf zu regnen, und parallel dazu hellt sich auch die Freude am Wandern auf. In der Ferne, am Fusse der Pyrenäen, sehe ich Flugzeuge landen - das muss wohl Pamplona sein, folglich kann Puente la Reina nicht mehr weit sein.

Von weitem sehe ich inmitten grüner Felder ein Juwel des Pilgerweges - die

Gross Kanalbauten bringen das kostbare Wasser heran

165

Eine Perle des Pilgerweges, die Kapelle von Eunate

kleine romanische Kapelle von Eunate. In ihrer achteckigen Form und mit dem sie umgebenden Kreuzgang ist sie einzigartig. Es wird vermutet, dass sie von den Templern erbaut wurde und als Einsiedelei diente. Oder sei es, weil hier die beiden wichtigsten Jakobswege, der aragonesische und navarrische, zusammentreffen.

Völlig ausgelaugt erreiche ich Puente la Reina. In der Herberge hat es, oh Wunder, genügend Platz. Das mir zugewiesene obere Kajütenbett in einem Schlafsaal mit 20 Liegen sagt mir wenig zu. Das ständige Hinaufklettern, besonders in der Nacht, brauche ich nicht unbedingt. Ich lasse meinen Rucksack sicherheitshalber auf dem Bett liegen und gehe auf

der Strasse zurück zu einem Hotel, um nach einem Zimmer zu fragen. Der Entscheid ist schnell gefällt, dieses Hotel hat ausser Zimmern auch komfortable Pilgerlager und ist nur unwesentlich teurer. Auf dem Rückweg treffe ich Chantale, die ganz erstaunt ist, mich zu sehen, da sie mein Überholen nicht realisiert hatte. Konnte sie auch nicht, weil ich dem Bewässerungskanal folgte. Wir verabreden uns zur Pilgermesse, um anschliessend gemeinsam essen zu gehen. Für sie und Monique endet hier ihre diesjährige Pilgerreise. Den Rest bis Santiago de Compostela haben sie sich für ein anderes Jahr vorgenommen. Leider verpassten wir uns dann in der überfüllten Kirche. Schade!

57. Tag, 27. September 2007
Puente la Reina - Estella

Gut ausgeschlafen und vor allem auch durch ein feines Nachtessen und ein ausgiebiges Frühstück gestärkt, mache ich mich auf die nächste Etappe. Das Stadtbild wird geprägt durch viele vornehme Häuser und Kirchen entlang der «Sirga peregrinal», der mittelalterlichen Pilgerstrasse, die aus der Stadt hinausführt. Ein besonderes Schmuckstück ist die Kreuzeskirche; sie hat weltweit das einzig bekannte Kruzifix in Form eines Y, das im Mittelalter von Pilgern aus dem Rheinland mitgebracht wurde. Es braucht wenig Phantasie, um sich in diese Zeit der gewaltigen

ie schöne, mittelalterliche «Sirga Peregrinal»

Pilgerströme zurückzuversetzen. Die Hauptstrasse führt direkt zur Brücke, die

Das einzig bekannte Kreuz in Y-Form aus dem 14. Jh. Es soll von Pilgern aus dem Rheinland mitgebracht worden sein

im Auftrage der Königin von Navarra im frühen 11. Jh. gebaut wurde, um den Pilgern die Überquerung des Agra zu erleichtern. Von ihr hat die Stadt ihren Namen Puente la Reina, die Brücke der Königin. Es müssen einst unvorstellbar grosse Pilgerströme unterwegs gewesen sein, um an solch imposante Brückenbauten zu denken und diese zu rechtfertigen. Wie überall auf der Welt bilden Brücken, so wie hier, den Kern für eine blühende Entwicklung.

Unterwegs begegne ich vielen Pilgern, vorbei ist das einsame Wandern in

167

der unberührten Natur. Ich habe den Eindruck, als ob die Pilger-Mentalität gegenüber jenen vergangenen Tage oberflächlicher, egoistischer sei. Eine Mentalität des Auch-dabei-Seins, des Auserkorenseins auf dem berühmten Pilgerweg zu sein. Möglich, dass ich mir dies nur einbilde.

Der Weg führt durch eine abwechslungsreiche und coupierte Landschaft. Die Dörfer lassen noch heute den auf den Pilgern begründeten Wohlstand erahnen. An manchen Stellen führt der Weg über die an ihren Pflästerungen und den direkten Linienführungen erkennbaren alten Römerwege.

In Spanien sind die meisten Kirchen geschlossen, ganz im Gegensatz zu Frankreich. Als ich ein schönes Portal fotografiere, kommt eine Frau vorbei und öffnet speziell für mich die Kirche. Sie bedauert sehr, dass heutzutage die Pilger einfach vorüberziehen und die Kirchen nicht mehr beachten. Das habe doch nichts mehr mit Pilgern zu tun, vor einigen Jahren sei dies noch anders gewesen. Es ist jedoch unmöglich, alle Kirchen am Camino zu besichtigen. Es würde Jahre

Auf einigen Abschnitten führt der Pilgerweg über die alten römischen Pflästerungen

Alles, was des Pilgers Herz erfreut

dauern, bis man Santiago ereichte. Vielleicht bedauert sie es auch nur, weil sie weniger Trinkgeld erhält. Die spanischen Kirchen sind in ihrer Ausstattung im Vergleich zu anderen europäischen Ländern eher karg und martialisch. Das Kirchenschiff ist meistens nüchtern, ohne Dekoration. Dafür ist die Apsis vollgestopft mit von Gold strotzenden Figuren im typisch spanischen, etwas derben und grobschlächtigen Stil, die mir den Eindruck des Leidens vermitteln. Wie eine heile, kindlich verträumte Welt wirken dagegen unsere Barockkirchen mit ihren Putten.

Estella war einst Sitz des Königs von Navarra. Aus dieser Zeit sind viele Paläste und Kirchen im romanischen Stil zu bestaunen. Ein besonderer Leckerbissen ist die Kirche San Pedro de la Rúa und ihr Kreuzgang. Zu Recht nannten die frühen Pilger die Stadt deswegen «Estella la Bella».

Bis zum Nachtessen verbringe ich längere Zeit im Internet, um alle aufgelaufenen geschäftlichen Dinge zu erledigen. Mit Genugtuung nehme ich zur Kenntnis, dass es auch ohne mich rund läuft.

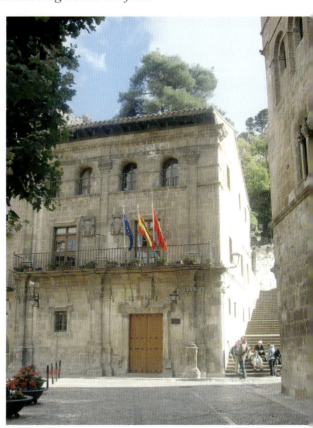

Der Palast des Königs von Navarra aus dem 12. Jh.

Kirche San Pedro de la Rúa in Estella: Portal und Kreuzgang mit seinen seltenen doppelten Säulen

58. Tag, 28. September 2007
Estella - Torres del Río

*I*n der Nacht wurde es in der Herberge sehr kalt. Die Kälte weckte mich, und zum Schlafen musste ich bis zum Morgen Socken und einen Pullover anziehen, und dies im südlichen Spanien. Estella liegt zwar nur 400 m über Meer, und trotzdem ist es bitter kalt. Gemäss den Einheimischen ist diese Kälte auch für sie aussergewöhnlich. Ich bin richtig froh, mich in einem Tankstellenshop aufwärmen, eine heisse Schokolade trinken und einen frischen Gipfel verzehren zu können. Die Lebensgeister melden sich alsbald zurück. Zum Wandern trage ich bei strahlend blauem Himmel meinen dicken Pullover und die Windjacke, was ich nur für den äussersten Notfall Ende Oktober vorgesehen habe. Wenn

Ein schöner und heisser Tag erwacht

Strassenschild in baskischer Sprache

das so weitergeht, muss ich noch Handschuhe und eine Mütze kaufen.

Nach einer knappen halben Stunde kommt man mit einem kleinen Umweg bei einer besonderen Sehenswürdigkeit des Caminos vorbei. Eine ehemalige Klosterkellerei hat für die Pilger einen Brunnen eingerichtet, bei dem man sich nicht nur mit Wasser, sondern auch mit einem bekömmlichen Wein gratis eindecken kann. Logisch, dass alle den kleinen Umweg in Kauf nehmen. Ein origineller Werbegag. Ich bin erstaunt, wie einzelne Pilger schon frühmorgens bechern können. Bei diesen Mengen wäre ich bestimmt schnell nicht mehr in der Lage, den Weg alleine fortzusetzen.

Mit der Zeit wird die Temperatur immer angenehmer. Die klare Sicht lässt den heutigen Tag zu einer schönen

Wo gibt's das schon, gratis Wein und Trinkwasser?

Es sind viele Pilger unterwegs. Meistens bleibt es bei einem kurzen «ola». Der Gemeinschaftssinn, wie ich ihn in Frankreich gespürt habe, fehlt hier total. In einer einfachen, privaten Herberge, am frühen Nachmittag schon überfüllt, bekomme ich noch eine Liege. Ein langer Hamburger richtet sich, weil für ihn alle Betten zu kurz sind, auf der Terrasse auf zwei Matratzen ein.

Bei der Herbergsmutter kaufe ich eine vorgefertigte Paella und gare diese im Mikrowellenofen. Zusammen mit einer

Herbstwanderung werden. Sie führt durch schmucke, in ihrer Ursprünglichkeit erhaltene Dörfer und durch eine unversehrte Landschaft. Der Weg ist abwechslungsreich, ohne lange schnurgerade Abschnitte, was das Wandern recht kurzweilig gestaltet. So bewältige ich heute problemlos wieder einmal einiges mehr als 30 km. Viel mehr, als ich mir vorgenommen hatte. Auf den ersten Blick erscheint die Landschaft aufgrund ihrer dunklen, braunen Farbe sehr karg und wenig fruchtbar zu sein. Der Schein trügt jedoch, da die Kornfelder alle abgeerntet und die Stoppelfelder abgefackelt wurden. Ich komme an kräftigen, noch immer dunkelgrünen Rebbergen vorbei und kann es nicht lassen, einige Trauben zu probieren. Wunderbar, diese Süsse und dieses Aroma!

Keiner zu klein, Pilger zu sein

Cola bildet sie mein Nachtessen. Besser als nichts, jedoch nicht unbedingt mein Ding.

Beim Essen komme ich mit Helga, einer jungen Deutschen von der Ostsee, ins Gespräch. Sie ist anfangs Mai gestartet und über Krakau, Prag, München und dann durch die Schweiz gewandert. Bis jetzt hat sie einige tausend Kilometer hinter sich gebracht. Sie erzählt mir, vor wenigen Tagen einen Schweizer getroffen zu haben, der auch den ganzen Weg gemacht hat. Die Beschreibung trifft genau auf Jakob zu. In diesem Falle bin ich ja noch recht gut unterwegs.

Wir tauschen unsere Wandererfahrungen aus. Ich erzähle ihr von meinem Eindruck, dass während den ersten drei, vier Wochen des Wanderns ein sich langsam vollziehendes Distanzieren und Loslassen vom Alltagsgeschehen passiert sei. Eine andere Strukturierung des Tagesablaufs ergab sich wie von selbst. Keine Zeitungen, kein Fernsehen, und trotzdem geht die Welt weiter, ohne etwas vermissen zu müssen, weil die Grundbedürfnisse des Lebens, wie Essen, Trinken, Schlafen und die Pflege des Körpers nun die grösste Priorität bekamen. Helga meint, es ebenso erlebt zu haben, um dann in einer zweiten Phase eine totale «Leere» zu verspüren, ohne Bezug zur realen Welt, sie sei einfach gewandert und gewandert. Mir scheint, dass dieser Übergang bei mir nicht so lange dauerte, sondern in eine Phase der uneinge-

Am Pilgerweg ein Stein mit vielen keltischen Zeichen. Sind die Steinmännchen nach tibetischer Art nur zufälligerweise hier gemacht worden, oder beruhen sie auf einer gespürten Intuition?

schränkten Offenheit, der Sensibilität für neue Eindrücke, die alle in eine gewisse, nicht unbedingt christliche Religiosität führen, mündete. Helga beschreibt dieses Gefühl eher als ein «Sich-sicher-und-geborgen-Fühlen» und Verbundenheit mit einer grossen Allgemeinheit. Vermutlich meinen wir dasselbe. Übrigens macht sie die Pilgerwanderung, um zu spüren, ob es Gott gibt, und wie sich dieser Zustand manifestiert und anfühlt. Ich rate ihr, nicht zu weit zu suchen und den von ihr beschriebenen letzten Zustand als Beweis anzusehen. Ob das Durchlaufen dieser Phasen bei kürzeren Pilgerreisen auch eintritt, wage ich zu bezweifeln. Es sei denn, geübte Pilger können sich kurzfristig in eine solche Stimmungslage einklinken.

173

59. Tag, 29. September 2007
Torres del Río - Logroño

Diese Nacht war es ein Amerikaner, der grausam schnarchte. Bald bin ich Spezialist im Herausfinden, welcher Nationalität der Schnarcher angehört. Mir ist es ein Rätsel, wie andere schlafen können, bei mir nützen weder Ohropax noch Stöpsel. Am besten wirken Schlaftabletten, dann bin ich für ein paar Stunden weg. Diese haben jedoch den Nachteil, dass ich auch am Morgen noch während einiger Zeit wie ein Schlafwandler umherirre.

Die könnten was erzählen....

Nach etwa zwei Stunden treffe ich eine rastende Deutsche im mittleren Alter, die im gleichen Zimmer übernachtete wie ich. Sie ist um vier Uhr aufgebrochen, weil sie wegen des amerikanischen Schnarchers ebenfalls nicht mehr einschlafen konnte. Ich bin erstaunt, sie ohne Michael, den langen Deutschen, anzutreffen. Gestern glaubte ich noch auf-

grund von Michaels Körpersprache des erfolgreichen Eroberers mit den herausgestellten Ellbogen, dass die beiden sich auf dem Pilgerweg gefunden und verliebt hätten. Die Frau ist jedoch verheiratet und verbringt 14 Tage auf dem Camino, um herauszufinden, ob sie in der Lage sei, zusammen mit ihrem Mann den ganzen Weg zu bewältigen. Während einiger Zeit wandern wir gemeinsam weiter. Beim Schwatzen verpassen wir prompt eine Markierung, was sie ordentlich nervös werden lässt. Sie beruhigt sich umgehend wieder, weil in ca. 200 m Entfernung andere Pilger zu sehen sind. Etwas später trennen wir uns, da sie eine Pause machen will und dies für mich für eine Rast zu früh ist. Möglich, dass dies nur ein Vorwand war, um nicht das Risiko einzugehen, mit mir nochmals vom Pilgerweg abzukommen.

Die Hunde der Doña Felisa

Heute ziehe ich wieder einmal meinen Ruhetag ein und lasse es nach 23 km bewenden. Im Zentrum der Altstadt von

Logroño finde ich in einer Pension ein günstiges Einzelzimmer und kann mich nach Herzenslust breitmachen und es mir wohl sein lassen. Ich gehe von einem Restaurant zum anderen, um mir ein gutes Mittagessen auszusuchen. Seit etlichen Tagen habe ich mich von morgens bis abends nur aus dem Rucksack verpflegt, ganz einfach, weil sich keine andere Gelegenheit ergab. Setze ich mich zum

Kampf um den letzten Tropfen Wasser

Mittagessen in eine Beiz, vergehen zwei Stunden wie im Handumdrehen, die mir abends für eine Besichtigung meines Etappenziels und dessen Umgebung fehlen. Eingangs Logroño komme ich am Haus der bei allen Pilgern bekannten und berühmten Wegelagerin «Doña Felisa» vorbei. Sie ist sofort zur Stelle, als ich an ihr vorbeigehen will. Mit einem aufmunternden «Buenos días peregrino» will sie mich freundlich stimmen, damit ich mich gegen Entgelt eines Euros in ihrem Buch verewigen kann und ihrenStempel im Pilgerpass bekomme. Das Geld hatte ich bereit, aber der Pilgerpass steckt weit

unten im Rucksack. In meinem Pass will ich jedoch nur Stempel von meinen Unterkünften. Und so lasse ich es eben sein, was «Doña Felisa» gar nicht begreifen kann. Sie macht bestimmt kein schlechtes Geschäft, wenn man bedenkt, dass hier jährlich viele tausend Pilger vorbeikommen.

In einer typischen spanischen Bodega gibt's ein Wiedersehen mit zwei Pilgern aus Guadalajara in der Nähe von Madrid. Sie freuen sich derart über das Wiedersehen nach nahezu zwei Wochen, dass sie mich zum Probieren von gegen zwei Dutzend verschiedenster Tapas verführen. Ohne sie hätte ich diese Köstlichkeiten nicht probiert, da die meisten nach meinem Dafürhalten in einer undefinierbaren, fettigen Sauce schwimmen. Für die beiden Spanier endet dieses Jahr hier die Wanderung. Nächstes Jahr haben sie wieder zwei Wochen vorgesehen, und ich soll sie doch vorher besuchen kommen und mit ihnen die zwei Wochen auf dem Pilgerweg verbringen. Vorerst aber will ich mein Vorhaben glücklich zu Ende bringen, bevor ich an weitere Fernwanderungen zu denken wage.

Spanische Pilgerfreunde aus Guadalajara

60. Tag, 30. September 2007
Logroño - Nájera

Zusammen mit einem deutschen Ehepaar suche ich noch in der Dunkelheit den Weg aus der Stadt hinaus. Ein echtes Teamwork. Es ist immer wieder ein schönes Erlebnis, bei gutem Wetter die erwachende Natur zu erwandern.

Morgentoilette

Unterwegs begegne ich Jan, einem jungen Tschechen. Er kommt von Santiago de Compostela und befindet sich auf dem Rückweg in seine Heimat. Er rechnet damit, wenn alles gut geht, um Weihnachten oder Neujahr zu Hause in Prag zu sein. Eine unglaubliche Herausforderung, wenn man bedenkt, dass der Winter mit den vielen Regen- und Schneefällen bevorsteht. Wenig später kommt mir ein Franzose entgegen, auch er auf dem Heimweg. Beide machen auf mich den Eindruck von Gelassenheit und Erhabenheit, ganz im Gegensatz zu uns anderen

Pilgern, die noch voller Ungewissheit sind, das ferne Ziel auch erreichen zu können. Aus den Beschreibungen des Caminos weiss ich von den enormen Strapazen der unendlichen und baumlosen Mesetas und den steilen Bergen in Galicien. Beides habe ich noch vor mir. Und diese beiden Pilger haben nun beides bereits zum zweiten Mal hinter sich gebracht, als ob der Heimweg nur noch eine kleine Zugabe wäre. Mit ihrem lockeren Schritt scheinen sie mir wie von einem anderen Planeten zu kommen. Sie haben etwas vollbracht, was wir noch erstreben, und damit stehen sie automatisch auf einer höheren Stufe. Etwa vergleichbar mit der Situation vor Studien- oder Lehrabschlussprüfungen oder vor Rekrutenschulen. Wie werden doch jene bewundert, die alles problemlos bewäl-

Alte Felszeichungen bei Nájera

Der Pilgerweg führt durch die Rebberge der Rioja

In vielen Dörfern ist die maurische Vergangenheit nicht nur am Baustil unübersehbar, sondern auch an der Kleidung ihrer Einwohner. Ich weiss nicht, ob sich aus jener Zeit einige ethnische Minderheiten bis in die heutige Zeit hinübergerettet haben oder ob es Immigranten aus neuerer Zeit sind. Verschiedene in arabischer Schrift gekennzeichnete Läden bestätigen jedenfalls diesen Eindruck. Auch eine Koranschule habe ich gesehen. Sie alle haben heute Sonntag natürlich geöffnet. Allerdings sehe ich auch, wie auf einigen Baustellen gear-

tigt haben, als wäre es das Selbstverständlichste und Natürlichste der Welt. Andererseits ist dies auch der beste Beweis dafür, dass selbst eine unvorstellbare Herausforderung zu meistern ist.

Der Weg führt durch viele Weinberge - ich bin im berühmten Weingebiet der Rioja. Die Rebstöcke sind voll behangen. Während bei uns die Menge durch Ausbrechen von Austrieben reduziert wird, um einen qualitativ guten Wein zu erhalten, hat dies hier offenbar keine Gültigkeit. Umso mehr bin ich von ihrer Süsse und ihrem Aroma überrascht, wie ich sie bei Trauben bisher nicht kannte. Seit ich mich erinnern kann, ist der Rioja der Inbegriff von Billigwein. Ist es wirklich möglich, aus solch aromatischen Trauben einen schlechten Wein zu keltern? Vermutlich bekommen wir in der Schweiz nur zweite Qualität zu kaufen.

Verlockend süsse Trauben

beitet wird. Dies ist für mich umso überraschender, als Spanien für mich der Inbegriff eines erzkonservativen Katholi-

177

> Die Kraft, die mich voran treibt.
> Die Macht, die mich anlockt
> auch ich kann sie mir nicht erklären.
> Dies kann allein nur Er dort oben!

Diese Aussage stimmt exakt auch für mich

zismus ist. Insbesondere entlang des berühmtesten Pilgerweges der Welt, der besondes reich an christlichen Sakralbauten ist.

Die Ursprünge von Nájera gehen bis weit in die Steinzeit zurück. Grabungen in den Nájera umgebenden Felsen brachten viele tausend Jahre alte Funde aus der Frühzeit der Menschheit zu Tage, die nun in einem sehenswerten Museum gezeigt werden. Im frühen Mittelalter war Nájera von Mauren besetzt, bis es 980 von den Christen zurückerobert und Residenz des Königs von Navarra wurde. Durch die Pilgerbewegung blühte es richtig auf, wovon die mit vielen Skulpturen reich ausgestatteten Klöster noch heute zeugen. Im Moment ist für mich die Tatsache wichtiger, in der Altstadt eine Bar gefunden zu haben, die morgens extra für die Pilger ab sieben Uhr öffnet.

Die Ursprünge von Nájera finden sich in diesen Höhlen

61. Tag, 1. Oktober 2007
Nájera - Grañón

Auf direktestem Weg gehe ich fürs Frühstück in die am Vorabend gefundene Bar. Wie tut das gut, heisser Kaffee, frisches Brot, Butter und Konfitüre! Ein junges deutsches Paar verwickelt mich in ein Gespräch über das Pilgern im aAllgemeinen. Die Frau erkundigt sich, wo ich denn geschlafen habe, da sie mich in der Herberge nicht gesehen habe. Ich erkläre ihr, dass ich Pensionen und kleine Hotels wegen des Komforts einer eigenen Dusche und des unbeschränkten Raums den Herbergen vorziehe. Zudem seien diese oftmals nicht teurer als private Herbergen. Sie ist mit mir absolut einverstanden, dass Pilgern nicht mit Leiden gleichzusetzen ist, und will in Zukunft auch ab und zu vornehm übernachten. Noch ins Gespräch vertieft, verlassen wir zusammen die Bar, um uns auf den Weg zu machen.

Ich höre, wie jemand in den engen Gassen nach Pilgern ruft, sehe jedoch niemanden. Nach etwa 300 m hat uns der Wirt eingeholt. Er redet wütend und gestikulierend auf mich ein. Es dauert einen Moment, bis ich begreife. Langsam dämmert mir, dass ich, ins Gespräch vertieft, ohne zu bezahlen das Lokal verlassen habe. Es ist mir echt peinlich, und es bereitet mir Mühe, ihm verständlich zu machen, dass keine Absicht dahinter steckte. Nach einem grosszügigen Trinkgeld zeigt er sich dann aber versöhnlich. Ungewollt bin ich beinahe zum Zechpreller geworden. Ich bin ein «schöner» Pilger!

Der weitere Weg führt durch ein äusserst fruchtbares Gebiet. Ein ausgeklügeltes Bewässerungssystem, oftmals auf hohen Betonstelzen grössere Geländemulden überwindend, führt das notwendige Wasser für die Rebberge und die Getreidefelder von den Pyrenäen heran.

Seit Puente la Reina ist das Wandern recht kurzweilig, weil viele Pilger unterwegs sind. Immer wieder treffe ich bekannte Gesichter, einige, die ich seit Tagen oder Wochen nicht mehr gesehen habe, und andere, die ich praktisch jeden Tag zu Gesicht bekomme. Da ein jeder zu einer anderen Tageszeit startet, unterschiedliche Tagesetappen bewältigt oder einen anderen Wander-Rhythmus hat,

Pilger unterwegs in der unendlichen Weite

Vornehme Hausdekoration

sind die Wiedersehen unvorhersehbar und nicht planbar. Eine Rast, sei es die eigene oder die der anderen, bietet genügend Gelegenheit, um kurz anzuhalten und sich nach dem Befinden oder dem Tagesziel zu erkundigen, oder sei es nur, um selbst kurz zu verschnaufen.

Bei immer stärker werdendem Regen komme ich in Santo Domingo de la Calzada an, einem der vielen sagenumwobenen Orte am Pilgerweg. Sofort besuche ich die Kathedrale mit ihrem wunder-

Die berühmtesten Hühner der Welt..

Der Legende nach soll sich das Hühnerwunder in Santo Domingo de la Calzade ereignet haben. Ein Ehepaar pilgerte mit seinem Sohn nach Santiago und übernachtete in Santo Domingo. Die Wirtstochter verliebte sich in den Sohn: dieser wollte jedoch nichts von ihr wissen und zog mit seinen Eltern am nächsten Tag weiter. Das beleidigte Mädchen schwor Rache, steckte Silberbesteck in seinen Rucksack und meldete den Diebstahl der Polizei. Das Besteck wurde gefunden, und der Sohn wurde zum Tode durch Erhängen verurteilt. Als die Eltern bei ihrer Rückkehr aus Santiago noch einmal zum Baum gingen, an dem ihr Sohn hing, stellten sie überrascht fest, dass er nach all der Zeit noch lebte, weil der Heilige Domingo ihn stützte. Der Bischof sass gerade beim Mittagessen, als er davon hörte. Er soll gesagt haben,. der Sohn sei so lebendig wie die zwei gebratenen Hühnchen, die er eben verspeisen wolle. Daraufhin flogen die beiden Hühner auf und davon. Der Bischof eilt zum Ort des Wunders, um sich selbst zu überzeugen. Er ordnet an, dass in der Kathedrale von Santo Domingo in einem Käfig ein Hahn und eine Henne gehalten werden, um an das Wunder zu erinnern. Seither soll es all jenen Besuchern besonderes Glück bringen, wenn der Hahn während des Besuches oder der Messe kräht.

PS Bei mir hat der Hahn nicht gekräht.

Bild: Tourismusbüro

schönen Museum, hauptsächlich jedoch wegen ihrer berühmten Hühner. Ohne diese gesehen zu haben, soll man kein rechter Pilger sein.

Unmittelbar neben der Kathedrale steht eines der sich im staatlichen Besitze befindlichen Fünfstern-Parador-Hotels. Man muss diese unbedingt gesehen und womöglich besucht haben. Es sind in dieser Gegend oft ehemalige Pilgerhospize, welche zu Luxushotels der Extraklasse umfunktioniert wurden. Ich habe zur Abwechslung Lust auf etwas Luxus, und so entscheide ich mich, ganz vornehm hier ein Mittagessen einzunehmen. Ich erhalte ohne grosses Aufheben auch einen Tisch, und dies, obwohl ich in meiner Wandermontur mit kurzen Hosen, verschwitzt und nass bin. Das Studieren der Menu-Karte bereitet mir unerwartetes Kopfzerbrechen, nicht der Spra-

che, sondern der Preise wegen. Ein normales dreigängiges Essen mit einem Glas Wein kostet gegen 70 Euro. So entscheide ich mich lediglich für einen «Gemischten Teller» und ein Fläschchen Mineralwasser für 27 Euro. Die Kellnerin bringt mir schon bald einen Teller mit etwas Salat und einem Glas, in welchem sich zwei Crevetten in einer Rahmsauce verloren haben, selbstverständlich mit Butter und Brot als Beigabe. Exakt so, wie es sich für ein nobles Gasthaus ziemt. Ich bin nicht zum ersten Mal in einem Gourmettempel und weiss, dass die «Nouvelle Cuisine» immer für eine Überraschung gut ist. Trotzdem habe ich mir für diesen Preis und meinen Hunger eine etwas grössere Portion vorgestellt. Ohne mir meine Enttäuschung anmerken zu lassen verlange ich nach der Rechnung. Mit einem Lächeln, das eine gewisse Schaden-

Eingang zur Herberge am Fusse des Kirchturms

Die Wäsche wird im Glockenturm zum Trocknen aufgehängt.

freude nicht ganz verstecken kann, und einer feinen Überheblichkeit, die mich mein simples Pilgerleben spüren lässt, fragt mich die Kellnerin, ob ich in Eile sei und den bestellten «Gemischten Teller» nicht möchte. Beschämt flüchte ich mich in die Ausrede, dass das «Amuse Bouche» sehr reichhaltig gewesen sei und mich glauben liess, es sei mein «Gemischter Teller». Offenbar hat sie bei der Bestellungsaufgabe dem Küchenchef gesagt, dass da draussen ein verhungerter Pilger sitze, denn was sie nun auftischt, übertrifft alle meine kulinarischen Erwartungen um Welten. Noch nie habe ich so lekkeren getrockneten Schinken der verschiedensten Sorten gegessen. Nicht umsonst sind die spanischen Schinken so berühmt. Das alles erscheint mir wie ein Spuk, und ich muss innerlich selbst über meine Naivität lachen. Eine gute halbe Stunde später stehe ich gesättigt nach dem Abstecher in den Luxus und um eine Erfahrung reicher wieder draussen im Regen und setze meinen Weg als einfacher Pilger fort.

Knapp zwei Stunden später finde ich in einer originellen Herberge in der Kirche von Grañón eine Übernachtungsmöglichkeit. Der Eingang ist am Fusse des Kirchturms, und der Schlafsaal samt Aufenthaltsraum ist in der Höhe, parallel zum Kirchengewölbe. Gummimatratzen ersetzen die Betten. Ich sichere mir drei Stück davon, um eine ruhige Nacht verbringen zu können, und komme mir dabei wie die Prinzessin auf der Erbse vor. Ungefähr 20 Pilger und Pilgerinnen finden sich zum gemeinsamen Abendessen im gemütlichen Aufenthaltsraum ein.

Die beiden freiwilligen Hospitaleros, ein Spanier und eine Französin aus Toulouse, gewohnt, jeden Tag mit einer neuen, bunt zusammengewürfelten Gruppe

Die schöne Kirche von Grañón

Die originelle und heimelige Pilgerherberge in der Kirche

umzugehen, organisieren unaufdringlich die Mithilfe aller für das Servieren und Abwaschen. Eine ungeahnte Gruppendynamik entwickelt sich ganz spontan zu einem Zusammengehörigkeitsgefühl, als ob wir schon tage- oder wochenlang gemeinsam unterwegs wären. Die Begeisterungsfähigkeit der beiden ist so gross, dass alle auf freiwilliger Basis an der Pilgermesse, an der auch die Einwohner dabei sind, teilnehmen. Der rührige Priester spricht uns Pilgern zum Abschluss in vielen Sprachen für den weiteren Weg Ausdauer und Zuversicht zu, und dass Gottes Segen uns begleiten möge. Auch als Nichtkatholik bin ich von dieser Interpretation der Messe angetan. Anschliessend halten die beiden Hospitaleros unter freiwilliger Mitwirkung der Pilger auf der zur Herberge gehörenden Empore eine ökumenische Andacht ab. Jeder liest von einem vorbereiteten Zettel in seiner Sprache eine Textpassage aus einem besinnlichen Pilgerbericht. Zum Abschluss bilden alle einen Kreis, und jeder wird aufgefordert, dem Nachbarn in seiner Muttersprache einen Wunsch für seinen weiteren Lebensweg mitzugeben. Es ist schön, miterleben zu können, wie sich Menschen der verschiedensten Nationen und auch Glaubensrichtungen ungezwungen zusammenfinden und sich in der Gemeinschaft wohlfühlen. Frei nach Gottfried Keller schliesse ich diesen Eintrag: «Im Kleinen soll beginnen, was leuchten soll in der weiten Welt».

62. Tag, 2. Oktober 2007
Grañón - Villafranca Montes de Oca

*T*rotz meiner drei Matratzen habe ich schlecht geschlafen, auch die extra gekauften Ohrstöpsel nützten nichts gegen das Schnarchen eines spanischen Pilgers. Wie ich die anderen beneide, die auch bei heftigstem Schnarchen tief und fest schlafen können. Sie müssen vom Wandern so müde sein, dass sie in einen komaähnlichen Zustand fallen. Das würde ja anderseits heissen, dass ich zu wenig leiste, meine Tagesetappen zu klein sind und ich deshalb nicht richtig müde bin. Vielleicht ist es jedoch mein Körper, der bei der Regeneration und Reservebildung nach weiterer Nah-

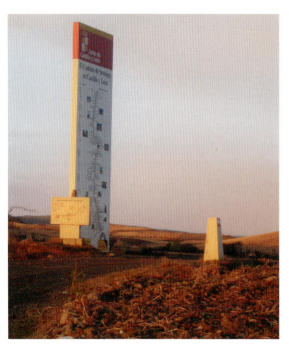

Wegbeschreibung wie auf einer Autobahn

rung verlangt. Dank einer Meditationstechnik gelingt es mir trotzdem abzuschalten und den Körper schlafen und ruhen zu lassen, während mein Geist wach ist, sodass ich am Morgen jeweils dennoch das Gefühl habe, ausgeruht und bei Kräften zu sein.

Der Schnarcher war ein ganz spezieller spanischer Pilger von etwa 45 Jahren. Er ist von robuster, kräftiger Statur, hat braungebrannte Haut und kräftige Händen, denen man die harte Arbeit ansieht. Er hat keinen Rucksack und nicht die kleinste Tasche bei sich, rein gar nichts. Logischerweise schläft er auch in seinen Kleidern. Er scheint es auch sehr eilig zu haben. Täglich marschiert er, wie er sagt, problemlos zwischen 50 und 60 Kilometer, oftmals auch mehr.

Bei meinem ersten Halt vor der Kirche in Castildelgado mache ich die Bekanntschaft von Peter und Rita aus Andermatt. In Belorado haben sie als Hospitaleros* während zwei Wochen eine Herberge geleitet, die ausschliesslich von Schweizern betreut wird. Nach ihrer Freiwilligenarbeit, die zugleich ihre Sommerferien sind, wandern sie nun auf dem Heimweg zurück nach Pamplona.

Heute schmerzt mich das Hühnerauge zwischen den Zehen wieder ganz höllisch. Ich weiss bald nicht mehr, was ich dagegen tun soll. Die abendliche und morgendliche intensive Fusspflege mit den verschiedensten Cremes scheint keine Besserung zu bewirken. Auch alle

Polsterungen nützen nichts. So nehme ich schmerz- und entzündungshemmende Tabletten, um trotzdem den Weg fortsetzen zu können. Die Schmerzen wirken auch als natürliche Bremse. Sobald ich zu schnell gehe, melden sie sich unweigerlich, damit ich mich in achtsamem Gehen übe.

Inzwischen ist meine Fitness so gut, dass ich Tagesleistungen von 35 km erbringe, ohne das Gefühl zu haben, wirklich müde zu sein. Mein Gang hat inzwischen den typischen, unverwechselbaren Rhythmus von Pilgern angenommen, die seit mehreren Wochen unterwegs sind. Diese Gangart hat etwas schwer zu Beschreibendes, Raumgreifendes und Unhektisches, jedoch Zielstrebiges an sich. Ich bin vom Wanderer zum Pilger geworden. Dies ist jenem Zustand nicht unähnlich, den Longjogger oder Marathonläufer kennen, und der unter dem Begriff Runners-High bekannt ist. Durch die Ausschüttung von Endorphinen fällt man

Aufmunternde Wegmarkierung

in einen tranceähnlichen, abgehobenen Zustand, bei dem das Körpergefühl in den Hintergrund tritt.

Die Distanzen und das Gewicht des Rucksacks spielen kaum mehr eine Rolle. Zu Hause habe ich von anderen Pilgern gehört, wie sie mit der Zeit das Gefühl bekamen, als ob Santiago de Compostela eine Sogwirkung auf sie ausgeübt hätte und sie immer schneller gingen. Vielleicht ist dieser Zustand der Anfang jener Fähigkeit des Schnellgehens, die im Tibetischen Totenbuch beschrieben ist und mit welcher enorme Distanzen in kürzester Zeit problemlos zurückgelegt werden konnten. So ist es gleichgültig, ob die Distanzangaben auf Wegweisern bis nach Santiago nun 500 km und kurz darauf 560 km anzeigen, während der Führer knapp 600 km angibt. Ich gehe den Weg nicht der Distanzen wegen, sondern

Hospitaleros sind Freiwillige, die unentgeltlich während zwei, drei Wochen eine Herberge leiten. In der Regel sind es erfahrene Pilger, die aus Dankbarkeit für ihre erfolgreiche Pilgerreise diese Aufgabe übernehmen und ihre Erfahrungen weitergeben. Übernachtung und Essen sind in dieser, wie in vielen anderen kirchlich betreuten Pilgerherbergen gratis. Eine Spende, entsprechend den Möglichkeiten jedes Einzelnen, wird gerne angenommen.

Kein Problem, alles klar!

Gewissheit, dass jeder Schritt mich einen Schritt näher zum Ziel bringt. Selbst dann, wenn es ein vermeintlicher Umweg ist. Vergleichbar mit dem unvorhersehbaren Verlauf des Lebensweges, bei dem wir auch nicht wissen, was der nächste Tag bringt.

Mit einem jungen spanischen Ehepaar, welches ich vor einigen Tagen kennen lernte, mache ich das Igel-Hase-Spiel. Sie marschieren bedeutend schneller als ich und überholen mich des Öfteren. Ihr zunehmend grösseres Erstaunen ist offensichtlich, wenn ich bei ihrem Eintreffen jeweils schon in der Herberge oder sonst bei einer Sehenswürdigkeit bin. Vermutlich legen sie längere und mehr Pausen ein, während ich kaum mehr eine Rast benötige. Von einem anderen Pilger höre ich, dass Christian, jener Pilger mit den 2,5 kg Steinen, etwa zwei Tagesetap-

um das Ziel zu erreichen. Das Schlagwort «Der Weg ist das Ziel» hat für mich nicht die Bedeutung, die ihm oft beigemessen wird. Für mein persönliches Empfinden trifft die Beschreibung «Ohne Ziel macht jeder Weg keinen Sinn» eher das Wesen des Pilgerns aus, sonst könnte man ebenso gut während Wochen im Kreis herum gehen. Der Weg ist nur Mittel zum Zweck, hin zu einem existierenden, jedoch unbekannten fernen Ziel. So wie der Camino nach einer Wegbiegung eine neue, unerwartete und daher überraschende Richtung nimmt, jedoch in der

Nur der Esel wundert sich

In den Höhlen dieses Felsens sollen während einigen Epochen Menschen gelebt haben

pen hinter uns ist. Ich glaubte, er müsste aufgrund seines Marschtempos schon bald in Santiago sein.

In einer Fernfahrer-Beiz frage ich nach einem ruhigen Zimmer. Und was bekomme ich - in der Dépendance eine bessere Besenkammer mit indirektem Licht, natürlich im dritten Stock unter dem Dach. Ich will mich nicht beklagen, das Zimmer ist ruhig und von den Fernfahrern höre ich nichts. Im Gegenteil, von der Tageshitze aufgewärmt bleibt das Zimmer auch in der Nacht angenehm warm, während es im Freien sehr frisch ist, bei 1'000 m ü.M. nicht weiter verwunderlich.

Die Bezeichung Oca als Namensbestandeil einer Ortschaft kommt häufig vor und wurde von den Kelten überlie-fert. Ocas sind Gänse, und diese waren bei den Kelten heilig, ebenso der Abdruck von stilisierten Gänsefüssen. Entlang des Caminos bin ich nun schon oft an Ortschaften mit diesem Namensbestandteil vorbeigekommen; ein weiterer Beweis, dass die Kelten diesen Weg gegangen sind.

Inwischen habe ich in meinem feinkarierten Tagebuch über 80 Seiten vollgeschrieben und bin noch weit vom Ziel entfernt. Um kein neues zu kaufen, beginne ich sehr klein auf jede Zeile zu schreiben. Hoffentlich kann ich dies dann später wieder entziffern. Hätte nie gedacht, dass es so viel zu schreiben gibt.

63. Tag, 3. Oktober 2007
Villafranca Montes de Oca - Castañares

Noch vor Tagesanbruch gehe ich ins Restaurant hinüber und bekomme ein gutes Frühstück. Die Fernfahrer sind schon weg, nur einige wenige Pilger sind noch da.

Diese Autobahn ist nur noch für Pilger begehbar

Es ist neblig und kalt. Der Weg führt stark bergauf zur Passhöhe Puerto de la Pedraja auf 1'150 m ü.M. Ich muss sehr aufpassen, um keine Markierung zu verfehlen. Wie immer in den letzten Tagen überholen mich zwei Deutsche gegen 9 Uhr. Ob es wohl Vater und Sohn sind? Wir schwatzen kurze Zeit miteinander, bevor sie in grossem Tempo weiterziehen. Ihr heutiges Ziel ist Burgos, nahezu 50 Kilometer von unserem gegenwärtigen Standort entfernt. Für mich muss das

nicht sein. Bisher bin ich schon einem Vater mit seiner Tochter und einer Mutter mit ihrer Tochter begegnet. Es muss für sie eine schöne Erfahrung sein, den Camino als Pilger gemeinsam zu bewältigen.

Im Wald wird der Nebel dichter, undurchsichtiger und der Weg immer morastiger, Markierungen sehe ich keine mehr. Ich orientiere mich an einer frischen Velospur und den Schuhspuren der beiden Deutschen, welche ich erstmals in Nájera beim Abendessen in der Pension gesehen habe. Der Pilgerweg mündet in eine grosse, in den Wald gehauene Schneise. Vermutlich soll hier dereinst eine Autobahn durchführen. Das Vorwärtskommen ist mühsam, Stollen aus Morast bilden sich und bleiben an den Schuhen hängen, was mich an nassen Neuschnee denken lässt. Später komme ich mitten im Wald an einem Denkmal vorbei, das an die Widerstandkämpfer gegen die Franco-Diktatur erinnert.

Unvermittelt nach dem Waldausgang taucht San Juan de Ortega, ein ehemaliges Pilgerhospiz, auf. Einst muss das Pilgern mit unvorstellbarer Mühsal verbunden gewesen sein. Anders ist es nicht zu erklären, dass in dieser verlassenen Gegend, nach nur 12 km Weg seit Villafranca Montes de Oca, ein noch heute vollständig erhaltenes Hospiz errichtet wurde.

Von hier aus gibt es mehrere Varianten, um nach Burgos zu gelangen. Ich entscheide mich für den weiteren Weg, nicht, weil er auf der Asphaltstrasse verläuft, sondern weil die Wahrscheinlichkeit, mich im dichten Nebel zu verirren, geringer ist.

Weit gefehlt, ich merke bald einmal, dass ich die Markierung für die Abzweigung nicht gesehen habe. Von der im Führer beschriebenen wunderschönen Hochebene bekomme ich nicht viel mit. Ich bin schon zufrieden, ohne Zwischenfälle im kleinen Atapuerca anzukommen.

Heftige Windböen kündigen einen Platzregen an. In diesem Augenblick komme ich an einem kleinen Gebäude vorbei. In den Fenstern sind alte Werkzeuge ausgestellt, die meine Aufmerksamkeit erregen. Um dem Regen auszuweichen und aus Verlegenheit, keinen anderen Unterstand zu finden, besuche ich das kleine archäologische Museum. In der Nähe wurden die ältesten menschlichen Knochen Europas ausgegraben, deren Alter auf über 800'000 Jahre geschätzt wird. Im Museum wird anhand von Replikas und einzelner, Original Fundstücke die menschliche Entwicklung aufgezeigt. Angefangen bei Lucy in Afrika über jene in Atapuerca, die als Vorfahren der Neandertaler angesehen werden, bis hin zum modernen Menschen. Atapuerca gehört seiner Funde wegen zum Weltkulturerbe der Unesco und ist ein Zentrum für Anthropologen. Für mich ist dieses kleine Museum ein Juwel auf dem Pilgerweg, auch wenn es mit dem Jakobsweg nicht in direkten Zusammenhang gebracht werden

kann. Eigentlich muss ich dankbar sein, die Markierung für den weiteren Weg verpasst zu haben!

Nach dem Museumsbesuch regnet es nicht mehr, und ich kann in trockenen Kleidern weitergehen. Doppeltes Glück gehabt! In einem Aufstieg durch Wald und über alpenähliche Wiesen wird der Nebel wieder dichter und und nahezu undurchdringlich. Der Pfad gleicht eher einem Wildwechsel, im besten Falle einem Rinder- oder Ziegentrampelweg. Dem Gespür und der Intuition folgend, steige ich weiter bergwärts, dankbar, manchmal einen etwas breiteren Trampelpfad von wenigen Metern vorzufinden. Dann weiss ich, dass ich in der richtigen Richtung unterwegs bin. Vor mir sehe ich ein Holzkreuz aus dem Nebel auftauchen, was mich ungemein erleichtert; ich habe die Höhe auf über 1'000 m erreicht. Daneben ist ein Kraftort mit zen-

Magische Steinkreise im dichten Nebel

trisch niedergelegten Steinen gekennzeichnet. Im Nebel macht dies alles einen ungeheuer gespenstischen, unwirklichen Eindruck. Nun gilt es nur noch, den Wald heil zu durchqueren und dann, so hoffe ich, sollte es besser werden. Die Piste auf der anderen Seite des Waldes ist eine morastige Angelegenheit. Erst eine halbe Stunde später gelange ich auf ein asphaltiertes, bergabwärts führendes Strässchen, und je weiter ich ins Tal hinunterkomme, umso besser wird die Sicht. Weit und breit ist kein Pilger zu sehen, und in dieser verlassenen Gegend findet man natürlich auch keine Markierungen.

Im ersten Dorf, in Cardeñuela de Ríopico, esse ich in einer kleinen Bar eine heisse Brotsuppe. Wie gut das tut! Ein völlig durchnässtes, verliebtes Pilgerpärchen, sie aus Belgien und er aus Finnland, wechseln ihre durchnässten Kleider und wärmen sich auf. Die beiden sind sich im Aufstieg begegnet, und offenbar haben die Situation und die widrigen Umstände die beiden einander sofort näher gebracht. Unter jungen Pilgern ist es ein heisser Tip, dass es auf dem Camino einfach ist, einen gleich gesinnten Partner zu finden. Wer will ihnen das verargen!

Gestärkt nehme ich den letzten Abschnitt bis Burgos in Angriff. Der Rückwind gibt zusätzlich mächtigen Schub, er bläst mich richtiggehend vorwärts. Ich muss aufpassen, nicht ins Rennen zu verfallen. Der Himmel verdunkelt sich immer mehr, und ein Gewitter kündigt sich

an. Ich hoffe, in trockenen Kleidern bis zur erstbesten Unterkunft zu gelangen. Bis es so weit ist, ist der Weg noch lang, eintönig, flach und durchquert nicht endenwollendes Industriegebiet. Eine Werbetafel zeigt endlich an, dass es in 500 m Entfernung ein Hotel gibt. Diese Strecke entlang einer stark befahrenen Landstrasse renne ich, um nicht geduscht ins Hotel zu kommen. Hat alles wunderbar geklappt. Nach einem solchen Tag schätze ich die Annehmlichkeiten und den Komfort einer guten Unterkunft ganz speziell.

Bei meinem abendlichen Telefon mit Anita erzähle ich so nebenbei, dass es bis Santiago de Compostela nur noch etwas mehr als 500 km seien. Für mich erscheint dies aufgrund meiner bisherigen Wanderschaft auf den ersten Blick eine überschaubare, relativ kurze Distanz - ein Klacks gar. Und Anita meinte denn auch, dass ich in diesem Falle ja bald am Ziel sein werde. Auch ich habe innerlich dieses Gefühl. Diese Strecke ist mit jener bis nach Montecatini, unserem Ferienort in der Nähe von Florenz, in etwa identisch. So werde ich mir aber bewusst, dass diese Strecke noch sehr, sehr weit ist. Vor meiner Pilgerreise wäre dies ein unvorstellbar weiter Weg gewesen, um ihn zu Fuss gehen zu können. Jetzt stellt er nur noch das Finale dar, das überschaubare und machbare Ende einer langen Wanderschaft. So ändern sich die Relationen.

64. Tag, 4. Oktober 2007
Castañares - Burgos - Tardajos

*A*ls der Wecker läutet, möchte ich liebend gern noch einige Zeit im Bett bleiben. Ich hatte eine unruhige Nacht, vermutlich, weil ich gestern Abend zu spät und viel zu viel gegessen habe. Ich will heute jedoch genügend Zeit haben, um Burgos zu besichtigen, und so bin ich dann trotzdem zeitig beim Frühstück.

Die neun km hinein in die Stadt führen entlang dem Río Arianzón. Es ist wunderbar, den erwachenden Tag bei klarem Himmel und durch diese parkähnliche Anlage mit den vielen Vögeln und Enten zu wandern. Zu meinem grossen Erstaunen kommen mir an einem ganz normalen Wochentag sehr viele Einheimische entgegen, die hier ihren morgendlichen Spaziergang oder ihr Fitnessprogramm absolvieren. Habe ich den Spaniern nicht zugetraut; ist jedoch bei einem solch schönen Park nicht weiter verwunderlich.

Ein morgendlicher Spaziergang

Der Wechsel vom idyllischen Flussufer zur pulsierenden Stadtmitte ist abrupt und überwältigt mich. Was müssen erst recht die Pilger früherer Zeiten, nach hunderten von Kilometern ohne grössere Städte, im Angesicht dieser imposanten Kathedrale empfunden und wie müssen sie gestaunt haben. Der Wechsel und der Unterschied vom einfachen Leben und den einsamen Landstrichen zu diesem Kunstwerk der Architektur könnten nicht grösser sein.

Burgos verdankte bislang, und heute erst recht, seine Bedeutung der Pilgerbewegung. Es ist schon eigenartig, wie sich ausgerechnet hier, ohne besondere Voraussetzungen, eine solche Stadt derart entwickeln und zum europäischen Zentrum der damaligen Baumeister und Bildhauer werden konnte. Sicher haben diese Künstler und Handwerker, wie der auch bei uns bekannte «El Cid», der in der Nähe von Burgos geboren und hier begraben wurde, dazu beigetragen, dass diese Stadt Sitz der Könige von Kastilien und damit zum Zentrum der gleichnamigen Provinz wurde.

Auch heute noch lebt Burgos von der Pilgerbewegung und dem damit verbunden Tourismus. Was mich stört, sind die überall zu bezahlenden horrenden Ein-

Der berühmteste Bürger von Burgos: «El Cid»
Kathedrale und sehenswerte Steinhauerarbeiten

trittspreise, selbst für die Kathedrale und die übrigen Kirchen. Beim Eintritt in die Kathedrale muss ich zuerst meinen Pilgerpass zeigen, und mein Rucksack wird durchleuchtet, bevor ich ihn zusammen mit meinen Stöcken in einem Schliessfach deponieren muss, selbstverständlich gegen Gebühr! Die Angst vor terroristischen Anschlägen der ETA hat bestimmt zu dieser Vorsichtsmassnahme geführt. Diese starke Verkommerzialisierung eines im Grunde genommen mehrheitlich religiösen Bedürfnisses empfinde ich, milde ausgedrückt, als unangebracht, oder deutlicher gesagt, als Abzockerei. Natür-

lich verstehe ich, dass der Unterhalt dieser Sehenswürdigkeiten Unmengen von Geld verschlingt, die Einnahmen vom Tourismus sollten jedoch gross genug sein, um diese Kosten decken zu können.

Auf dem Platz vor der Kathedrale esse ich einige Tapas. Die Ausstrahlung dieses grandiosen Kunstwerkes wirkt nachhaltig auf mich ein. Auch als Nichtkatholik spüre ich die Ausstrahlung von diesem prachtvollen Bauwerk, das aus Überzeugung und im Glauben geschaffen wurde, dem einfachen Volk die unendliche Herrlichkeit und Kraft des Glaubens zu vermitteln und zu demonstrieren.

Restaurationsarbeiten in der Kathedrale *Pranger vor Tardajos*

Kreuzgang im Kloster Las Hueglas aus dem12. Jh.

Gegen Abend verlasse ich tief beeindruckt und bereichert Burgos, um bis nach Tardajos zu wandern. Dabei mache ich noch einen kleineren, jedoch lohnenswerten Abstecher zum Zisterzienserkloster von Las Huelgas, welches nicht frei zu besichtigen ist. Eine Teilnahme an einer teuren Führung ist obligatorisch, auch das Fotografieren ist verboten, weil angeblich das Gebäude darunter leiden soll. Der wahre Grund wird eher sein, vermehrt Souvenirartikel verkaufen zu können.

Wie erwartet finde ich spät abends problemlos in einer kleinen Pension eine Unterkunft. Die meisten Pilger bleiben für die Nacht in Burgos, und für diese ist dann eine Strecke von 10 km zu kurz. Diese atypische Einteilung der Ta-

gespensen wirkt sich erfahrungsgemäss noch während einiger Tage positiv aus, so können Schwierigkeiten bei der Suche nach einer Schlafstätte vermieden werden. Das preiswerte und gute Nachtessen nehme ich zusammen mit ein paar Pilgern ein, die Burgos nicht besichtigt haben - auch das gibt's. Dabei ist auch eine Österreicherin, die bereits seit einigen Tagen hier herumhängt, um ihre Tendinitis zu kurieren. Da habe ich mit meiner inzwischen nahezu vollständig abgeklungenen Tendinitis Glück gehabt, nicht irgendwo blockiert gewesen zu sein.

65. Tag, 5. Oktober 2007
Tardajos - Castrojeriz

Der Weg zieht sich in ständigem leichten Auf und Ab durch eine menschenleere und baumlose Gegend. Es beginnt die bei Pilgern gefürchtete, 260 km lange Meseta, welche erst zwei bis drei Tagesetappen nach León endet. Die abgeernteten, braunen Felder verstärken die Unendlichkeit dieses einsamen Gebietes. Im Zusammenspiel mit dem unfreundlichen Wetter vermittelt die Meseta bereits am Anfang ein trostloses Gefühl der Einsamkeit. Dies wirkt umso stärker auf mich ein, als ich alleine unterwegs bin, die anderen Pilger scheinen wie vom Erdboden verschwunden zu sein.

Nach zwei Stunden erreiche ich Hornillos del Camino. Eingangs Dorf überholen mich zwei Taxis, denen drei deutsche Ehepaare entsteigen. Und ausgangs Dorf befinde ich mich unvermittelt in einer von einem Bus herangekarrten Horde von ungefähr 40 kanadischen Pilgern. Die schöne Pilgerherrlichkeit ist im Handumdrehen vorbei. Ärger steigt in mir hoch, und ich hatte geglaubt, über solchen Dingen zu stehen. Es braucht eine geraume Zeit, bis ich mich innerlich beruhigt und wieder im Griff habe. Ich mache diese Wanderschaft ja für mich selbst und nicht für andere. Dabei will ich die für uns Menschen unfassbare Weite einer an die Unendlichkeit grenzenden Erde erleben und einen Teil davon erwandern. Ich bin der Überzeugung, nur ein Mensch, der hunderte von Kilometern

am Stück gewandert ist, weiss, wie unendlich gross unser Planet ist. Ein Flug von drei bis vier Stunden über Tausende von Kilometern kann dieses Gefühl niemals vermitteln, so wenig wie eine Bahn- oder Autofahrt während der gleichen Zeitspanne.

In Gedanken verloren realisiere ich erst gar nicht, wie eine dieser kanadischen Pilgerinnen neben mir her geht. Sie fragt mich, ob sie mich für die nächste Zeit begleiten dürfe, denn sie habe das ewig gleiche Geplapper über Familiengeschichten der anderen satt, und vom Pilgergeist habe sie noch nichts mitbekommen. Viel lieber möchte sie einmal mit einem echten Pilger reden. Sie erzählt mir von ihrem gebuchten Pilger-Programm. In sieben Tagen bewältigt die Gruppe den ganzen Camino von 850 km Länge. Gestern waren sie in Burgos, heute noch fahren sie weiter nach Léon, um in drei Tagen in Santiago de Compostela einzutreffen. Alles schön geplant, währenddem ich noch immer nur hoffen kann, meine Wanderschaft bis ins Ziel überhaupt zu Ende führen zu können. Ich bin mir jetzt zwar sicher, dass das Vorha-

Michèle aus Kanada

Darüber mache ich mir jetzt noch keine Gedanken.

Grau in grau beherrscht die Meseta

ben mit grösster Wahrscheinlichkeit gelingen wird, und aufgrund der Abschätzung meiner Leistungsfähigkeit werde ich gegen Ende Oktober in Santiago sein - ja, sofern wie bisher alles rund läuft. Diese Ungewissheit ist der Unterschied zwischen einer organisierten Pilgerreise und einem Einzelpilger. Was schöner ist, bleibt Sache der persönlichen Einstellung. Kein Zweifel, was mir besser zusagt.

Für die Gruppe sind täglich ein bis zwei Stunden «Pilgern» angesagt. Wahrlich ein Mammutprogramm, bei dem einige Rosinen des Weges herausgepflückt werden. Um den Geist des Caminos zu erleben, ist dies bestimmt zu wenig. Als Michèle mein Alter erfährt und hört, seit wann ich unterwegs bin und wie viele Kilometer ich bis jetzt zurückgelegt habe, ist dies für sie unfassbar, ein Ding der Unmöglichkeit. Sie schaut mich an, als ob ich von einem anderen Stern sei. Michèle ist 40-jährig, von Beruf Juristin, arbeitet jedoch im Moment nicht mehr, da sie mit einem intellektuellen Freund zusammen-

lebt. Vermutlich hat sie Vertrauen zu mir gefasst. Sie fragt mich nach meiner Meinung zu verschiedenen persönlichen Problemen. Die Pilgerreise hat sie aus religiösen Gründen gebucht, und weil sie sich in einer Sinnkrise befindet. Ich rate ihr jedoch, aufgrund der Kürze ihrer Reise nichts zu erwarten. Aufgrund der Erfahrungen der ersten Hälfte ihrer Pilgerreise glaubt sie selbst nicht mehr daran, eine Antwort zu finden. Unser kurzweiliges, jedoch interessantes Gespräch findet leider nach etwa einer Stunde gemeinsamen Weges an der nächsten Kreuzung mit einer Landstrasse ein Ende. Der Bus sammelt die Gruppe ein, um nach Léon zu fahren. Michèle fragt mich, ob sie von mir ein Foto machen und mir zum Abschied ein Küsschen geben dürfe, dem ich natürlich bereitwillig zustimme. In ihren Augen muss ich wohl ein weiser alter Pilger sein, und ich bemerke noch, wie sie nach unserem herzlichen Abschied von den anderen wartenden Pilgern sofort in Beschlag genommen wird. Ich werde wohl noch Thema von

Anekdoten sein! Offenbar ist dies wiederum eine jener Begegnungen, die für eine andere Person von grosser Bedeutung und Wichtigkeit ist, für einen selbst jedoch einen anderen Stellenwert hat, an die ich mich jedoch gerne zurückerinnern mag.

Auf dem weiteren Weg nach Castrojeriz treffe ich Jean-Paul und Anne, die vor einigen Tagen auch in der Kirche von Granón übernachteten. Zusammen mit ihnen lege ich den restlichen Teil der Etappe zurück. Wir kommen beim Kloster San Antón aus dem 12. Jh. vorbei. Es wurde gebaut, um die leprakranken Pilger zu betreuen. Noch heute sind die beiden Ausgabestellen für die Nahrungsmittel gut zu erkennen. Eine Schande für mein Empfinden, dass die Landstrasse nun mitten durch das Kloster führt. Als ob es keine anderen Lösungen gegeben hätte! So ist es eben, wenn man reich an Kulturgütern ist, dann zählt ein einzelnes Kloster nicht mehr viel.

In der Herberge gibt es die Möglichkeit, die Kleider zu waschen. Seit Wochen habe ich diese nur von Hand auswaschen können, und so stecke ich alle meine Kleider in die Maschine. Weil ich sonst nur noch eine Unterhose habe, le-ge ich mich für die Zeit bis zum Ablauf des Wasch- und Tumblervorgangs ins Bett, auch um eine verspätete Siesta zu halten. Doch weit gefehlt, ein Spanier schnarcht bei helllichtem Tag, was mich zur sofortigen Suche eines anderen Bettes aufscheucht. Leider gibt es nur noch ein Etagenbett in einem anderen Zimmer. Im oberen Bett hat sich eine Argentinierin eingerichtet, die mir glaubwürdig versichert, nicht zu schnarchen.

Beim Besichtigen des Dorfes begegne ich den beiden Deutschen, dem vermeintlichen Vater mit seinem Sohn. Sie laden mich ein, das Nachtessen gemeinsam in ihrem Hotel einzunehmen. Wie es sich dabei herausstellt, ist der Jüngere der zukünftige Schwiegersohn. Ich finde ein solch offenes Verhältnis nachahmenswert. Harald ist Verwalter einer grossen Stiftung. Er hat sich diese Pilgerreise als Geburtstagsgeschenk zu seinem 60. gewünscht, und weil Andreas eine berufliche Veränderung vor sich hat, sind sie nun gemeinsam auf dem Pilgerweg. Es wurde ein kurzweiliger Abend. Ich muss mich dann plötzlich verabschieden, um noch rechtzeitig vor Türschluss in die Herberge zu kommen.

Herberge in Castrojeriz

66. Tag, 6. Oktober 2007
Castrojeriz - Villalcázar de Sirga

Wiederum bei Dunkelheit breche ich als einer der ersten auf, um bei den von mir bevorzugten kühlen Temperaturen möglichst weit zu kommen. Ein langer steiler Aufstieg gleich zu Beginn bringt mich ins Schwitzen. Jean-Paul meint, ich habe stark Gas gegeben, wie er mich zusammen mit Anne auf der Hocheben einholt. Mit Jean-Paul wandere ich plaudernd während einiger Zeit. Derweil trippelt Anne im typischen Schnellgang einer eifrigen Serviertochter in kleinen Schritten vor uns her. Es ist ein schneller Schritt zwischen Gehen und Rennen, bei dem der Eindruck des Rennens auf keinen Fall entstehen darf. Jean-Paul war einst bei Olympic-Marseille Profi-Fussballer. Selbstverständlich kannte er aus unserer goldenen Fussballepoche einige unserer berühmtesten Spieler, die als schweizerische Pioniere als Profi-Fussballer in Frankreich viel Geld verdienten. Er erzählt mir, dass seine Mutter aus Zürich stammte und Bertschi hiess. Der Name Bertschi stamme vom Namen seiner italienischen Ur-Urgrosseltern ab, die Bertucci hiessen. Ein weiteres Beispiel der gelebten europäischen Völkerdurchmischung. Nach etwa drei Stunden mache ich eine Rast. Die beiden wollen bis ins nächste Dorf weitergehen und noch vor Ladenschluss frischen Proviant einkaufen.

Die kahlen Getreidefelder, die nach der Ernte zum Teil abgebrannt wurden, verstärken mit ihren dunklen und schwarzen Farben den düsteren, verlassenen und einsamen, ja traurigen Eindruck, an den zu gewöhnen ich in den letzten Tage Mühe hatte. Kaum ein Haus ist zu sehen, geschweige denn ein Mensch. Wie wohltuend muss die Meseta hier im Frühling in frischem Grün aussehen, und wie unbarmherzig wird die Sonne im Sommer herunterbrennen und das Wandern zu einer Schinderei werden lassen. Das neblige Wetter verstärkt die «Weltuntergangs-Stimmung» noch zusätzlich; andererseits sind zu dieser Jahreszeit die Wanderbedingungen in dieser Einöde als sehr erträglich einzustufen.

Viele Häuser in Boadilla del Camino sind lediglich aus luftgetrockneten Tonziegeln gebaut, so wie man dies aus Afrika oder Asien kennt. Wenn sie nicht ständig repariert und ausgebessert werden, verfallen diese bei Regen sehr schnell, was den armseligen Eindruck der Gegend noch erhöht. Zwischen den Dörfern liegt meistens eine Distanz von etwa 10 km. Natürlich ohne Brunnen, um die Wasserreserven aufzufüllen, was in der Sommerhitze den Pilgern schwer zu schaffen macht.

Schöne Grenzsteine zieren immer wieder den Weg

Das Gehen in dieser eintönigen Landschaft ist für mich nicht im Geringsten langweilig. Im Gegensatz zum Beginn meiner Wanderschaft höre ich seit einigen Wochen unterwegs keine Musik mehr. Das Bedürfnis danach ist einfach weg, es mangelt mir an nichts, ich bin zufrieden. Ich weiss, ohne auf die Uhr zu schauen, wie lange ich schon unterwegs bin, und dass irgendwann mit der grössten Selbstverständlichkeit das nächste Dorf vor mir auftauchen wird. In Frankreich konnte ich auf der Wanderkarte verfolgen, was links und rechts des Wanderweges liegt. In Spanien dagegen fehlen diese nützlichen Helfer. Ich bin den Markierungen des Pilgerweges vollständig ausgeliefert, oder anders gesagt: In Spanien kann und muss ich mich auf diese verlassen, und dabei komme ich mir, für mich selbst überraschend, nicht verloren vor. Im Gegenteil, ich fühle mich sicher und aufgehoben. Für mich bedeutete dies erst eine grosse mentale Umstellung, an die ich mich mühsam gewöhnen musste. Hier gibt es nur den Camino, und der führt seit Jahrhunderten alle Pilger ans Ziel nach Santiago de Compostela. Noch früher waren die Römer und vor diesen die Kelten auf diesem Weg unterwegs nach Finisterra, ans Ende der Welt. Was soll ich mich sorgen, was will ich, was verlangt ein Pilger mehr?

Um 14 Uhr bin ich in Frómista. Ich bin gut vorangekommen. Die Besichtigung der Kirche San Martín aus der Mitte des 11. Jh. ist ein Muss für jeden Pilger. Es ist eine der ersten romanischen Kirchen in Spanien und zeichnet sich durch ihre reichen Bildhauerarbeiten aus. Während meines Besuchs fand eine Trauung statt, und draussen wurde mit viel Feuerwerk und Böllerschüssen die Hochzeit gefeiert.

Spanien, die Heimat unserer Störche

Aus Lehmziegeln gebaute Rundhäuser von Boadilla.

199

Grosse Kanalsysteme bringen das Wasser in die Meseta

km anzuhängen. So wird es wieder eine Etappe um die 40 km werden. Ich hätte nie geglaubt, an mehreren Tagen hintereinander und ohne Ruhetag eine solche Leistung ohne Nachwirkungen vollbringen zu können. Wozu der Mensch fähig ist!

Die Landschaft wird abwechslungsreicher. Ein weitverzweigtes Bewässerungssystem führt aus den Pyrenäen das Wasser heran. Die Kanäle sind von Bäumen gesäumt und erinnern mich an jene in Südfrankreich. Der grösste von ihnen wurde im 18. Jh. als Transportweg konzipiert; wird jedoch heute seiner ursprünglichen Bestimmung nicht mehr gerecht.

Weil ich mich gut fühle und mich praktisch keine Schmerzen plagen, entschliesse ich mich, noch bis zur nächsten Unterkunftsmöglichkeit ein Stück von 14

Blick in die weite und eintönige Tierra de Campos

Die einzige Herberge in Villalcázar de Sigra ist ausgebucht. Unmittelbar gegenüber der Kirche gibt es in einem kleinen Hotel nur Doppelzimmer. Die Besitzerin will mir dieses nicht vermieten, weil bestimmt noch mehr Pilger kommen würden. Erst als ich ihr offeriere, den Preis des Doppelzimmers zu bezahlen, lässt sie sich erweichen.

Bei einem Bummel durchs Städtchen sehe ich Schneeglöcken und Krokusse. Die Jahreszeiten spielen auch hier verrückt. Später treffe ich Anne, Jean-Paul und einen weiteren Franzosen, Gilbert Froidevaux. Zusammen mit ihnen gehe ich essen. In Bourg Argental, einige Tage nach der Rhôneüberquerung, führt der Pilgerweg am Hause von Gilbert vorbei. Seit jenen Tagen, es mögen etwa sechs Wochen her sein, habe ich derart viel erlebt, dass mir die Zeit unendlich lang vorkommt, seitdem ich dort vorbeikam. Gilberts Urgosseltern stammen aus dem Schweizer Jura. Sie sind in der grossen Hungersnot Mitte des vorletzten Jahrhunderts wie viele tausende andere Jurassier ins benachbarte Frankreich ausgewandert.

Bei meiner Rückkehr ins Hotel gibt mir die Wirtin den Aufpreis zurück, weil doch keine anderen Pilger mehr gekommen sind. Eine ehrliche Haut, oder vielleicht wurde die Frau vom schlechten Gewissen geplagt.

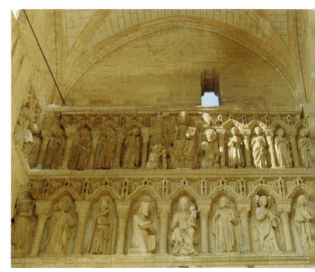

Reich verzierte Kirche des Templerordens aus dem 13. Jh. in Villalcázar de Sirga

Jeder Ort, der etwas auf sich hält, hat sein Pilgerdenkmal

Es regnet wieder einmal in Strömen. Es ist kühl, und Nebel hängt in den Strassen, die Sicht ist miserabel, einfach unerfreulich. Empfinde ich dies nur so, weil ich einmal mehr ohne zu essen losmarschieren muss? Nach etwas mehr als einer Stunde gibt es dann endlich einen heissen Tee und belegte Brötchen, und die Welt sieht sofort schöner aus.

Wieder mal Regen!

Die Landschaft ist topfeben. Nur sehr weit entfernt sind so etwas wie Bergzüge auszumachen. Der Camino führt wie mit einer Schnur gezogen zuerst auf einer Asphaltstrasse und anschliessend auf einem Schotterweg während 17 km parallel zur Autostrasse bis Calzadilla de la Cueza. Man stelle sich das bei uns vor, während 17 km kein Dorf und auch keine einzelnen Häuser! Was für Pilger viel schlimmer ist, sind die fehlenden Brunnen, um den Wasservorrat aufzufüllen. Ich kann mir nicht vorstellen, wie die Pilger in der Sommerhitze leiden müssen.

Die Schotterunterlage ist nicht unbedingt meine bevorzugte Wanderunterlage. Die Füsse schmerzen, einmal ist es das Hühnerauge, dann wieder die seit einigen Tagen gerötete rechte Fussballe. Die Steine sind durch die Sohlen hindurch spürbar. Ich wechsle regelmässig vom Pilgerpfad auf die harte Asphaltstrasse und nach einer Weile wieder zurück, hin und her. Ich übe mich im achtsamen, langsamen Gehen, um den grössten und spitzen Steinen auszuweichen.

Endlich habe ich es bis Calzadilla de la Cueza geschafft. Vor der Kirche machen Anne und Jean-Paul Rast, auch ihnen schmerzen die Füsse. In einem Restaurant stärke ich mich mit einer spanischen Brotsuppenspezialität mit Ei, Kümmel, Fenchel, Tomaten und Knoblauch und einer grossen Cola.

Heute ist mein «Ruhetag», und deswegen möchte ich eine etwas komfortablere Unterkunft beziehen und nicht in einem der grossen Schlafsäle nächtigen. Gemäss Führer soll dies im nächsten

Unwirkliche Stimmung in der Meseta

Dorf möglich sein, deswegen nehme ich auch noch die nächsten sieben km mit grossen Erwartungen auf mich.

Leider Fehlanzeige, es gibt nur eine Herberge mit 20 Liegen und Matratzen. Als ich den Schlafsaal schaue, wird mir beinahe übel. In einen Raum von maximal 20 m^2, mit nur einem sehr kleinen Fenster, werden 20 Männlein und Weiblein hineingezwängt. Ich bekomme auf einem Etagenbett die obere Liege. Kein Platz um den Rucksack abzustellen, geschweige denn auszupacken. Einzelne müssen über andere hinwegsteigen, um ihren Schlafplatz zu erreichen. In solchen Fällen würde bei uns mit Bestimmtheit die Gesundheitspolizei einschreiten. Nicht mal im Militärdienst habe ich solche Zustände erlebt. Offenbar kann man Pilgern alles zumuten, und einige finden dies ganz normal, weil so etwas einfach zum Pilgern gehöre. Darauf kann ich gerne verzichten und entscheide mich deshalb fürs Weitergehen, Ruhetag hin oder her.

Beim Verlassen der Herberge sieht mich die Herbergsmutter, sie erkundigt sich nach dem Grund. Ich erkläre ihr klipp und klar, so gut es meine Spanischkenntnisse ermöglichen, dass eine solche Unterkunft ein Skandal sei, damit möglichst viel Geld gescheffelt werden kann. Offenbar beschämt und verdutzt nimmt sie mich bei der Hand und bedeutet mir, mir ein besseres Bett zu geben. Sie führt mich unter das Dachgeschoss, wo in einem mindestens doppelt so grossen Raum wie das «Schlafgepferch» acht schöne Betten mit neuen Wolldecken stehen. Ich bin der einzige hier oben und erst noch mit einer eigenen Dusche und WC, während sich unten alle die gleiche

Dusche teilen müssen. Den Aufpreis von einem Euro bezahle ich noch so gerne. Damit ist der Tag für mich gerettet, und ich zeige mich versöhnlich.

Während andere das Nachtessen in der Küche selbst zubereiten, gönne ich mir im zur Herberge gehörenden Restaurant ein feines Nachtessen. Dabei mache ich die Bekanntschaft mit den ersten italienischen Pilgern, mit Carlo und Peppe, die aus der Nähe von Venedig stammen und in Toulouse gestartet sind. Peppe hat heute eine Tendinitis eingefangen, Kunststück bei dieser Wegbeschaffenheit. Er macht sich deswegen Gedanken, die Wanderung abbrechen zu müssen. Er ist für meine restlichen Tendinitis-Tabletten ebenso sehr dankbar, wie ich es vor Wochen war. Er ist nun guten Mutes, Santiago trotz der Schmerzen erreichen zu können.

Am heutigen Tag eine echte Augenweide

Tägliche Pilgerwäsche

68. Tag, 8. Oktober 2007
Ledigos - Bercianos del Real Camino

Gestern habe ich meine Füsse auf dem Schotterweg arg strapaziert. Es sind keine Blasen, aber schmerzende Druckstellen. Nach dem Eincremen schütze ich diese mit Druckstellenpflaster. Zwei Paar Socken sollen zusätzlichen Gehkomfort gewährleisten. Ausserdem lege ich unter die Schuheinlagen zwei Schichten des grünen Scotch Brite von 3M, welches normalerweise im Haushalt zum Reinigen von Pfannen gebraucht wird. In einem kleinen Laden bin ich gestern auf diese aufmerksam geworden, und dann hat es sofort «klick» gemacht. Ich stelle mir vor, dass ihre starken Kunststofffasern eine zusätzliche Polsterung und Federung bewirken. Wie soll ich sonst die restlichen 400 km einigermassen unbeschadet zurücklegen? Ich nehme mir vor, in León neue Schuhe zu kaufen, weil die alten nicht nur sehr mitgenommen aussehen, sondern es auch sind. Bis jetzt war dies nur eine gedankliche Option. Um Santiago erreichen zu können, ist sie nun zur absoluten Voraussetzung geworden.

In Terradillos de los Templarios* vervollständige ich alle meine Reserven an Pflastern und Medikamenten, Früchten, Brot, Butter, Konfitüre und Getränken. Einzelne, ganz clevere Händler verkaufen Butter- und Konfitüreportionen, wie sie in Restaurants zum Frühstück zur Verfügung stehen, und entprechen damit einem grossen Pilgerbedürfnis. Auf den nächsten 16 km bis Sahagún gibt es keine Brunnen, keine Einkaufsmöglichkeiten, kein Restaurant, rein gar nichts.

Der originale Pilgerweg ist in dieser Hochebene der Meseta die direkte und

Die kleinste Erhebung macht Freude

In Holz eingelegte Steine zum Kämmen der W

schnurgerade Verbindung zwischen den Ortschaften. Darum ist wohl auch die Autostrasse parallel zum Camino angelegt worden. Zum Glück ist die Strasse nur wenig befahren. Um zukünftigen Pilgergenerationen den Weg zu erleichtern, sind junge Platanen gepflanzt worden. Es wird wohl noch eine Weile dauern, bis sie ihre Schatten spendende Funktion wahrnehmen können. Um während eines solchen, mehrere Stunden dauernden Abschnitts nicht in ein Stimmungstief zu fallen, achte ich bewusst auf Kleinigkeiten am Strassenrand. Damit kann ich die grossen Distanzangaben bis zum Zwischenziel, die Eintönigkeit und die Einsamkeit in der topfebenen Landschaft mental gut ausblenden.

In Sahagún passiere ich den Bahnhof, als ein Schnellzug nach León einfährt. Für die Dauer eines Augenblicks kommt der Gedanke auf, in den Zug zu steigen, um die weiten, eintönigen Ebenen zu überwinden. Der Gedanke war kaum fertig gedacht, als der Zug schon wieder weiter fährt, und damit war das Versuchungs-Moment auch schon wieder vorbei.

Gegenüber dem Bahnhof treffe ich Carlo und Peppe, die beiden Italiener. Es geht ihnen gar nicht gut. Beide haben ihre Beine und Knie stark einbandagiert. Sie beabsichtigen, einen Tag hier zu bleiben, um abzuwarten, ob eine Besserung eintritt. Andernfalls wollen sie in den nächsten Tagen die Pilgerreise abrechen und nach Hause fahren.

Auch mir schmerzen die Füsse. Nur bei langsamem, achtsamem Aufsetzen der Füsse ist das Gehen einigermassen beschwerdefrei möglich. Wie sich auf Grund der Kilometersteine herausstellt, lege ich in dieser «langsamen» Gangart gegen sechs km in der Stunde zurück. In dieser monotonen Ebene, ohne begrenzenden Horizont, verliere ich mangels Anhaltspunkten das Gefühl für die Geschwindigkeit. In der Folge gehe ich instinktiv oder unbewusst immer schneller, um subjektiv den Eindruck zu haben,

Anne und Jean-Paul bei einer Rast

Zur Abwechslung einmal links der Strasse ....

überhaupt voranzukommen. Von anderen Pilgern habe ich in der Vorbereitung gehört, dass sie gegen Ende ihrer Pilgerreise das Gefühl bekamen, als ob sie von Santiago de Compostela wie mit einem Magneten angezogen würden. Sie haben deshalb täglich immer grössere Distanzen zurückgelegt. Ähnlich empfinde ich dies nun auch, und sei es nur, um diese unendliche Weite so schnell wie möglich hinter mich zu bringen. Bestimmt ist es kurzweiliger, solche Abschnitte zu zweit oder in Gruppen zu bewältigen.

Der gestrige Sonntag war anstrengender als vorgesehen, und deshalb ist heute für mich nach 27 km bereits um 14 Uhr Schluss. Ich ziehe meinen Ruhetag ein, um mich ausgiebig zu erholen und um meine Gehwerkzeuge zu schonen. In einem Hostal finde ich ein Zimmer und geniesse nach dem üblichen Ritual von Duschen, Wäsche waschen und Füsse pflegen den schönen Nachmittag. Gegen Abend gratuliere ich meiner Enkelin Chloë per SMS zum Geburtstag. Bald

darauf kommt, zur schönen Abrundung des Tages, ihre Antwort.

Der Name leitet sich vom Orden der Tempel-Ritter ab. Dieser Orden hat in Terradillos eine wunderschöne neue Pilgerherberge gebaut.

Eine der vielen Erinnerungen an einen verstorbenen Pilger

206

69. Tag, 9. Oktober 2007
Bercianos del Real Camino - Puente de Villarente

Der Camino verläuft hier zwischen 800 und 1'000 m über Meer. Die Nächte sind deshalb recht kühl, und weil keine Grossstädte die Luft verschmutzen, ist der Nachthimmel eine wahre Sternenpracht, wie bei uns in den Bergen oder in der Wüste. Orion und der grosse Bär sind unschwer auszumachen. Es braucht auch nicht viel Phantasie, um den von vielen Sagen umrankten und beschriebenen Sternenweg zu erkennen. Es sind zwei praktisch parallel verlaufende Sternenketten, die von Osten nach Westen verlaufen. Dieser himmlische Wegweiser zeigt die Richtung bis nach Finisterra auf, das heisst bis ans Ende der damals bekannten Welt. Dieser Sternenweg soll der eigentliche Ursprung des Caminos sein, an dem sich zuerst die Kelten und später die Römer orientierten. Auf der goldenen Grabplatte Karls des Grossen ist der Sternenweg auch dargestellt, obwohl der Kaiser den Jakobsweg nie gesehen, geschweige denn erwandert hat. Mit der Glorifizierung des Sternenweges hat diese Grabplatte viel zum Mythos des Jakobswegs beigetragen.

Zum ersten Mal in Spanien hat mir der Wirt ein Frühstück mit heissem Kaffee in einer Thermosflasche mit aufs Zimmer gegeben. Morgen hat er Wirtesonntag. Es ist für mich unbegreiflich, wie die Hotels und Restaurants nicht auf die Bedürfnisse der Pilger eingehen, obwohl sie von diesen leben. Aber eben, die Pilger kommen auch so, eine Werbung ist völlig überflüssig.

Um 7.00 Uhr, noch vor Sonnenaufgang, bin ich unterwegs. Der in der Nacht bestaunte Himmel mit dem Sternenweg strahlt noch immer einen grossen, unvergänglichen Frieden aus. Ich bin glücklich, all dies erleben zu können. So wie es

Morgendlicher Sternenhimmel mit Venus und Mondsichel.

vor mir Hunderttausende auf ihrer Suche nach den unbekannten Welten am Rande der damaligen scheibenförmigen Welt auch erlebten. Oder später in der Hoffnung, in Santiago de Compostela Erlösung von den Bürden des Lebens zu finden.

Der Weg verläuft einmal rechts und dann wieder links der Autostrasse. In der scheinbar unbegrenzten weiten Ebene sind auch an diesem Tage keine Anzeichen von Bergen, keine Häuser, einfach nichts zu erkennen. So früh am Morgen bin ich alleine unterwegs. Ausser meinen Schritten auf dem Kies ist kein Ton, kein Vogelgezwitscher hörbar. Gelegentlich fährt ein Auto vorbei oder ein patrouillierendes Polizeiauto kommt entgegen,

..... und am nächsten Tag zur Abwechslung auf der rechten Seite

tempo haben, gehen wir die letzten zehn km gemeinsam.

Ein Mercedesfahrer hält an, um uns einen Prospekt in die Hand zu drücken und um seine Herberge in den höchsten Tönen zu loben. Wenn wir bei ihm übernachten würden, bekämen wir eine Flasche guten Wein gratis. Der Kampf um die Pilger hat begonnen und treibt sonderbare Blüten. Im Gegensatz zu den kirchlich geführten und meistens kostenlosen Herbergen müssen die privaten ein lukratives Geschäft darstellen. In einer mittleren Herberge mit 30 Liegeplätzen kostet die Übernachtung ohne Essen um die fünf Euro. Bettwäsche gibt es nicht, vielleicht etwas heisses Wasser zum Duschen und das Wischen der Unterkunft sind die einzigen Kostenfaktoren. Und um Kunden mussten sie sich bis

um bei Notfällen den Pilgern sofort helfen zu können. Im Sommer muss hier eine mörderische Hitze herrschen. Ich bin froh, nicht um diese Jahreszeit unterwegs zu sein.

Am frühen Nachmittag treffe ich Serge auf einem Rastplatz. Er ist ein Freund von Anne und Jean-Paul. Zusammen haben sie die Pilgerreise geplant und sich auf den Camino gemacht. Da die beiden jedoch einen leicht anderen Wander- und Tagesrhythmus haben, hat er sie aus den Augen verloren. Solche Trennungen sind auf dem Camino nichts Aussergewöhnliches. Immer wieder treffe ich einzelne Pilger, die vorher in grösseren oder kleineren Gruppen unterwegs waren und nun alleine oder zu zweit weitergehen. Auch Serge erzählt mir von der Unmöglichkeit, sich auf die Dauer stets den anderen anzupassen. Voller Stolz berichtet er, wie er heute morgen vom Fernsehen interviewt wurde. Diese Station hat in ihrem Programm eine tägliche Pilgersendung. Da wir etwa das gleiche Wander-

und - dazwischen gelegentlich ein schöner Rastp

Wo ist die knabbernde Maus?

anhin nicht kümmern, die kommen einfach so daher. Das monatliche Einkommen von über 4'500 Euro ist unter diesen Umständen in dieser einsamen Gegend nicht zu verachten. Wird gar ein Essen serviert, ist das Doppelte realistisch. Kein Wunder ist ein Mercedes als Geschäftsauto möglich.

Gemäss Führer gibt es in Puente de Villarente gar keine Herberge und keine Hostals. Deshalb suchen wir die Herber-

Ein seltener Farbtupfer!

ge des Mercedesfahrers. Er hat eine Herberge mit vier Schlafsälen zu 16 Betten gebaut und verfügt für Pilgerherbergen über einen guten Standard, den er sich auch bezahlen lässt. Das Essen ist im Vergleich zur Unterkunft eine reine Enttäuschung. Mit dem offerierten Wein kann auch diese heruntergespült werden.

Inzwischen habe ich mich daran gewöhnt, dass ich mit meinem Handy nur telefonieren kann, wenn es am Netz angeschlossen ist. Zu Beginn hat mich die unvollkommene Technik genervt. Jetzt stört mich das nicht mehr. Es ist ver-

Wie lange steht dieser Schuh schon hier?

rückt, wie der Mensch sich an Mängel anpasst, Auswege sucht, um mit der Situation leben zu können. Aber ist es nicht mit vielen anderen Dingen des täglichen Lebens ebenso? Das körperliche Wohlergehen mit eingeschlossen. Der Körper weicht instinktiv einem Schmerz aus, gewöhnt sich an eine schlechte Haltung, und bald ist diese eine nicht mehr vermeidbare Selbstverständlichkeit, anstatt dem Übel auf den Grund zu gehen.

70. Tag, 10. Oktober 2007
Puente de Villarente - León - La Virgen del Camino

Das Frühstück ist eines der besten und reichlichsten, das ich bisher auf dem Pilgerweg erhalten habe und versöhnt mich mit dem mageren Abendessen. Serge dagegen fand letzteres ausgezeichnet. Von seinem kulinarische Urteil halte ich wenig, so findet er Rührei, im Kaffee getunkt, etwas Besonderes. Mir dreht es nur schon vom Zuschauen den Magen um. Offensichtlich wird er zu Hause nicht so verwöhnt wie ich. So sind die Geschmäcker eben verschieden.

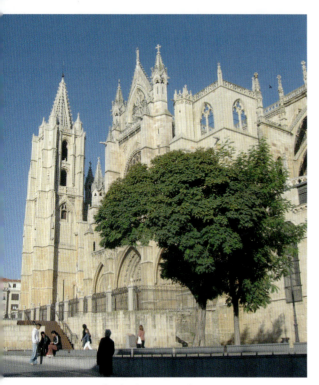

Kathedrale von León

Die Tage werden spürbar kürzer. Als ich kurz nach 7.30 Uhr starte, ist es immer noch dunkel und kühl. Nach kurzer Zeit muss ich mein Hühnerauge verarzten, weil es mir wieder einmal das normale Gehen schwer macht.

Wie ein Hochleistungswalker kommt ein Pilger im Stakkatoschritt im Schnellzugstempo herangerauscht. Irgendwie kommen wir trotzdem ins Gespräch, und ich lerne Gerald aus Kempten im Allgäu kennen. Er berichtet von einer Virusinfektion, die unter Pilgern grassiert. Diese sei mit Übelkeit und Erbrechen verbunden. Derentwegen mussten vor wenigen Tagen seine zwei Weggefährten die Pilgerreise abbrechen. Da habe ich bisher aber Glück gehabt und bin von solch einschneidenden Vorfällen verschont geblieben. Die gemeinsame Wanderung in die Stadt León hinein verläuft kurzweilig. Wir trinken zusammen noch Kaffee und probieren eine lokale Spezialität, bevor er auf die Hotelsuche geht und ich die Kathedrale besichtige. Um eine Infektion zu vermeiden, übernachtet er seither in keiner Herberge mehr.

Ich nehme mir reichlich Zeit, um die im 13. Jh. im gotischen Stil erbaute Kathedrale zu besichtigen. Es soll angeblich die schönste Spaniens sein. In Spanien sind besonders die reichen Holzschnitzereien wegen ihrer Lebendigkeit und detailgetreuen Arbeit an Chorgestühlen, Altären und oft auch an Hauptportalen in ihrer meisterhaften Vollendung einzigartig und äusserst beeindruckend. Ein kirchliches Kunstwerk, wie es selten zu sehen ist. Wie einige Male zuvor höre ich auf meinem iPod in der Kathetrale gregorianische Gesänge. Diese musikalische Begleitung verstärkt den Eindruck der Einmaligkeit dieser Kathedrale. Ohne viel Phantasie sehe ich vor meinem inneren Auge kirchliche Prozessionen vorbeiziehen, was diesen Moment zu einem unvergesslichen Erlebnis für mich werden lässt.

Während den folgenden Stunden besichtige ich auch die übrigen Sehenswürdigkeiten der Stadt. Nicht umsonst wird León als schönstes Juwel des Caminos bezeichnet. Eine spezielle Sehenswürdigkeit entdecke ich per Zufall. Im Regierungsgebäude, wohin sich nur selten Pilger und Touristen verirren, zeigt mir eine Hostess nicht nur den architektonisch interessanten Treppenaufgang, son-

Der 4'500 Jahre alte keltische Stein in der Form der Jakobsmuschel

dern auch einen riesigen Stein. Dieser hat die Ausmasse von ca. 2,5 auf 3 m. Er soll ein über 4'500 Jahre alter, heiliger Stein der Kelten sein. Auf seine einer Jakobmuschel ähnliche Form angesprochen erklärt mir die Hostess, dass die Jakobsmuschel ihren Namen erst durch die Pilgerbewegung erhalten habe. Ursprünglich sei diese Muschelform für die Kelten heilig gewesen und für sie, wie es Grabungen bestätigten, ein natürliches Trinkgefäss. Aus dieser Überlieferung heraus

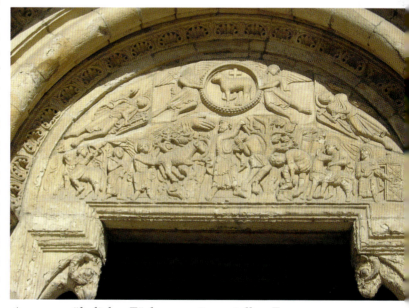

Aussergewöhnlicher Türbogen mit speziellem Tympanon

211

Einmalige Holzschnitzerei an der Kathedrale

sei die Muschel als leicht zu transportierendes Trinkgefäss ebenfalls von den Pilgern gebraucht worden und Jakobsmuschel genannt worden. Viele Kathedralen und Kirchen seien auf keltischen Kraftorten gebaut, so auch die Kathedralen von León und Santiago de Compostela. In Asturien und Galicien seien die Bewohner besonders stolz auf ihre keltische Vergangenheit. In der Schule werde viel Gewicht auf die keltische Geschichte gelegt. Wie ich sie nach dem Pico Sacro frage, ist sie zuerst verblüfft, als ob ich ein Geheimnis erraten hätte - um mir nachher fast um den Hals zu fallen. Bisher habe noch niemand danach gefragte. Der Pico Sacro, der heilige Berg südlich von Santiago, sei für die Archäologen und Historiker seiner keltischen Bedeutung wegen von grösster Wichtigkeit. Dieses Gespräch bekräftigt mich in meinem Vorhaben, einen Abstecher zum Pico Sacro zu unternehmen. Die Frage ist nur, ob vor oder nach Erreichen von Santiago de Compostela. Die Hostess hofft, dass ich genügend Zeit haben werde, den Pico Sacro und vielleicht auch La Coruña mit seinen vielen keltischen Plätzen zu besuchen.

Mit den vielen Besichtigungen verging die Zeit viel zu schnell, und ich muss mich beeilen, um vor Ladenschluss noch neue Schuhe zu kaufen. Viel Zeit habe ich nicht mehr. Ich werde nervös, bis ich endlich ein Geschäft finde. Die Auswahl ist gering. Um in Zukunft keinen Druck mehr zu spüren, ziehe ich vorsichtshalber zwei Paar Socken an. Zu meinem Erstaunen passt mir erst ein um zwei Nummern

Gotischer Kreuzgang in der Basilika

grösserer Schuh, als ich es sonst gewohnt bin. Ist es möglich, dass meine Fussmuskulatur während meiner Wanderschaft derart stark zugenommen hat und so den Druck und folglich die Schmerzen verursachte? Die alten Schuhe nehme ich sicherheitshalber mit, da neue bekanntlich zuerst eingelaufen werden müssen und Blasen oft die unausweichliche Folge sind.

Beim Verlassen von León komme ich am imposanten Luxushotel Parador, dem ehemaligen Kloster San Marco, vorbei. Ein Prachtsbau im Renaissancestil aus dem 16. Jh., damals für die Unterbringung der Pilger gebaut. Die enormen Dimensionen sind nur vorstellbar, wenn man in Betracht zieht, dass sich hier einst die Pilger während einigen Tagen von ihren Strapazen erholten.

Kurz nach Überquerung des Río Bernesga geht es leicht bergauf. Und was ich hier zu sehen bekomme, ist das pure Gegenteil zum Prunk in León. Es gibt etliche Erdhäuser, Wohnlöcher ist dafür ein treffenderer Ausdruck. Die Wohnungen sind in den weichen Sandstein gegraben, Nischen bilden die einzelnen «Zimmer». Der Kamin ragt knapp über die Erdoberfläche hinaus. Während die Mehrheit von ihnen verfallen sind, weisen andere mit einer Art Vorbau und einem kleinen Gärtchen ein gepflegtes Aussehen auf und lassen darauf schliessen, dass sie noch immer genutzt werden. Es wird wohl ein ewiges Rätsel der Menschheit bleiben, wie auf Kosten einfacher Menschen Werke von aussergewöhnlicher Schönheit und Mächtigkeit erbaut wurden. Nicht nur hier, sondern auf der ganzen Welt. Die Kluft zwischen geistiger und kultureller Elite und den einfachen Menschen muss riesengross gewesen sein. Wie konnte sich aus der damaligen geringeren Bevölkerungsdichte überhaupt eine solche Elite herausbilden?

Das einstige Kloster mit Pilgerhospiz und heutiges Luxushotel Parador

Nach den statistischen Gesetzmässigkeiten ein Ding der Unmöglichkeit! Würde heutzutage die gleich grosse Differenz bestehen, müssten alle unsere Probleme der modernen Zivilisation längst gelöst oder lösbar sein.

Zwei Stunden später finde ich in einem einfachen Hostal eine Schlafmöglichkeit. Natürlich ist sie nicht mit dem Parador, sondern eher mit den Erdhäusern vergleichbar. Aber während dem Schlafen werde ich den Unterschied nicht spüren.

Die moderne Kirche in La Virgen del Camino (Heiligtum der Jungfrau vom Pilgerweg) ist in ihrer äusseren Gestaltung sehr beeindruckend. Einmalig sind ihre riesengrossen und ausdrucksstarken Apostelfiguren an der Hauptfassade. Das Innere der Kirche ist entsprechend den heutigen Sakralbauten bis auf die Marien-Ikone nüchtern und einfach. Das Ganze ist eine sehr gelungene Interpretation des heutigen Zeitgeistes.

Bis Santiago sind es gemäss Führer nun nur noch 310 km. Das Ziel scheint in greifbarer Nähe zu sein. Wenn wie bisher alles rundläuft, kann ich in 10 Tagen am Ziel sein. Seit ich unterwegs bin, mache ich mir zum ersten Mal Gedanken über die nächsten Tage. Ich rechne mir aus, dass ich, wenn ich die Tagespensen gut einteile, am 21. Oktober, an einem Sonntag, zur grossen Pilgermesse in der Kathedrale von Santiago de Compostela eintreffen könnte. Eine schöne Perspektive! Mit diesen Gedanken und ermüdet von den vielen Erlebnissen und Eindrücken des heutigen Tages lege ich mich frühzeitig schlafen.

Die moderne Kirche von La Virgen del Camino mit den übergrossen Aposteln

71. Tag, 11. Oktober 2007
La Virgen del Camino - Hospital de Órbigo

Aus Vorsicht ziehe ich zwei Paar Socken an, um in den neuen Schuhen ja keine Druckstellen oder Blasen zu kriegen. Es stellt sich jedoch bald heraus, dass dies eine falsche Überlegung ist, weil sich Falten bilden, die ordentliche Schmerzen erzeugen. Also zurück zur alten, gewohnten Tagesordnung.

Der Weg führt entlang der Hauptstrasse. Alles wie gehabt. Wenigstens hat es hier von Zeit zu Zeit einige wenige Bäume, was die Landschaft weniger eintönig und weniger langweilig erscheinen lässt. Trotzdem habe ich das Gefühl, überhaupt nicht vorwärts zu kommen. Wegen einer Autobahn führt der Camino wie beim Kreiselverkehr in einer lan-

Kirchturm mit griechischem A und Ω am Kreuz

Verfallenes und ein noch immer bewohntes «Erdhaus»

gen Kurve unter dieser hindurch. Nach etwa einer halben Stunde ist man nicht weiter, sondern lediglich auf der anderen Seite der Autobahn. Der oder die Planer sind mit Sicherheit keine Pilger, sonst hätten sie bestimmt eine andere Lösung gesucht. Weil es keine Wanderkarten gibt, bleibt einem nichts anderes übrig, als blindlings den Markierungen zu folgen, nicht ahnend, in welcher Richtung es nach der nächsten Wegbiegung weitergeht.

Die neuen Schuhe zeigen Wirkung. Das Hühnerauge schmerzt nicht mehr, dafür spüre ich die Sehne im rechten Knie, was wieder etwas Neues für mich ist. Mit der Zeit schmerzen mich die Füsse. Eine Kontrolle zeigt jedoch keine sichtbaren Gründe. Alles ist bestens. Weil ich mich heute müde und ausgelaugt fühle und es deshalb gefühlsmässig nicht

rund läuft, mache ich nach 27 km um 14 Uhr Schluss. Ein schöner Ort und ein gutes Hotel unmittelbar bei der mehrbogigen Römerbrücke erleichtern mir die Entscheidung.

Am Abend treffe ich Carlo. Er ist allein, Peppe, sein Freund, ist wegen seiner Tendinitis nach Hause gefahren. Er selbst leidet auch unter verschiedenen Blessuren. Seine Beine und Knie hat er stark einbandagiert.

Órbigo ist ein altes römisches Städtchen. Die imposante, 20 Bogen umfassende Brücke zur Überquerung des unscheinbaren Río Órbigo und des umliegenden Sumpfgeländes wurde von den Römern erbaut. Die geologischen und klimatischen Verhältnisse müssen einst total verschieden von den heutigen gewesen sein, sonst wäre eine solch 200 m lange Brücke nicht notwendig gewesen.

Römische Brücke mit Meilenstein in der Mitte

72. Tag, 12. Oktober 2007
Hospital de Órbigo - Rabanal del Camino

Frühmorgens ist es ungewohnt kalt, ich friere trotz Pullover und Windjacke. Bei Dunkelheit setze ich zum Schutz gegen die Kälte den Sonnenhut auf. Der sternklare Himmel verspricht jedoch einen heissen Tag.

Der Weg verläuft auf einem steinigen Parallelweg zur wenig befahrenen Autostrasse. Er steigt stetig leicht an. Ich nähere mich den Bergen von León, die Asturien vom Bierzo trennen. Die hügelige Landschaf weist immer wieder kleine, Schatten spendende Wäldchen auf, die das Wandern kurzweilig machen. Ich habe das Gefühl, gut voranzukommen, ausserdem ohne irgendwelche Anzeichen von aufkommenden Schmerzen. Der Boden ist karg, das wenige Gras vertrocknet, nur einige rotgefärbte Rebberge bringen Farbe in die braungraue Landschaft. Und weit und breit ist kein Pilger zu sehen.

Am frühen Vormittag erreiche ich Astorga, das auf eine bedeutende römische Festung zurückzuführen ist. Eine aus leicht rötlichem Sandstein gebaute Kathedrale und der Bischofssitz im typischen neugotischen Stil von Gaudí sind lohnenswerte Sehenswürdigkeiten. Der Haupteingang zur Kathedrale weist sehr gut erhaltene Steinhauerarbeiten auf, die in ihrer Reichhaltigkeit selten sind. Der Bischofssitz ist heute ein stark besuchtes Pilgermuseum und belegt mit vielen interessanten Sammelstücken die Geschichte des einst mühsamen und gefähr-

Bischofspalast von Gaudí, heute Pilgermuseum

Bronze-Engel im Park des Pilgermuseums

Ein Meisterwerk an der Kathedrale

Rabanal del Camino weiter. Ich rechne jedoch fest damit, unterwegs eine Unterkunftsmöglichkeit zu finden. Ansonsten wird es heute ein sehr langer Wandertag. Der Weg steigt weiter stetig an, Schatten spendende Bergföhren und Steineichen erleichtern das Wandern sehr. Die Sonne steht bereits tief am Horizont, als ich im kleinen Rabanal del Camino eintreffe. Die beiden Hostals sind ausgebucht, und so bleibt mir nichts anderes übrig, als in der einfachen Gemeindeherberge zu übernachten, die nur mit den allernötigsten hygienischen Installationen ausgerüstet ist. Ist für heute auch egal, so muss auch einmal eine bessere Katzenwäsche genügen. Morgen wird es bestimmt wie-

lichen Pilgerns und des Caminos. In einem Strassencafé gegenüber der Kathedrale esse ich einige Tapas, trinke ein Glas guten Weines und lasse es mir in der herbstlich warmen Sonne wohl sein. Es ist schön, unterwegs zu sein.

Nach Astorga wird die Landschaft hügeliger und steiler. Es ist keine landwirtschaftliche Tätigkeit zu erkennen. Die Wiesen sind mit Sträuchern durchsetzt. Die Sonne brennt nun schonungslos herab, und der Durst steigt entsprechend. In einem kleinen Restaurant, das gleichzeitig Herberge ist, stürze ich eine kühle Cola hinunter. Es gefällt mir hier, aber leider sind in dieser Unterkunft schon alle Betten besetzt.

Es ist schon drei Uhr nachmittags. Ich gehe in Richtung des 12 km entfernten

Kathedrale von Astorga

der besser sein. Ausser einer jungen Irin, die in Spanien Englisch unterrichtet, bin ich der einzige Pilger in der Herberge.

Vor wenigen Jahren sind ein paar Benediktinermönche hierher gezogen. Sie restaurieren ohne fremde Hilfe nun Kloster und Kirche in mühsamer Arbeit. Ihre Messen sind in kurzer Zeit berühmt geworden, weil sie entsprechend der gregorianischen Tradition vollständig gesungen werden. Einen ersten Eindruck erhielt ich bei der kurzen Vespermesse. Ich fühlte mich um einige hundert Jahre in die Vergangenheit zurückversetzt. Bei der Messe treffe ich wieder auf Carlo, und zusammen gehen wir zum Nachtessen in ein benachbartes Restaurant. Er ist froh, mich dabei zu haben, da er kein Wort Spanisch spricht und nun wieder einmal etwas der italienischen Küche entsprechendes Essen bestellen kann.

In der Zwischenzeit ist es wieder recht kühl geworden, um diese Jahreszeit und in einer Höhenlage von 1'050 m ü.M. nicht weiter erstaunlich. Ich gehe zurück zur Herberge ganz unten im Dorf, um einen Pullover und meine Windjacke zu holen. Carlo wird mir einen Platz in der Kirche reservieren. Da ich spät zurückkommen werde, informiere ich die Irin darüber. Sie entschliesst sich sofort, mitzukommen, obwohl sie sich schon in den Schlafsack verkrochen hatte.

Bei unserem Eintreffen ist die halb zerfallene kleine, nur von Kerzen beleuchtete Kirche bis auf den letzten Platz besetzt. Zum Glück hat Carlo einen Platz frei gehalten, und mit leichtem Zwängen können wir drei alle sitzen. Neben einigen Pilgern sind viele Autotouristen da, welche die Hostales in Besitz genommen und den Pilgern das Nachsehen gegeben haben.

Der Einzug von sechs Mönchen in ihren Kutten und den hochgeschlagenen Kapuzen vermittelt eine geheimnisvolle, feierliche Stimmung. Durch die Gesänge, abwechselnd von den einzelnen Mönchen oder der ganze Gruppe vorgetragen, überträgt sich auf die Besucher eine ehrliche und tiefe Ergriffenheit, wie ich dies zuvor noch in keiner Kirche erlebt habe. Die Gesänge werden kurz unterbrochen durch das Verlesen von Bibelversen von Pilgern verschiedener Nationen und Sprachen. Anschliessend erhalten alle Pilger den Segen für ein erfolgreiches Ankommen in Santiago de Compostela. Auch als Nichtkatholik hat mich diese ökumenische Messe mit ihrer tiefen, gelebten Frömmigkeit, frei von jeglicher Dogmatik und nur im Dienste der Pilger, stark beeindruckt und berührt. Sie wird mir unvergesslich bleiben.

Moderne Pilgerkunst als Wegbegleiter.

73. Tag, 13. Oktober 2007
Rabanal del Camino - Ponferrada

Wie in den letzten Tagen empfängt mich ein sternenklarer, violett-blauer dunkler Himmel, als ich aus der Türe trete. In der einzigen offenen Bar am Dorfausgang gibt es ein wundervolles Frühstück mit allem, was dazugehört. Sogar mit getoastetem Brot und einem guten Kaffee - ein richtiger Aufsteller.

![Das eiserne Kreuz, ein Höhepunkt der Pilgerreise, ist von weitem erkennbar]

Das eiserne Kreuz, ein Höhepunkt der Pilgerreise, ist von weitem erkennbar

Auf den Wiesen liegt zum ersten Mal Raureif, bei 1'500 m ü.M. eigentlich nicht überraschend. Ich komme bei nun milden Temperaturen gut vorwärts. Die weite Aussicht auf die umliegenden Berge ist klar, und beeindruckend ist die Einsamkeit der wenigen kleinen, abgelegenen Weiler. Der Kontrast der herbstlichen Farben zum jetzt tiefblau gewordenen Himmel ist einmalig und erinnert mich an Herbstwanderungen in den Voralpen oder im Jura.

Von weitem ist das hohe Cruz de Ferro, das Eisenkreuz, sichtbar. Es markiert den höchsten Punkt des Camino Francés, nur der Somportpass auf der Via Tolosana ist noch höher. Dieser Übergang ist einer der magischsten Punkte auf dem ganzen Jakobsweg. Über einem riesigen Steinhaufen erhebt sich ein fünf m hoher Eichenstamm mit einem Eisenkreuz an der Spitze. Wie viele andere Pilger lege

Der immens hohe Steinhaufen zeugt von vielen zurückgelassenen Sorgen

auch ich hier die von zu Hause mitgetragenen Steine zuoberst beim Eichenstamm ab. Für Anita, für die ganze Familie meines Sohnes und für mich, für jeden einen Stein. Und, wie versprochen, auch die drei Steine der Familie aus Südfrankreich, die mich so reich mit Lebensmitteln beschenkte. Auch diese Tradition soll bis auf die Kelten zurückgehen. Sie wurde von den Römern übernommen und von diesen an spätere Generationen und Volksstämme weitergegeben. Gemäss Legende werden mit dem Niederlegen der Steine alle Lasten des Lebens abgelegt. Es sollen jedoch nur jene Steine gelten, die auf dem ganzen Pilgerweg mitgetragen wurden. Wohl nicht umsonst kennt auch der Volksmund das Sprichwort; «Es ist mir ein Stein vom Herzen gefallen». Beim Weitergehen vermeine ich ein Gefühl des Fliegens zu besitzen, so leicht und locker ist jetzt das Marschieren. Ich war mir der vielen «Lasten» gar nicht bewusst. Wie muss sich wohl Christian fühlen, nun seine 2,5 kg Steine los zu sein?

Etwas abseits des Pilgerweges besteige ich einen Hügel, um Mittagsrast zu halten.

Die Schleifspuren der römischen Karren sind in diesem steilen Wegstück gut sichtbar

Diese Jahrhunderte alten Kastanienbäume mit mehreren Metern Umfang zeugen von längst vergangenen Zeiten

221

Ein unglaublicher Rundblick bietet sich mir dar. Überall glänzen die weissen Windturbinen. Weit vorn, tief unter mir, liegt Ponferrada. Und in einer Entfernung von etwa 100 km zeichnet sich am Horizont eine Bergkette mit dem wegen seines steilen Aufstiegs bei den Pilgern gefürchteten «O Cebreiro» als letztem grossem Hindernis vor Santiago de Compostela ab.

Die Dörfer auf dem Abstieg werden immer schmucker und gepflegter. Bei einer Abfallsammelstelle entsorge ich meine alten Schuhe, die ich vorsorglicherweise bis jetzt mitgetragen habe. Ohne Druckstellen und Blasen bekommen zu haben, gewöhnte ich mich gut an die neuen Schuhe.

Wenn man nicht gerade blind durch die Gegend läuft, sind viele Spuren der Vergangenheit sichtbar. Beeindruckt haben mich auf den steilen Wegen die tiefen Schleifspuren römischer Wagen. Bei ihrem Anblick ist es für mich immer wieder unverständlich, wie einst die intelligenten Römer auf dem direktesten Weg die schweren Wagen über die Berge gezogen haben und weshalb sie keine einfachere Lösung suchten. Mit Pferden alleine ist eine solche Bergüberquerung wohl kaum zu bewerkstelligen. Vermutlich müssen sie Seilwinden oder dergleichen eingesetzt haben. Bei drei enorm grossen Kastanienbäumen mache ich eine weitere Rast, um die einmalige Kraft, die sie verbreiten, auf mich wirken zu lassen. Jeder der Bäume hat einen Umfang von geschätzten acht m oder mehr, und sie müssen uralt sein. Während dieser Zeit haben sie bestimmt unendlich viel Pilger, vielleicht noch Römer und Araber, vorbeiziehen sehen.

Einige Kreuze in jüngerer Zeit verstorbener Pilger erinnern an die Herausforderung und die Mühsal des Pilgerns. Ich kann mir gut vorstellen, wie im Sommer, bei glühender Hitze, die Grenzen der menschlichen Leistungsfähigkeit rasch einmal erreicht werden. Da gibt es dann ohne rasche Hilfe keine Rettung mehr. Jedes Mal, wenn ich bei einem solchen Kreuz vorbeikomme, wird mir bewusst, dass ich ohne nennenswerte Probleme bis hierher gekommen bin und zweifellos durch die Vorsehung Gottes privilegiert bin.

In Molinaseca, meinem heutigen Tagesziel, findet ein grosses Fest statt. Eine

Da nützt alles Flicken nichts mehr.

Die Spuren der einseitigen Belastung, die zu meiner Tendinits führte, sind gut sichtbar.

Unterkunft zu finden ist bei diesem Betrieb schlichtweg unmöglich, und so bleibt mir nichts anderes übrig, als bis nach Ponferrada weiterzugehen. Sehr bald sehe ich die Kathedrale vor mir. Ich glaube bald anzukommen, aber eine zusätzliche Schlaufe nach der anderen lässt in mir das Gefühl hochkommen, im Kreis zu gehen, ohne mich der Stadt zu nähern. Immer das Ziel zu sehen, ohne ihm näher zu kommen, zerrt gewaltig an meinen physischen und psychischen Kräften. Schlussendlich habe ich es dann doch geschafft und stehe plötzlich vor einer Burg. Sie sieht aus wie aus einem Kinderbuch - wie eben richtige Burgen auszusehen haben. Mit Ziehbrücke, Schiessscharten, Zinnen, mit Fahnen dekoriert, richtig kitschig, als sei sie von Hollywood für einen Film extra gebaut worden. Es ist jedoch eine von Templern im 12. Jh. zum Schutze der Pilger erbaute Festung. Im in Jerusalem gegründeten Templerorden waren die Ritter gleichzeitig auch Mönche. Selbstverständlich ist diese Burg eine Touristenattraktion ersten Ranges, und so sind alle Herbergen und Hotels im Zentrum von Ponferrada bei meiner späten Ankunft ausgebucht. Bevor ich mich zur Unterkunftssuche in ein Vorortsquartier aufmache, trinke ich auf dem Hauptplatz ein Bier. Hungrig wie ich bin, fährt mir dieses derart ins Blut, dass ich beim Aufstehen gewaltig ins Taumeln gerate. Ich bin echt froh, Stöcke bei mir zu haben, damit ich mich daran festhalten und stützen kann, um einigermassen geradeaus gehen zu können. Selbstverständlich lasse ich mir nichts anmerken!

Glücklicherweise finde ich bereits eine Viertelstunde später ein Zimmer.

Die kitschig wirkende Burg der Templer

Nach einem kurzen Erholungsschlaf, der mir wie eine Ewigkeit vorkommt, mache ich mich auf den Retourweg in die Stadt, um Lebensmittel zu kaufen, die Burg zu besichtigen und irgendwo etwas zu essen. Bei diesem Touristenandrang kein leichtes Unterfangen. Zudem wird im Fernsehen das Fussball EM-Qualifikationsspiel Spanien - Dänemark übertragen; alles andere ist jetzt Nebensache, kann warten. Ich kann bei diesem Trubel lediglich eine vorgefertigte Paella bestellen. Zur Abwechslung wenigstens wieder einmal Reis. Die Paella ist arg verkocht, sie schmeckt mir aber trotzdem. Hunger ist eben doch der beste Koch.

74. Tag, 14. Oktober 2007
Ponferrada - Villafranca del Bierzo

*I*ch habe eine unruhige Nacht hinter mir, während der ich verschiedentlich schweissgebadet aufwachte. Zudem träumte ich, kurz vor dem Ziel meine Wanderung auf Grund äusserer Umstände, an die ich mich jedoch nicht mehr erinnern kann, abbrechen zu müssen. Geschäftliche Dinge dringen in den Vordergrund. All die Zeit war es ohne diese Ablenkung gegangen. Ich muss unter Arbeitsentzugserscheinungen leiden, oder mir haben das gestrige grosse Pensum und die Hitze zu stark zugesetzt.

Kreisel mit Denkmal für Blutspender

Der Herbst ist nun definitiv eingezogen. Auf den Wiesen liegt Raureif, und das bei nur 500 m ü.M. Der Weg führt in einem grossen Bogen aus der Stadt heraus, um ja keine Kirche, und sei dies eine noch

so kleine Kapelle, auszulassen. Alle enthalten eine mehr oder weniger künstlerisch gelungene Darstellung des hl. Jakobus. Viele kleine Vororte reihen sich aneinander. Überall ist es ruhig, Menschen sind noch kaum zu sehen, obwohl inzwischen neun Uhr vorbei ist.

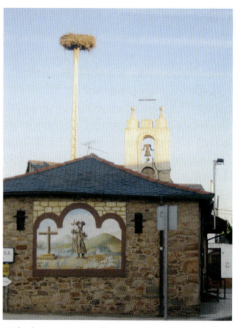

Jakobus - Darstellungen in vielen Varianten

Trotz der schlechten Nacht fühle ich mich ausgeruht und kräftig. Ich schreite zügig voran. Schönes Wetter, keine schmerzenden Füsse oder Beine und eine schöne, abwechslungsreiche Gegend durch herbstlich farbige Rebberge, so macht das Pilgern richtig Spass. Die weitläufigen Rebberge erinnern mich stark an

224

Gepflegte Weinberge so weit das Auge reicht

die sanften toskanischen Hügel im warmen Herbstlicht. Auch hier sind die Wege oft mit Zypressen gesäumt. Es geht rauf und runter, und ich weiss nie so recht, wo die nächste Ortschaft sein könnte.

Kurz nach Mittag erreiche ich Villafranca del Bierzo und realisiere der herausgeputzten Leute wegen urplötzlich, dass heute Sonntag ist. Villafranca del Bierzo gefällt mir mit seinen vielen grossen Kirchen und mit seiner Burg sofort. So ziehe ich heute ungeplant meinen Ruhetag ein, obwohl ich mir eine längere Etappe als lediglich 24 km vorgenommen hatte.

Nach einer ausgiebigen Siesta und einer ordentlichen Wäsche mache ich eine ausgedehnte Besichtigung durch die Parks und die Kirchen. Das dazugehörende Konvent ist von Franz von Assisi selbst gegründet worden. Villafranca del Bierzo wird auch als kleines Santiago de Compostela bezeichnet, nicht nur, weil die Hauptkirche so genannt wird, son-

dern auch, weil in früheren Jahrhunderten den erkrankten Pilgern hier der Ablass erteilt wurde.

Am späten Abend nehme ich auf dem Hauptplatz bei noch sommerlichen Temperaturen das Nachtessen ein. Als ich mit Anita telefoniere, ist sie erstaunt, dass ich noch in der Sonne sitze, während es zu Hause doch schon seit gut zwei Stunden dunkel ist. Das wiederum erstaunt mich sehr. Die morgendliche Dunkelheit habe ich mit den im Herbst

Mit Brot und Wein lässt sich gut wandern

Auf dem Hauplatz von Villafranca del Bierzo ist es um acht Uhr abends immer noch sommerlich warm

kürzer werdenden Tagen in Verbindung gebracht. Eine derartige Zeitverschiebung habe ich nicht in Betracht gezogen. Meine bisherige Wanderung führte mich vorwiegend in südwestliche Richtung, und so bin ich nun wahrscheinlich etwa 1'200 km westlich von Basel. In unseren Breitengraden entspricht dies einer Zeitverschiebung von mehr als einer Stunde. Auf meiner Wanderung macht dies pro Tag etwa eine Minute aus, nicht der Rede wert. Über die ganze Wanderung hinweg summieren sich diese jedoch ganz ordentlich zu einer Zeitverschiebung von nahezu zwei Stunden. Wie sagt man doch im Volksmund: «Kleinvieh macht auch Mist». Kommt hinzu, dass Spanien näher am Äquator liegt, also bei Tag- und Nachtgleiche. Die kürzeren Herbsttage tun ein Übriges, um mit dem späteren Tagesanbruch meinen gewohnten Tagesrhythmus gehörig durcheinander zu bringen. Mit einem Mal ist mir nun auch klar, warum die Spanier so «spät» aufstehen und es so spät Frühstück beziehungsweise Nachtessen gibt.

Während des Telefonierens hat sich Gilbert Froidevaux zu mir an den Tisch gesetzt. Er trägt seinen Arm in einer Schlinge. Beim Abstieg vom Pass mit dem Cruz de Ferro ist er gestürzt und hat sich dabei den Arm gebrochen. Im Spital von Ponferrada haben sie ihm den Arm eingegipst. Nur widerwillig haben sie ihn nach einer Nacht heute morgen weiterziehen lassen. Der Weg hierher sei sehr mühsam gewesen, weil er den Rucksack nur über einer Schulter tragen konnte. Morgen früh will er mit dem Bus auf den «O Cebreiro» hinauffahren, um zusammen mit Anne und Jean-Paul, die heute dort oben übernachten und auf ihn warten, den restlichen Weg bis nach Santiago de Compostela zu gehen. Mit den besten Wünschen für ein gutes Gelingen und mit meinen besten Grüssen an die beiden verabschieden wir uns.

75. Tag, 15. Oktober 2007
Villafranca del Bierzo - Hospital da Condesa

Der «Ruhetag» hat sich gelohnt, ich fühle mich gut. Dies ist auch nötig, um das happige Pensum von heute gut überstehen zu können. Es geht von 500 m ü.M. hinauf auf den «O Cebreiro» auf 1'300 m Höhe. Ich bin sehr neugierig, wie der Weg sein wird, der von Kerkeling an manchen Stellen als nahezu überhängend beschrieben wird.

Der Pilgerweg führt hinein in ein immer enger werdendes Tal. Zum Schutz der Pilger ist der Weg durch eine hohe Betonmauer von der alten Autostrasse getrennt. Kühn gebaute Autobahnbrücken, wie wir sie in unseren Alpen kennen, überqueren in luftiger Höhe immer wieder das Tal. Unten im Tal ist es um diese Zeit immer noch schattig und recht kühl, während über den umliegenden Gipfeln ein strahlendblauer Himmel einen durstigen Tag verspricht. Immer wieder komme ich durch schmucke, verträumte Dörfer, als sei hier die Zeit still gestanden. Bei einer Garage trinke ich eine heisse Schokolade und vervollständige meinen Proviant mit Dörrfrüchten, Nüssen und Brot. Aus dem vorbeifahrenden Bus winkt mir Gilbert zu.

Nach einer kurzen Rast nehme ich den «überhängenden Aufstieg» in Angriff,

Im Aufstieg zum O Cebreiro

der sich alsbald als leicht begehbarer Bergweg durch einen Eichen- und Kastanienwald entpuppt. Natürlich komme auch ich ins Schwitzen, was jedoch nicht aussergewöhnlich ist. Und wie so oft stellt sich eine mit grossem Respekt angegangene Aufgabe als bedeutend leichter dar als befürchtet. Am Ende des steilsten Abschnittes haben ein deutscher Aussteiger und seine österreichische

John und Birgit aus Tasmanien an der Grenze zu Galicien

Freundin eine alternative Erholungsstation eingerichtet. Nebst chinesischen und japanischen Massagen werden Shiva- und Buddha-Statuen, Räucherstäbchen und tibetische Gebetsfahnen und anderer fernöstlicher Kulturramsch feilgeboten. Auf dem historischen Weg wirkt das irgendwie wie ein Fremdkörper auf mich; es scheint mir fehl am Platze zu sein. In Asien hätte mich der Verkauf von Ikonenbildchen und Kruzifixen an Pilgerwegen gleichermassen gestört. Dieser unschöne Auswuchs der Kommerzialisierung des Pilgerweges zielt auf die nach spirituellen Effekten haschenden Pilger. Oder ist dies Ausdruck einer immer grösser werdenden geistigen Orientierungslosigkeit?

Auf dem Weg über offene Alpweiden mit wunderbarer Weitsicht überschreitet man die Grenze zu Galicien, Santiago de Compostela ist nicht mehr weit. «O Cebreiro» auf der Passhöhe ist aufgrund einer Legende ein viel besuchter Wallfahrtsort mit all den typischen Souvenirläden. Die im keltischen Stil gebauten und mit Stroh bedeckten Rundhäuser sind sorgfältig restauriert und vermitteln einen weit in die Vergangenheit reichenden Eindruck.

Es ist mir hier zu geschäftig, und so ziehe ich es vor, nach dem Einkauf von Früchten und Brot nochmals ein Stück weiterzugehen. Nach einigen Kilometern frage ich mich, ob ich auf dem richtigen Weg bin; ich sehe keine Markierungen

In dieser Kapelle soll das Wunder geschehen sein

und auch keine Pilger. In meiner Unsicherheit gebe ich den wenigen mir entgegenkommenden Autos ein Zeichen zum Halten. Vergebens. Gelegentlich ein Kopfnicken, das ich als Bestätigung interpretiere, auf dem richtigen Weg zu sein, oder aber ich bekomme den berühmten Vogel gezeigt.

Das Wunder von O Cebreiro

Der Legende nach soll sich im tiefsten Winter und bei heftigstem Schneetreiben ein alter Bauer von seinem weit abgelegen Hof auf den stundenlangen Weg gemacht haben, um auf der Passhöhe von O Cebreio die Messe zu hören. Die Zeit des Messebeginns war bereits vorbei, als er erschöpft die kleine Kapelle erreichte. Er war erstaunt, der einzige Kirchenbesucher zu sein. Der junge Mönch las an diesem Tag zum ersten Mal die Messe. Er ärgerte sich darüber, dass er von den Brüdern für diese Aufgabe bestimmt worden war und liess den Bauern seine Verachtung und seinen Zorn spüren. Der Mönch dachte bei sich, dass es besser sei, keinen statt nur einen Kirchenbesucher zu haben, denn dann hätte er die Messe abkürzen können. Der verärgerte Mönch erschrak zutiefst, als sich bei der Wandlung das Stückchen Brot in rohes Fleisch und der Wein in Blut verwandelten. Wie ein Lauffeuer verbreitete sich auf dem Jakobsweg die Kunde vom eucharistischen Wunder.

Bauer und Mönch wurden in Steinsärgen beigesetzt, die noch heute zu bewundern sind. Tablett und Kelch sind zu Galiciens Heiligtümern erklärt worden und der Grund für die nun seit Jahrhunderten statttfindenden Wallfahrten auf den O Cebreiro.

Nach einigen Kurven und Überschreiten der Passhöhe von San Roque mit seinem übergrossen Pilgerdenkmal erreiche ich das aus nur wenigen Häusern bestehende Hospital da Condesa. Im kleinen Hostal gibt es nur zwei Zimmer, und die sind von Pilgern reserviert worden. Um den Aufstieg zu erleichtern, haben geschäftstüchtige Leute einen Taxidienst eingerichtet und transportieren die Rucksäcke auf den «O Cebreiro» hinauf und in weiter entfernte Dörfer. So bleibt mir nichts anderes übrig, als zur Herberge zu gehen. Diese ist gut ausgebaut, entbehrt jedoch der notwendigen Ausrüstung. In der schönen Küche hat es keine Pfannen und kein Geschirr. Die Betten sind ohne Wolldecken. Ich mache mir Gedanken, wie ich die wohl kühle Nacht verbringen werde oder ob es ratsamer wäre, nochmals etwa eine Stunde

weiterzugehen. Für Letzteres bin ich zu müde oder zu faul, da ich schon über 10 Stunden unterwegs bin. Während ich mich ausruhe, male ich mir des Langen und Breiten aus, wie ich die Nacht verbringen werde. In meinem dünnen Seidenschlafsack werde ich bestimmt frieren. Ich werde wohl alle meine Kleider anziehen müssen, die Füsse in den leeren Rucksack stecken und mich mit meinem Regenschutz zudecken, um die Illusion von Wärme zu bekommen.

Eine junge deutsche Frau beginnt zu weinen, wie sie die Einrichtung sieht. Vermutlich ist sie vorausgegangen, um in der kleinen Herberge Betten zu ergattern, denn bald darauf erscheint ihre Mutter. Sie diskutieren lange und entscheiden sich, im Gegensatz zu mir, dann trotz offensichtlich grosser Müdigkeit weiterzugehen. Ich habe jedoch wiederum grosses Glück. Etwas später kommt die Betreuerin der Herberge vorbei. Meine Frage nach Decken verneint sie, nach einer Viertelstunde erscheint sie mit einem alten muffigen Schlafsack, der vor langer, langer Zeit einmal eine Waschmaschine gesehen haben muss. Ich gebe ihr fünf Euro dafür, was für sie aufgrund ihrer Dankesbezeugungen ein Vermögen sein muss. Die Aussicht auf einen guten Schlaf ist mir dies al-

Das kleine Hospital da Condesa

leweil wert. Ich stecke meinen dünnen Schlafsack in den anderen hinein, und meine Nacht ist gerettet,

Ein Ehepaar um die 60 steigt zur Herberge hoch, als ich zum Nachtessen ins Dorf gehe. Die kleine Frau schleppt einen im Verhältnis zu ihrer Grösse überdimensionierten Rucksack. Nicht verwunderlich, macht sie einen müden, geschundenen Eindruck. Ihr Mann, eher von rundlicher Statur, trägt nur einen kleinen Rucksack und scheint die Wanderung locker zu nehmen.

Im Hostal treffe ich Birgit und John aus Tasmanien, die hier ein Zimmer reservierten. Das junge Ehepaar lernte ich vor Stunden im Aufstieg zum «O Cebreiro» kennen. Später setzt sich Nicki, eine Südafrikanerin, zu uns. Die beiden Frauen könnten von der Motivation her, den Camino zu gehen, nicht unterschiedlicher sein. Ich zähle Birgit eher zur Gruppe der Schickimicki-Pilger, ihr Outfit ist nach der neuesten Mode und aufgrund ihrer wahrscheinlich guten finanziellen Möglichkeiten bis ins letzte Detail aufeinander abgestimmt. Dass sie ihren Rucksack von einem Ort zum anderen transportieren lässt und nur in Hotels schläft, ist für sie eine Selbstverständlichkeit - den Rest trägt John. Dabei ist sie jedoch ohne mit der Wimper zu zucken bereit, Tagesetappen von bis zu 35 km auf sich zu nehmen, das gehört schliesslich zum guten Ton. Von den unglaublich vielen interessanten Bekanntschaften mit spirituellem Anstrich lässt sich später viel und gut erzählen. Natürlich findet sie alles sehr «lovely» und «nice». Nicki hingegen gehört eher zur Gruppe, die sich aus einem inneren Drang heraus, und ohne ei-

ne klare Begründung für das Warum, aufgemacht hat, den Pilgerweg zu erwandern. Sie hat alles unternommen, um ihren über Jahre hinweg gehegten Wunsch erfüllen zu können. Dabei ist es ihr selbst nicht ganz klar, wie es ihr als mittelloser Künstlerin gelungen ist, das notwendige Geld zusammenzukratzen. Eines Tages sei es einfach soweit gewesen, dass sie einen günstigen Flug gebucht habe, ohne zu wissen, wie es weitergehen soll.

Ein riesiges Pilgerdenkmal überragt die gesamte Umgebung auf dem 1'270 m hohen Pass San Roque

76. Tag, 16. Oktober 2007
Hospital da Condesa - Calvor

Der eher kleine Mann ist ein begnadeter Schnarcher. In regelmässigen Abständen legt er immer wieder los. Schnarcher sind meiner Meinung nach die grössten Egoisten. Sie wissen ganz genau, dass sie schnarchen, unternehmen jedoch nichts dagegen. Hauptsache, sie selbst haben ihre Ruhe. Mir ist ein Rätsel, wie andere schlafen können. Zuerst ziehe ich den Schlafsack über meinen Kopf, ich muss jedoch nach kurzer Zeit nach frischer Luft schnappen und liege wieder hellwach da. Um fünf Uhr habe ich genug davon und stehe auf. Bei bitterer Kälte und nur mit einem vorbereiteten Konfibrot im Magen mache ich mich auf den Weg. Im ersten geöffneten Restaurant trinke ich zuerst einen heissen Kakao und dann einen Kaffee, zusammen mit einem Frischback-Gipfel. Es ist ein wahrer Genuss und eine Wohltat für die Seele.

Ideales Wetter für eine Herbstwanderung

Bei anbrechendem Tag ist es schön, ins Tal nach Triacastela abzusteigen. Die Sonne taucht die Landschaft allmählich in ein mildes und wärmendes Herbstlicht. Nach Triacastela wähle ich die kürzere, jedoch anspruchsvollere Variante auf dem Original-Pilgerweg über San Xil. Die Ortstafeln sind hier in der galicischen Sprache angeschrieben. Die einheimischen Sprachen werden von den jeweiligen Autonomien vermehrt gefördert. Man ist sich noch nicht ganz im Klaren, ob Galicisch auch Reste der keltischen Sprache enthält. Experten sind sich jedoch sicher, dass sich Galicisch aus dem Vulgärlateinischen, wie auch das Katalanische entwickelte. (x steht für das Spanische j wie bei Junta, aber x wird in den meisten Fällen als *sch* ausgesprochen)

Durch das hügelige Galicien hinab nach Triacastela

Nach Triacastela wechseln sich im Aufstieg Edelkastanien- und Eichenwälder ab. Auf dem Weg liegen farbige Herbstblätter und vereinzelt auch Kastanien. Ich wähne mich auf einer Wanderung im Tessin und geniesse diese Zeit in vollen Zügen. Besonders, weil ich heute seit vielen Tagen und Wochen keine Pflaster mehr benötige und meine Füsse aussehen, als käme ich eben ich von einer Pedicure. Körperlich fühle ich mich fitter denn je. Diese Wanderung muss für mich ein wahrer Jungbrunnen sein, denn andere Pilger schätzen mich kaum 60 und sind dann sehr erstaunt, dass ich in meinem Alter noch diese Leistung erbringen kann. Es schmeichelt mir natürlich, und ich empfinde es selbst auch als grosses Privileg, diese Wanderung machen zu können, umso mehr, als das Ziel nun in «greifbarer» Nähe liegt.

Vielsprachige, zu beherzigende Aufforderung

Als am Wegrand eine Werbetafel mit der Aufschrift «Perque no aqui?» (warum nicht hier?) steht, nehme ich mir das zu Herzen, mache bereits nach eher 33 leichten Kilometern Schluss für heute und übernachte in einem neuen, gemütlichen Hostal. Nach dem Duschen setze ich mich in die späte Nachmittagssonne und beobachte die vorbeiziehenden Pilger, die einen locker, die andern müde und mit kurzen, schweren Schritten. Ich bin erstaunt, wie viele Pilger noch unterwegs sind. Den ganzen Nachmittag habe ich mit Ausnahme einer mir entgegenkommenden Italienerin mit ihrem Hund keinen Menschen gesehen.

Selbstverständlich schlafe ich diese Nacht in einem Zimmer und nicht im Pilgerschlafsaal, obwohl nur zwei andere Pilgerinnen anwesend sind. Das Nachtessen nehme ich zusammen mit den beiden jungen Frauen, Lena, einer Holländerin, und Ingrid, einer Österreicherin, sowie den Wirtsleuten ein. Diese servieren in grossen Schüsseln ein reichliches und bekömmliches Essen. Jeder schöpft sich, so viel er mag.

Zwei Katzen spielen an einem uralten Kastanienbaum

Waldkapelle

Beide Frauen haben ihren Job gekündigt. Ingrid, 30jährig, findet, genug gearbeitet zu haben, sie brauche eine Auszeit von mindestens einem Jahr. Sie bereist nun die ganze Welt. Ihr Freund sei zwar dagegen gewesen, dreinreden lasse sie sich jedoch nicht. Als gleichberechtigte Partnerin mache sie, was sie wolle. Mir scheint, ihr Gleichberechtigungswahn suche nach irgendwelchen Grenzen und nach dem Sinn ihres Tuns. Lena erzählt, wie sie problemlos stundenlang gehen könne, ohne müde zu werden. Bei der Rekonstruierung ihrer Etappen kommt sie täglich locker auf 40 km, was sie selber überrascht. Sie findet es sehr schade, bald in Santiago de Compostela zu sein. Was nachher geschehen soll, weiss sie noch nicht. Sie lasse sich gerne überraschen. Ich beneide die beiden ob ihrer Sorglosigkeit. In meiner Generation wäre eine solche Sorglosigkeit in diesem Alter unvorstellbar gewesen; man hätte sofort als Taugenichts, als Luftibus ohne Veranwortungsgefühl gegolten.

Der junge Hostalbesitzer ist ein Aussteiger, er studiert die Reiki-Heiltechnik, verschiedene Massage-Therapien und malt als Freizeitbeschäftigung Mandalas nach tibetischen Vorlagen. Er ist über meine entsprechenden Kenntnisse erstaunt und freut sich, in mir einen verständigen Gesprächspartner zu haben. In Spanien sollen diese Methoden noch immer als unseriös und dubioser Hokuspokus eingestuft werden. Alles in allem ein kurzweiliger und sympathischer Abend.

Hahnenkampf auf einem Bauernhof

77. Tag, 17. Oktober 2007
Calvor - Portomarín

*I*m halbwachen Zustand, zwischen Tiefschlaf und Wachsein, beschäftigt mich ein unangenehmer Traum. Ich träume, zu Hause zu sein, weil mir wiederum alles gestohlen wurde. Auf mein Betteln hin haben die Diebe mir schlussendlich das Tagebuch und den Speicherchip aus dem Fotoapparat überlassen. Und sonst, wie vor einem Jahr, blieb mir rein gar nichts. Hellwach wird mir bewusst, dass tief in meinem Unterbewusstsein der letztjährige Schock, den ich glaubte, definitiv abgehakt zu haben, immer noch präsent ist. Noch vor dem Anziehen wechsle ich den Speicherchip und verstecke ihn bei meinen wenigen wichtigen Utensilien, die ich direkt auf mir trage.

Nur noch 100 km bis ans Ziel!

Nach einem guten Frühstück und trotz des Traums gut ausgeschlafen, nehme ich den nächsten Abschnitt in Angriff. Bei meinem Eintreffen in Saria wird es langsam heller. Die Stadt ist am Erwachen, die Schüler gehen zur Schule, und die ersten Läden werden geöffnet.

Alles steht im Zeichen der Muschel

Für viele Spanier ist Sarria der Ausgangspunkt ihrer Pilgerreise, weil sie nur etwas mehr als 100 km von Santiago de Compostela entfernt ist. Pilger, die mindestens 100 km des Caminos zu Fuss oder 300 km mit dem Velo bewältigen, erhalten gegen Vorweisen des Pilgerpasses die begehrte Pilger-Urkunde. In Spanien werde diese bei Bewerbungen für einen neuen Job von den Personalchefs angeblich sehr hoch eingestuft, dokumentiert sie doch den hohen Durchhaltewillen des Kandidaten.

Bei angenehmen Temperaturen und schönstem Herbstwetter komme ich

Vielleicht haben die Kelten diese Sitzbank in Mirallos schon benutzt!

Aufgebesserter Römerweg

gut vorwärts. Es ist eine abwechslungsreiche Wanderung über sanfte Hügelketten, wie bei uns in den Voralpen, mit dem Unterschied, dass hier Wälder aus Edelkastanien und Eichen dominieren. In den Niederungen gibt es viele Eukalyptuswälder, die bestimmt nicht zur einheimischen Flora gehören und wohl vor nicht allzu langer Zeit ihres schnellen Wachstums wegen angepflanzt wurden.

Am Nachmittag wandere ich zusammen mit einer jungen Japanerin bis nach Portomarín. Sie hat in London eben ihr Anthroposophie-Studium beendet. Von ihren Besuchen des Goetheanums in Dornach kennt sie dessen Umgebung und Basel recht gut. Sie erzählt, wie die anthroposophische Lehre von Rudolf Steiner vor etwa 20 Jahren in Japan Fuss gefasst hat und sich steigender Beliebtheit erfreut. Als überzeugte Buddhistin sieht sie kein Konfliktpotential, die anthroposophische Lehre in ihr Glaubens-

bild aufzunehmen. Sie sieht ihre Lebensaufgabe darin, bei der Weiterverbreitung dieser Lehre in Japan aktiv mitzuhelfen. Auf ihrer bisherigen Wanderung von Frankreich aus fand sie die Bestätigung ihrer Meinung, wonach allen Religionen eine universelle Macht und Kraft innewohnt, die im Grunde genommen bei allen das Gleiche bedeutet, jedoch nur unterschiedlich benannt wird. Ist es nicht verrückt, der Westen sucht und glaubt sein Heil im asiatischen Gedankengut zu finden, während Japaner die abendländische Gedankenwelt entdecken und für erstrebenswert halten?

Portomarín ist ein altes, zugleich aber «künstliches» Städtchen, hoch über einem Stausee gelegen. Beim Bau des Staudammes wurde die sehenswerte Wehrkirche Stein um Stein ab- und am aktuellen Ort wieder aufgebaut. Die Häuser ringsum wurden in einem typisch spanischen Stil angeordnet. Beim Hauptplatz finde ich in einem Hostal ein Zimmer, wie könnte es anders sein, natürlich zuoberst, im für müde Pilger reservierten Dachstock.

Das lange Pilgern hinterlässt bei meinen Kleidern sichtbare Spuren. Das weisse T-Shirt kriege ich nicht mehr wirklich sauber, und zudem hat es wie mehrere So-cken einige Löcher - so kann ich wirklich nicht mehr unter die Leute. Alles Dinge, die ich trotzdem aufbewahre, um sie dann in Finisterra zu verbrennen. Der Saum meiner Jeans ist verschlissen, und so fällt er kurzerhand der Schere zum Opfer, ebenso ein Stück eines Reissverschlusses, der zum Anhängen der Hosenbeine an meine Wanderhosen dient. Mühselige Reparaturversuche und Näharbeiten brachten keine akzeptablen Resultate. Den Pullover nähe ich nun schon zum x-ten Mal. Durch das Scheuern des Rucksackes bekommt er immer wieder neue Löcher, nur an anderen Stellen.

In der Strassenbeiz meiner Unterkunft trinke ich ein Bier und beobachte die ankommenden Pilger. So sehe ich auch Mutter und Tochter wieder, die vor zwei Tagen abends jene Herberge ohne Wolldecken wieder verlassen hatten und anschliessend noch zwei Stunden weitergehen mussten, bis sie eine Unterkunft fanden. Dann sind da auch einige mit Klunkern und Kruzifixen behangene amerikanische Pilgerinnen, die mit Taxis vorgefahren sind. Von den Fahrern oder ihren Ehemännern gestützt, humpeln sie die paar Schritte bis zu den Tischen. Kaum sind die Getränke bestellt und die schlimmsten Schmerzen abgeklungen, werden dem Kellner die Pilgerpässe zum Abstempeln übergeben, um die begehrte Urkunde zu bekommen. Man will ja zu Hause beweisen können, dass man als Pilger den Camino bewältigt hat und folglich ein guter Christ ist. Vielleicht tue ich diesen Leuten Unrecht. Möglich, dass es für sie auch eine gewaltige Leistung ist, ein paar Hundert Meter zu Fuss zu gehen, wenn sie gewohnt sind, auch kürzeste Strecken mit dem Auto zurückzulegen. In ihrer Geschäftstüchtigkeit gehen die Spanier, hier wie auch andernorts, auf dieses Spiel ein. Wer will es ihnen verargen, dass sie nicht Spielverderber sein wollen. Sie würden sonst ihre Existenz gefährden. Schliesslich muss jeder Pilger mit sich selbst im Reinen sein, wie er den Camino zurücklegt.

Die abgerissene und Stein um Stein wieder aufgebaute Wehrkirche von Portomarín

Der Stausee von Portomarín

237

78. Tag, 18. Oktober 2007
Portomarín - San Xulián

Aus einer unbewussten Nervosität heraus oder aus Vorfreude, bald am Ziel zu sein, konnte ich längere Zeit keinen Schlaf finden. In drei Tagen werde ich in Santiago de Compostela eintreffen, an einem Sonntag, so wie ich es mir gewünscht habe. Ich male mir aus, wie es sein wird, wenn mein Traum in Er-

Viele Pilger sind heute im Morgengrauen unterwegs

füllung gehen wird. Vieles habe ich über Santiago de Compostela, seine Kathedrale und die vielen Kirchen gelesen. Wird die Pilgermesse so feierlich sein, wie ich es mir aufgrund der Beschreibungen vorstelle? Werde ich alles so vorfinden, wie ich mir dies ausmale? Ich mache mir Gedanken darüber, ob ich am darauf folgen-

den Tag sofort in das 90 km entfernte Finisterra weitermarschieren soll, um nicht aus dem Rhythmus zu fallen. Oder ist es besser, einen Ruhetag einzuschalten und zuerst zum Pico Sacro, dem Heiligen Berg der Kelten, zu fahren, um diesen zu besteigen?

Als ich das Hostal verlasse, liegt dichter Nebel in den Gassen, der in der Dunkelheit eine Sicht von maximal 15 m zulässt. Noch bin ich der einzige Pilger weit und breit. Ich habe mir eingeprägt, ausserhalb des Ortes und nach Überquerung einer Brücke rechts abzweigen zu müssen. Gesagt, getan. Nach etwa 20 Minuten werde ich immer unruhiger, seit der Brücke habe ich keine Markierungen und keine Kilometersteine mehr gesehen. Ohne Karte bleibt mir nichts anderes übrig, als umzukehren. Auf dem Rückweg zur Brücke folge ich, weil mir der Rückweg unwahrscheinlich lange vorkommt, einer rot-weissen Wanderweg-Markierung einen Berg hinauf. Da der Pfad immer schmäler wird und bald eher einem Rehwechsel gleicht, werde ich abermals unsicher und mache erneut eine Kehrtwende. Bei der Brücke angekommen, treffe ich auf andere Pilger, denen es ähnlich ergangen ist, nur sind sie früher umgekehrt. Gemeinsam finden wir den vom Laub verdeckten und verblassten Richtungspfeil.

Im Laufe des Morgens hole ich die junge Japanerin ein, die zusammen mit einer Schwedin unterwegs ist. Shony, so oder ähnlich, fragt mich ungeniert, ob wir nicht gemeinsam eine Zeit lang wandern könnten, da gestern Abend in der Herberge viel über mich geredet wurde. Sie ist Anthroposophin und hat ihre Kinder folglich auch nach der Lehre von Rudolf Steiner erzogen. Heute wisse sie, dass eine Montessori-Schule besser gewesen wäre. Sie erzählt mir dann auch, dass sie ungläubig geworden sei und keiner Religion mehr angehöre, weil sie nirgends eine Antwort gefunden habe, die sie befriedigte. Viel später meint sie dann, wenn sie in Santiago ankomme, werde sie «Danke» sagen. Ich frage sie, wem sie denn «Danke» sagen wolle, wenn sie an nichts glaubt. «Oh my God, that's true» seufzt sie und realisiert sogleich, dass sie im Innersten noch immer an eine höhere Macht glaubt. Ohne diesen tief in uns verankerten Glauben an etwas Grösseres, Unvorstellbares kommt der Mensch offensichtlich nicht aus, auch wenn er sich rational noch so stark dagegen wehrt.

Vor lauter Schwatzen verging die Zeit sehr schell, so kurzweilig war die Wanderung. Von der Landschaft habe ich auf diesem Abschnitt nicht viel mitbekommen. Die beiden Frauen bleiben in Palas de Rei, während ich noch ein Stück weitergehe, um sicher zu sein, am Sonntagmorgen ohne Gewaltsmarsch Santiago zur Pilgermesse erreichen zu können. In San Xulián, einem alten Dorf mit vielen baufälligen Häusern, schlafe ich in einer kleinen, privat geführten Herberge. Ursprünglich beabsichtigte ich in einem Einzelzimmer zu übernachten; da ich jedoch der einzige Pilger bin, wird mir hier kein Schnarcher den Schlaf rauben. Die Wirts-

Shony, die interessierte Pilgerin aus Schweden

leute verwöhnen mich mit einem guten Nachtessen. Sie stammen aus Barcelona und haben mit den Pilgern gutes Geld gemacht. Ich bin in diesem Jahr ihr Pilger Nummer 2'314. Sie besitzen in Barcelona eine Stadtwohnung und in der Nähe von Valencia am Meer eine Ferienwohnung. Während es dem Wirt hier sehr gut gefällt, spürt man, dass seine Frau nur widerwillig und des Geldes wegen mitmacht.

Ein wohlverdientes Bier

239

79. Tag, 19. Oktober 2007
San Xulián - Arzúa

Gegen 8 Uhr erwache ich. Vom Restaurant her höre ich Geräusche, höchste Zeit, aufzustehen. Aus unerfindlichen Gründen hat mein Wecker nicht funktioniert. Auch hier ist es der Mann, welcher für mich das Frühstück zubereitet. Auf meiner ganzen Wanderschaft hat noch nie eine Wirtsfrau das Morgenessen serviert. Ich wusste bisher nicht, dass in der Gastronomie eine solche Arbeitsteilung besteht. Der Wirt setzt sich zu mir und klagt mir sein Leid. In der vergangenen Nacht hätten sie gestritten und sich auf eine Trennung geeinigt. Er würde die Herberge weiterführen, weil es ihm hier gut gefalle und er gerne den Kontakt mit den Pilgern habe. Zudem müsse er hier nur von Anfang April bis Ende Oktober arbeiten und verdiene so genügend Geld, um in der restlichen Zeit ein schönes Leben im Ferienhaus in Valencia führen zu können. Für die Frau wäre dies jedoch zu wenig. Die Pilger bedienen zu müssen, sei unter ihrer Würde.

Auf dem weiteren Weg hole ich den Schnarcher und seine Frau von Hospital da Condesa ein. Ich bin ehrlich erstaunt, die beiden, Marta und Franzisco, wieder anzutreffen. Ich habe ihnen keine solch langen Tages-Etappen zugetraut. Noch immer schleppt Marta den grossen Rucksack, sie scheint trotzdem sehr zufrieden und glücklich zu sein. Für die beiden aus Mexiko stammenden Pilger wird in Santiago ein lang gehegter Lebenstraum in Erfüllung gehen. Bei einem sol-

Ein ungewöhnliches Kruzifix

Ob die Frau wohl weiss, dass ihr Maistrockner auf einem Dolmengrab steht?

chen Ziel lohne es sich, einige Strapazen auf sich zu nehmen. Wenn man es freiwillig tue, sei es nur halb so schlimm, und ausserdem könnten sie sich aufeinander verlassen. Die beiden legen in einer Bar eine grosse Mittagsrast ein, während ich weitergehe.

Kurz darauf treffe ich auf ein Paar, das ich Ende August zusammen mit Freunden in Frankreich kennen gelernt und während Wochen nicht mehr gesehen habe. Es sind die beiden, welche ein horrendes Wandertempo vorlegen. Trotz meines mindestens 150 km langen Umweges über den Somport-Pass sind wir nun gleich weit. Ein Wandern im Schnellzugstempo bringt folglich rein gar nichts im Vergleich zu einem regelmässigen und nur von kurzen Ruhetagen unterbroche-

nen Pilgern. Sie haben sich von ihren Freunden getrennt, da diese ihren Rhythmus nicht mithalten mochten - hätte ich auch nicht können. Als sie das letzte Mal mit ihnen Kontakt hatten, waren sie drei Tagesetappen hinter ihnen. Auf dem Camino zählen nicht Minuten und Stunden, sondern es wird in Tagen gerechnet. Und was sind schon drei Tage Unterschied auf einer Wanderung von drei Monaten!

In einer Gartenbeiz komme ich mit einem Schotten ins Gespräch, der im Mai in Glasgow gestartet ist. Er ist ohne Eile. Ihm gefällt es ganz einfach, auf dem Camino zu sein, und er macht sich keine Gedanken, wann er in Santiago eintreffen will, da er ohnehin nicht weiss, was er anschliessend machen soll. Immer wieder begegne ich am gleichen Tag

Noch immer ist der alte Waschsalon in Betrieb *Einer der vielen typischen Maistrockner*

Menschen, die selbst und ihre Motivation, den Camino zu gehen, unterschiedlicher nicht sein könnten.

Immer wieder sind Zitronenbäume ....

Die Vegetation ist üppiger geworden. Das nahe Meer sorgt für genügend Regen. Orangen- und Zitronenplantagen sind nicht selten, vereinzelt sind auch Bananensträucher zu sehen und in den verschiedensten Blautönen endlos scheinende Eukalyptuswälder.

In dieser Gegend sind des öfteren kleine, schön herausgeputzte Landhäuser zu sehen. In den Einfahrten steht meistens ein Auto der oberen Mittelklasse mit deutschen oder Schweizer Nummernschildern. Es ist die Heimat so vieler Fremdarbeiter, die in der Fremde dank Verzicht und harter Arbeit zu einem kleinen Vermögen gekommen sind und das Haus ihrer Jugend zum Ferienhaus oder Alterssitz umbauten.

Kurz vor Arzúa beende ich kurz entschlossen in einem schönen Kleinhotel mein Tagespensum. Bis Santiago sind es nun nur noch etwa 35 km, in zwei Tagen sollten diese problemlos zu bewältigen sein, und vor Sonntag will und muss ich nicht dort sein. An einem Sonntag anzukommen, nicht früher und nicht später, das habe ich mir nun mal in den Kopf gesetzt.

Ausgiebig geniesse ich auf der Terrasse den herbstlich warmen Nachmittag bei einem Glas Wein und Musikhören. Meine Gedanken kreisen um das Nachher. In den vergangenen Wochen war es klar, was ich am nächsten Tag tun werde. Nach einer Zeit mit in sich geordneten Tagesabläufen stehen nun plötzlich wieder verschiedene Möglichkeiten offen. Verrückt, wie auch eine lange Pilgerreise voller unvorhersehbarer Ereignisse zu einem normalen, strukturierten Leben werden kann. In einem Leben, in dem die Überraschungen das Normale darstellen und das Normale die Überraschungen sind.

Nach einem ausgezeichneten Nachtessen mit fünf verschieden Meerfischen als Hauptgang lege ich mich früh schlafen.

.....am schönen Pilgerweg zu sehen.

80. Tag, 20. Oktober 2007
Arzúa - Labacolla

Den Weg entlang der Hauptstrasse nach Arzúa hinein finde ich in der Dunkelheit problemlos. Es wird nun erst nach 8.30 Uhr hell. Die ausgedehnten Eukalyptuswälder haben in der aufgehenden Sonne und den Nebelfeldern etwas Gespenstisches an sich. Im Gegensatz zur Meseta mit ihren Kilometer langen schnurgeraden Strecken ist der Camino hier abwechslungsreich und bietet immer wieder überraschende Ausblicke in die hügelige Landschaft.

Heute beabsichtige ich bis auf den Monte do Gozo zu wandern. Nochmals eine längere Etappe, damit ich morgen Sonntag nur noch fünf km bis nach Santiago de Compostela zu gehen habe. Ich komme gut voran, trinke und esse regelmässig. Kurz nach Mittag mache ich im Schatten eines Eichenwaldes Rast und esse ein im Hotel gekauftes Schinken-Sandwich mit grossem Appetit. Beim zweiten Sandwich wird mein Hungergefühl wie durch das Drehen eines Schalters ausgeschaltet, ich bringe keinen Bissen mehr hinunter. Komisch!

Der nachfolgende steile Aufstieg ist wegen eines abgeholzten Waldes der prallen Sonne ausgesetzt. Ich fühle mich kraftlos und schwitze überaus stark. Die grossflächige Rodung entpuppt sich später als Ausläufer der Start- und Landebahn des Flugplatzes von Santiago. Der Grenzstein von Santiago ist ein willkommener Anlass, um nach kurzer Zeit ungewohnterweise nochmals einen längeren Halt einzulegen. Ich bin im Stadtgebiet von Santiago de Compostela. Trotzdem kann ich mich nicht so richtig darüber freuen, ich bin noch nicht am Ziel und mir ist hundeübel. Des grossen Durstes wegen trinke ich reichlich und esse

Morgenstimmung nach Arzúa

Wilde Lilien

Eukalyptusbäume in den unterschiedlichsten Blautönen

gefangen, oder bin ich ganz einfach erschöpft und merke es nicht? Das kann es doch nicht sein! In den vergangenen Wochen habe ich des Öfteren grössere Hitzeperioden problemlos ertragen.

Unweit des Weges sehe ich ein Hotel der gehobenen Klasse. Egal, ich gehe kurz entschlossen hinüber, um nach einem Zimmer zu fragen. Beim Hintereingang, nur wenige Schritte von der Rezeption entfernt, weist mich ein aufgebrachter Kellner um das ganze Haus herum zum Vor-

einen Apfel, Brot mag ich keines, ganz einfach, weil ich es nicht hinunterwürgen kann. Noch immer etwas schlapp gehe ich weiter. Nur wenige Kilometer später mache ich bei einer Bar wiederum einen Halt und trinke zwei kalte Cola. Von den offerierten Tortillas (kalte Kartoffelomelette) nehme ich zwei, drei Bissen, lege sie dann aus Widerwillen wieder weg. Sie sind mir zu fettig. Etwas erholt nehme ich den restlichen Tagesabschnitt in Angriff. Bereits im ersten kleinen Aufstieg fühle ich mich kraftlos. Es geht nicht lange, bis mein Magen rebelliert. Zwei, drei Mal schlucke ich leer, bis ich fürchterlich erbrechen muss. Ich frage mich, was ich falsch gemacht habe. Waren die Cola zu kalt oder waren die Sandwichs nicht mehr frisch, habe ich gar einen Sonnenstich beim Umgehen der Landebahn ein-

dereingang. Ich fühle mich zu schwach zur Widerrede. Kaum im Zimmer, muss ich kurz hintereinander nochmals zweimal enorm grosse, nach Schwefel stinkende Mengen erbrechen. Da sich ausserdem noch Durchfall dazugesellt, fühle ich mich richtiggehend ausgelaugt, schwach und elend. Ich wusste bisher nicht, dass man im Bauch solche Quantitäten unverdauter Speisen mit sich herumtragen kann. Nach dem Duschen falle ich sofort in einen tiefen Schlaf. Es war wohl der Hunger, der mich aufwachen liess. Ich ziehe mich an, um zum Nachtessen zu gehen. Zum Apéro trinke ich eine Cola, um mich zu erfrischen, Cola soll bekanntlich helfen, den Durchfall zu stoppen. Die wenigen gegessenen Chips

Hurra, ich bin in Santiago de Compostela, das Ziel kann nicht mehr weit sein

rumoren im Bauch, ich merke, dass nicht an ein normales Essen zu denken ist. Ohne zu essen gehe ich schlafen. Während der Nacht wache ich mehrmals vom Hunger geplagt auf. Ich esse jedes Mal von meinen Konfitüre-Portionen, etwas ausgetrocknetes Brot als Zwiebackersatz und trinke eine kleine Flasche Mineralwasser aus der Minibar leer. Bis am Morgen habe ich dann die ganze Minibar leergetrunken.

Alte Trinkwasserquelle für Pilger

81. Tag, 21. Oktober 2007
Labacolla - Santiago de Compostela

Es ist Sonntag, mein grosser Tag! Ich fühle mich recht gut. Beim Morgenessen ist es mir noch etwas unwohl, mehr als einen Kaffee und ein kleines Stückchen getoastetes Brot mag ich nicht essen.

Auf dem Camino zurück, fühle ich mich zu meiner eigenen grossen Überraschung so kräftig, um mit zügigem Schritt loszuziehen und die restlichen 10 km bis Santiago zu bewältigen. In einem waldigen Aufstieg ist es stockdunkel. Ich sehe meine eigene Hand kaum mehr vor den Augen, sodass ich die Stirnlampe einschalten muss. Von weitem sehe ich einen Lichtpunkt hin- und hergehen. Bei einer Weggabelung treffe ich dann auf einen asiatischen, stark vermummten Pilger, der offenbar nach der Markierung sucht. Gemeinsam werden wir schliesslich fündig. Schweigend gehen wir den Weg entlang, er auf der einen und ich auf der anderen Wegseite, um mögliche Markierungen nicht zu verpassen. Beim Verlassen des Waldes, es ist inzwischen heller geworden, erkenne ich in meinem Begleiter, beziehungsweise Begleiterin Shin-Shin, eine Koreanerin, mit der ich vor einigen Tagen in der Wehrkirche von Portomarín einige Wort gewechselt habe.

Der vielgepriesene Monte do Gozo, der Berg der Freude, ist eine reine Enttäuschung. Durch ein Villenquartier erreicht man einen kleinen Erdhügel mit einer neuen riesigen Plastik, die zu Ehren des Papstes aus Anlass seines Besuches während dem letzten heiligen Jahr eingeweiht wurde. Leider wurde das berühmte Denkmal mit den Pilgern ersetzt. Von hier aus ist zum ersten Mal Santiago de Compostela zu sehen. Ich kann es kaum fassen, nur noch wenige Schritte, und ich bin am Ziel!

Im Abstieg sieht man auch einen grossen Herbergs-Komplex mit über 3'000

Neues Denkmal auf dem Monte do Gozo

Betten. Ich will in die Stadt hinein und dort, in der Nähe der Kathedrale, eine Unterkunft suchen. Als Erster kommt mir ein amerikanischer Pilger entgegen, der mir aufs herzlichste gratuliert.

In einer schmalen Gasse spricht mich dann eine jener berühmten, älteren Damen an, um mir ein Zimmer zu vermieten. Wie aus heiterem Himmel dreht es mir den Magen, und ich muss erneut erbrechen, als wäre ich der grösste Trunkenbold. Die Frau hat sich inzwischen verschämt hinter die nächstbeste Ecke verdrückt, damit sie ja nicht in den Verdacht kommt, mit mir etwas zu tun zu haben. Als ich dort vorbeikomme, redet sie unermüdlich auf mich ein. Mit dem Argument, dass sie und ihr Mann für mich Tee gegen das Unwohlsein kochen würden, hat sich mich überzeugt. Ich folge ihr, weil ihre Pension nur fünf Minuten von der Kathedrale entfernt sein soll. Wenn es mir nicht passt, dann kann ich immer noch ausziehen. Die Frau liefert mich bei ihrem Mann ab, verschwindet dann sofort wieder, um weitere Pilger von den Vorteilen ihrer Pension zu überzeugen. Das Zimmer ist sauber, es fehlt an nichts. Ihr Mann bringt mir denn auch bald einen Tee.

Noch vor dem Duschen telefoniere ich Anita, um ihr von meiner Ankunft zu berichten. Mehr würde ich ihr dann nach der Messe erzählen. Da ich mich etwas mitgenommen fühle, lege ich mich noch für eine Stunde ins Bett.

Eine Stunde vor Messebeginn gehe ich durch verwinkelte Gassen zur Kathedrale. Auf dem Platz davor sind hunderte von Menschen, alle wollen zur Messe. Die Kathedrale ist bereits jetzt bis auf den letzten Platz besetzt. Unzählige stehen den Wänden entlang. Mehrere Aufseher sorgen für Ordnung und Ruhe und weisen die Leute und Behinderte auf mögliche Sitzplätze hin. Mit viel Glück bekomme ich im hinteren Teil des Mittelschiffes noch einen Sitz, andere sind zu meinen Gunsten zusammengerückt. Ich sehe mir vertraute Pilgergesichter, noch immer den Rucksack geschultert, zum Portal hereinkommen, Nicki, die Südafrikanerin, Shony, obwohl ungläubig, ist auch in der Messe, die junge Japanerin, das mexikanische Ehepaar und viele andere. Immer wieder recken wir den Daumen in die Höhe, um einander auf diese Weise auf Distanz zu gratulieren. Wir alle sind angekommen, wir alle sind am Ziel einer langen Wanderung und warten nun auf den feierlichen Empfang durch die berühmte Pilgermesse.

Die lange Zeit bis zum Beginn der Messe verkürzt eine Ordensschwester mit Gesängen, Vorlesungen im Wechsel mit Orgelspiel. Wirklich eine gekonnte Einstimmung auf die bevorstehende Messe. Der Einzug der verschiedenen Priester oder Bischöfe ist in ihrer purpurnen Farbenpracht äusserst würdevoll und feierlich. Ich kenne mich in der hierarchischen Farbgebung der Talare nicht aus;

violett soll für die Kardinäle reserviert sei. Möglich, dass auch ein solcher dabei war, ich bin mir jedoch nicht sicher.

Von der ganzen Messe verstehe ich praktisch nichts. Auch vom Schwingen des 54 kg schweren, silbernen Weihrauchkessels, dem berühmten Botafumeiro, quer durch das Querschiff bekomme ich nur wenig zu sehen. Mir ist nicht wohl, ich fühle mich elendiglich schwach. Weil die Luft zum Schneiden dick ist, bekomme ich einen Schweissausbruch nach dem anderen. Ich bleibe sitzen, wenn andere aufstehen und warte so das Ende der Messe ab. Ich gehe hinüber zu einem der vielen offenen Beichtstühle und frage den Priester, wo ich einen Arzt finden könne. Dafür sei er nicht hier, meint er und weist mich etwas schroff weg. Ist ja klar, der ist nicht für das körperliche Wohlergehen zuständig. Eine vorbeikommende Ordnungshilfe begleitet mich in die Sakristei, wo mich Ordensschwestern über meine Marschleistungen und Essgewohnheiten befragen.

Die herbeigerufene Ärztin fackelt aufgrund der erhaltenen Informationen nicht lange und führt mich zusammen mit einer Ordensschwester hinaus zu einer bereitstehenden Ambulanz. Ob die extra herbeigerufen wurde oder ob sie für solche Fälle immer bereitsteht, weiss ich nicht - ist mir in meinem Zustand auch egal. Damit hatte ich allerdings nicht gerechnet, sondern ich wollte nur schnellstmöglich von einem Arzt ein Medikament, um mein Unwohlsein zu stoppen. In der Notfallstation werde ich wiederum von einer Ärztin befragt und gründlich untersucht. Dabei staune ich selbst, wie ich mit meinen Spanisch-

kenntnissen in dieser schwierigen Lage zurechtkomme, kommen muss, weil sie glaubt, aufgrund meiner Aussagen besser beurteilen zu können, worunter ich leide, als wenn wir beide in einer Fremdsprache miteinander reden würden. Ihre Diagnose ist bald einmal klar, eine Lebensmittelvergiftung, vermutlich sind die leckeren Fische in Arzúa daran schuld. Der mit dem Erbrechen verbundene Wasserverlust führte zu einer ausgeprägten Dehydrierung meines Körpers und folglich zum starken Schwächezustand. Aufgrund meiner Schilderungen war sie erstaunt, dass ich es trotzdem bis nach Santiago geschafft habe und nicht irgendwo hatte abgeholt werden müssen. Hätte gerade noch gefehlt, das Ziel in greifbarer Nähe und aufgeben zu müssen! Sie gibt gleichzeitig Entwarnung, da es nichts Organisches sei und ich nur einige Tage der Schonung bedürfe. Die nächsten drei Stunden hänge ich dann am Tropf. Während den Wachphasen habe ich Zeit genug, meine Wanderung Revue passieren zu lassen und zu realisieren, mit welchem Privileg ich ausgestattet war, um ohne nennenswerte Blessuren oder gar Krankheiten nahezu drei Monate unterwegs gewesen zu sein, während viele andere die Pilgerreise abbrechen mussten.

Langsam kehren die Kräfte wieder zurück und damit auch das Pläneschmieden. Aufgrund meiner Verfassung mute ich mir die nötigen drei Tagesmärsche nach Finisterra hinaus noch nicht zu. Selbstverständlich will ich dorthin; wenn es nicht anders geht, dann eben mit dem Bus, und auf den Pico Sacro will ich auch. Morgen will ich ausruhen, Santiago de

Compostela besichtigen und mich um die Heimreise kümmern. Die Ärztin entlässt mich ausser mit guten Wünschen mit einigen Pillen und einem Medikamenten-Rezept für Antibiotika, eines, um die Magen-Darmflora wieder in Ordnung zu bringen, und eines gegen den Brechreiz. Für die nächsten Tage ist Diät verordnet. Sie gibt mir den Ratschlag, in der kommenden Woche ja keine fettigen Speisen zu essen, sondern nur weissen, gedämpften Reis und reife Bananen. Wichtig sei vor allem, die Medikamente regelmässig alle vier Stunden einzunehmen, auch nachts, jedoch nicht alle gleichzeitig. Zu meiner grossen Überraschung muss ich für den Transport mit der Ambulanz und die Pflege als Pilger nichts bezahlen. Dies alles gehört ebenfalls zu den Jahrhunderte alten Pilgertraditionen. Die Kosten werden vom spanischen Staat getragen. Wahrlich, eine sehr noble Geste, die nicht hoch genug eingeschätzt werden kann.

Noch etwas wacklig auf den Beinen verlasse ich die Notfallstation, um mit einem Taxi in die Stadt zurückzufahren. Aber wohin? Ich weiss nicht, wie die Strasse heisst, an der die Privatpension liegt. Da ich den Weg von der Kathedrale zurück in die Pension bestimmt wiederfinden würde, nenne ich diese als Ziel. Das Quartier um die Kathedrale herum ist jedoch für Autos gesperrt. Da erinnere ich mich, auf dem Weg zur Messe, unmittelbar nach Verlassen der Pension, einige Fotos gemacht zu haben, die ich dem Taxifahrer auf dem Kamerabildschirm zeige. Ihm ist sofort klar, wo ich wohne und welchen Weg er fahren muss. Die moderne Technik hat schon gewaltige Vorteile, sie hilft einem bei solch misslichen Situationen elegant aus der Patsche.

In einem Restaurant mit einem sehr gepflegten Garten und mit einer weiten Aussicht über das westliche Santiago trinke ich Kamillentee. Nicht unbedingt mein Lieblingstee, in dieser Situation ist er für mein Innenleben jedoch eine grosse Wohltat. Das getoastete Brot findet seinen Weg in den Magen erst nach langem Kauen. Die erste Nahrung seit langer Zeit. An einem Sonntag in einer fremden Stadt eine geöffnete Apotheke zur Besorgung der Medikamente zu finden, ist keine leichte Aufgabe. Ich muss quer durch die Stadt und natürlich wieder zurück, was in meinem Zustand mit einiger Anstrengung verbunden ist. Es erweist sich nun als grosser Vorteil, in einer privaten Pension zu sein. Die Besitzerin kocht mir bereitwillig einen Teller voll Reis und Tee. Appetit habe ich nicht gross, ich weiss jedoch, dass ich essen muss, auch um die Medikamente besser vertragen zu können. Bevor ich mich früh schlafen lege, telefoniere ich noch mit Anita, um die am Morgen aufgekommenen Sorgen zu zerstreuen. Diesen Tag habe ich mir wahrlich etwas anders vorgestellt.

Ausklang in Santiago de Compostela

iermal muss ich in der Nacht aufstehen, um die Medikamente einzunehmen. Und hungrig wie ich bin, esse ich vom kalten Reis und jeweils eine halbe Banane. Recht gut ausgeruht und einigermassen bei Kräften gehe ich in die Stadt, um zu frühstücke und die Heimreise zu organisieren. Der Duft frischer Butter-Gipfel ist betörend, den Rat der Ärztin befolgend, begnüge ich mich mit etwas Toastbrot, Konfitüre und Tee.

Auf dem Platz vor der Kathedrale sind heute kaum Menschen. Wie überall auf der Welt sind die wenigen, die man an einem frühen Wochentagmorgen sieht, zielstrebig unterwegs zur Arbeit. Santiago de Compostela zeigt sein abgeschminktes Werktagsgesicht, die tief hängenden Wolken vermitteln einen melancholischen und trostlosen Eindruck, genauso wie ein Winterkurort im November vor dem ersten Schnee.

Auf dem Pilgerbüro hole ich zuerst die Urkunde ab. Sie wird nur bei Vorweisung des Pilgerpasses und nach Überprüfung der verschiedenen Stempel ausgestellt. Dafür wird eine Spende von zwei Euro erwartet, die vermutlich die meisten Pilger gerne ausgeben.

Die dreitägige Wanderung nach Finisterra erscheint mir nun plötzlich nicht mehr notwendig und auch zu beschwerlich. Für einen Abstecher mit dem Bus muss ich zwei Tage einsetzen, und das ist mir jetzt zu umständlich. So buche ich auf

Ein Höhepunkt der Pilgermesse in der Kathedrale ist das Schwenken des 54 kg schweren silbernen «Botafumeiro»

Kloster San Martiño Pinairo

einem Reisebüro für Mittwochmorgen einen Flug für lediglich rund Fr. 200.-. Pilger erhalten, wenn sie mit der spanischen Fluggesellschaft fliegen, gegen Vorweisung der Urkunde einen grosszügigen Rabatt von 50 %. Zur Kathedrale zurückgekehrt gibt's ein Wiedersehen mit Jens, dem jungen deutschen Pilger, dem ich vor Wochen in Frankreich begegnet bin. Er ist eben angekommen und sitzt wie verloren und geistesabwesend auf der untersten Treppenstufe der Kathedrale.

Meine Glückwünsche quittiert er leise mit einem einfachen «Danke» und ich sehe, wie er sich eine Träne verkneift. Möglich, dass er sich das Ankommen am ersehnten Ziel anders vorgestellt hat. Im Gegensatz zu den bekannten Städte-Marathon, mit ihren vielen tausend Zuschauern, die auch den letzten Läufern frenetisch applaudieren, gibt es hier kein Empfangskomitee, das sich um Einzelne sorgt und ihnen weiterhilft.

Bis zum Messebeginn habe ich viel Zeit, um die Kathedrale eingehend und ungestört zu besichtigen. Im Gegensatz zu gestern sind nur wenige Menschen da. Für alle Pilger ist der Eintritt durch das Glorientor mit seinen über 200 Figuren ein «Muss». Für die Katholiken markiert das Berühren der Säule mit dem Apostel «Das Ende des Weges». Hinter dem Altar steht eine überlebensgrosse Apostelfigur. Dahinter kann man auf einer Treppe hinauf bis zu ihrer Schulter steigen. Das Auflegen der Hände auf die Schulter ist, wie das Besichtigen des Apostelgrabes in der Krypta, eines der vielen Rituale, die nicht nur katholische Pilger befolgen. Die dabei geäusserten Wünsche sollen gemäss Überlieferung in Erfüllung gehen. Für mich ist es beeindruckend, wie viele Pilger noch vor Messebeginn eine Beichte ablegen. Vermutlich, um sicher zu sein, dass nach den erlittenen Strapazen genügend Busse getan wurde. Beeindruckend deshalb, weil ich in unserer rationellen und auch oberflächlichen Zeit eine solche tiefe Gläubigkeit trotz den umstrittenen römischen Dogmen nicht für möglich gehalten habe.

Selbstverständlich schliesse ich jetzt in mein Gebet die mir unterwegs mitgegebenen Gebetswünsche ein, so wie ich es meinen Helfern und Auftraggebern versprochen habe. Ebenso gedenke ich des Briefchens aus Le Puy-en-Velay, das ich jetzt erst recht wie einen Garantieschein für meine erfolgreiche Pilgerreise einzustufen gewillt bin. Möge es den beiden Verfassern Monique und Jacques eines Tages vergönnt sein, das Erlebnis Camino ebenso erfolgreich bestehen zu können, wie es mir vergönnt war.

Höhepunkte der Messe sind zweifelsohne das Schwenken des silbernen «Botafumeiro», die Segnung der Pilger und das Verlesen ihrer Namen. Wer dies wünscht, kann sich bei der Ausstellung der Urkunde dafür anmelden. Auf das Verlesen meines Namens habe ich verzichtet, da es mir als zu eitel erschien. Der Weihrauchkessel legt in einem grossen Bogen eine Strecke von nicht weniger als 65 m zurück. In früheren Jahrhunderten soll er in erster Linie zur Übertünchung der stinkenden Pilger eingesetzt worden sein. Heute wirkt das Ganze eher wie eine imposante folkloristische Show, die unabdingbar zum alt-

hergebrachten Ritual gehört und die auch auf Nichtchristen beeindruckend wirkt. Im Übrigen soll sie von Carunternehmen finanziert werden.

Noch in der Kirche gibt's ein Wiedersehen mit Harald und Andreas, die ich seit mindestens zwei Wochen nicht mehr gesehen habe. Sie sind gestern am späten Abend angekommen. Zusammen gehen wir eine Kleinigkeit essen. Während die beiden kräftig zugreifen, bin ich noch im-

In Santiago gibt es Sehenswürdigkeiten für viele Tage

mer auf Schonkost eingestellt. Ein Schinkenbrot mute ich mir trotzdem zu. Ich glaubte immer, Parmaschinken sei das Nonplusultra, bis ich in Spanien eines Besseren belehrt wurde. Spanischer Schinken ist Extraklasse. Mit einem Glas Wein stossen wir auf das Wiedersehen und auf das gute Gelingen unserer Pilgerreise an. Sie haben für morgen ein Auto gemietet und laden mich ein, mit ihnen nach Finisterra zu fahren. Eine Einladung, die ich noch so gerne annehme, um so

In diesem schönen Gartenrestaurant erhole ich mich bald wieder

mehr, da ich diesen Ausflug bereits gestrichen hatte. Wir verabreden uns für morgen früh beim Bahnhof. Das Umbuchen des Fluges bereitet keine Probleme, und die entstandenen Kosten werden mir geschenkt. Die Leute geben sich hier alle Mühe, um den Pilgern den Aufenthalt zu erleichtern. Es ist kein vorgetäuschtes Interesse, wenn sie nach dem Wohlbefinden, dem Woher und Wohin fragen. Für einige ist es schlichtweg unfassbar, dass ich den ganzen Weg von der Schweiz aus gewandert bin.

Nahezu ein echter Pilger

Den restlichen Nachmittag verbringe ich in einem Garten-Café, geniesse die Herbstsonne, beobachte das Kommen und Gehen bei der Kathedrale und erledige die vielen Kartenwünsche.

Einer weiteren alten Tradition folgend gehe ich abends frühzeitig zum «Hostal de los Reyes Católicos», heute ein Parador - Luxushotel. Auch in Santiago de Compostela ist es ein ehemaliges Pilgerhospital. Aufgrund der Dimensionen (die Frontseite ist über 100 m lang) müssen einst unvorstellbar grosse Heerscharen von Pilgern unterwegs gewesen sein. Hier wurden sie allesamt während drei Tagen gratis verköstigt. Dieser Tradition folgend, erhalten heute die ersten zehn anstehenden Pilger gegen Vorweisung ihrer Urkunde gratis ein Essen. Aus Neugier, ob von diesem Brauch etwas übrig geblieben ist, stelle ich mich beim grossen Garagentor auch an und habe Glück, dabei sein zu können. Es sind Pilger der verschiedensten Nationen. Einige kommen täglich hierher, weil sie keinen einzigen Cent mehr in der Tasche haben und darauf angewiesen sind, etwas zu essen zu bekommen. Hier lerne ich auch Pilger kennen, die jedes Jahr auf einem der vielen Pilgerwege unterwegs sind. Für sie gehört dieses Essen ebenso zum unverzichtbaren Abschlussritual wie die Pilgermesse. In der grossen Hotelküche ist für jeden von uns ein Tablett mit reichlich Essen samt Getränken bereitgestellt worden. In einem extra eingerichteten Pilgerstübchen sitzen wir zusammen und tauschen unsere Erlebnisse aus. Alles ist perfekt organisiert, es scheint mir jedoch, dass es für das Hotelpersonal eher einer Pflichtübung gleichkommt. Nur dank den Habitués finde ich den Weg durch die endlosen Gänge dieses Grosshotels hinaus nach draussen in die dunkle Nacht.

Traditionelles Essen für Pilger im Hotel Parador

zudem den Hund füttern und pflegen. Sie sind ans Kap gekommen, um den Sonnenuntergang zu erleben.

Ein 60-jähriger, gehbehinderter Japaner setzt sich zu uns. Er hat den Camino am Stock bewältigt und verfolgt nun am Ende seiner Pilgerreise sichtlich bewegt dieses Naturschauspiel. Für ihn ist es etwas ganz Spezielles, wie er uns erzählt. In Japan ist 60 eine magische Zahl, und wer in diesem Alter eine unübliche grosse Leistung vollbringt, werde in seinem wei-

Versunken verfolgt ein Pilgerpaar das Verglimmen ihrer alten Kleider

teren Leben besonders verehrt. Er freut sich echt darüber, dass ich mit bald 70 einen so langen Weg gegangen bin. Dies verleihe ihm nun grosse Zuversicht, auch in den kommenden Jahren weiter aktiv sein zu können. Diese Beispiele von während vielen Tagen erbrachten körperlichen und mentalen Leistungen finden an diesem Abend am westlichsten Zipfel Europas in einem unvergesslichen Moment einen würdigen, emotional berührenden Abschluss.

Das Verbrennen der auf dem Pilgerweg zerschlissenen Kleider und das Mitverfolgen des Sonnenuntergangs gehören an diesem Ort, dem Ende der Welt, seit Jahrtausenden zum mystischen Ritual

Pico Sacro

Ausgeschlafen gehe ich zum Busbahnhof, wo ungefähr 50 Linienbusse bereitstehen. Es herrscht ein Betrieb wie bei uns in einem grossen Eisenbahn-Bahnhof. Für mich etwas Ungewohntes, und es ist gar nicht so leicht, den richtigen Bus zu finden. Wir verlassen Santiago in Richtung Süden.

Von weitem ist der Pico Sacro zu erkennen. Wie ein schwarzer, regelmässiger Vulkankegel hebt er sich von der Umgebung ab. Sein Gipfel verschwindet in den Wolken. Es ist erstaunlich, wie nur wenige vom «Pico Sacro», dem «Heiligen Berg», Kenntnis haben. Kaum ein Pilger weiss davon, und selten ist er in einem Buch erwähnt. Erstaunlich auch, dass sich seine Bedeutung, die ihm den Namen gab, von den Kelten bis in die heutige Zeit hinübergerettet hat. An seinen Abhängen wurden nebst vielen Höhlen etliche Dolmengräber, die Grabstätten keltischer Anführer und Weisen, gefunden. Wie viele andere «heilige Berge» auf der Welt wurde er als Sitz von Gottheiten oder als besonders starker Kraftort verehrt.

Von der Bushaltestelle aus geht es in einem knapp zweistündigen Marsch durch Wälder steil bergauf. Ich bin wieder alleine unterwegs und sehe während dem ganzen Aufstieg keinen Menschen. Die Wolken haben sich inzwischen gelichtet, und je näher ich komme, umso besser sind die Gipfelkonturen zu erkennen. Zu meinem Erstaunen sehe ich die Wegmarkierungen des portugiesischen Jakobsweges unmittelbar vor dem letzten Aufschwung zum Pico Sacro. Ob dieser Weg wohl bewusst hier vorbei kommt?

Bei der Christianisierung wurde auch dieser heilige Ort der Kelten mit dem Bau einer kleinen Kapelle übernommen. Sie schmiegt sich nur wenige Meter unter dem Gipfel eng an den Felsen. Von dort hinauf nach ganz oben ist ein enger Einschnitt zu durchschreiten. Alles deutet

Der christianisierte Pico Sacro mit Kapelle

darauf hin, dass er einst von Hand ausgebrochen wurde und möglicherweise religiösen Zwecken diente. Der Gipfel ist problemlos auch ohne diesen Durchgang zu erreichen.

Einmal mehr habe ich grosses Glück. Die Wolken haben sich verzogen, und ich bekomme eine eindrückliche Rundsicht zu sehen. Weit über Santiago de Compostela hinaus, das eingebettet in einer Mulde liegt, sehe ich in der Ferne die Konturen des Küstengebirges. Während ungefähr einer Stunde bleibe ich auf diesem mystischen Gipfel sitzen, der mich wie ein Magnet angezogen hat. Egal, aus welchen Gründen auch immer!

Beim Warten an der Bushaltestelle komme ich mit einer jungen Spanierin ins Gespräch. Sie arbeitet in der Stadt als Verkäuferin. Am liebsten würde sie sofort nach England oder noch lieber nach Amerika auswandern. Hier sei alles so kleinbürgerlich, beengend, die Jungen könnten sich zu wenig zu aktuellen Anliegen äussern. Sie erzählt von den Onkeln und Tanten, deren Eltern bereits zu Beginn des letzten Jahrhunderts nach Südamerika ausgewandert sind. Die Emigration, das Fernweh sei ihr vermutlich vererbt worden. Sie legt auch grossen Wert darauf, nicht als Spanierin zu gelten, sondern als Galicierin.

Zurück in Santiago begegne ich jener älteren Pilgerin, mit der Jakob und ich Ende August in der Nähe von Figeac vor einer geschlossen Herberge diskutierten, was nun besser sei, umzukehren oder weiterzugehen. Im Gegensatz zu uns hatte sie sich fürs Weitergehen entschieden. Heute ist sie nun angekommen und noch immer trägt sie wie damals ihre kurzen Shorts. Sie ist in Begleitung von zwei ihrer erwachsenen Enkelkinder, die extra zu ihrer Ankunft angereist sind. Sie erzählt von ihrer Wanderung und wie sie ab und zu in Herbergen ausgeholfen hat, um ein wenig Taschengeld zu verdienen. Für sie ist es selbstverständlich, in zwei, drei Tagen den Rückweg anzutreten. Der Camino sei definitiv ihr Zuhause geworden; hier erlebe sie die lang ersehnte Freiheit. Es sei auch unerheblich, wann sie zurück sein werde, vielleicht bleibe sie für den Rest des Lebens auf dem Camino. Da spüre sie das wirkliche, vor allem ehrliche Leben.

In Fels gehauener Aufgang zum Gipfel

Heimreise

Pünktlich um sechs Uhr wartet das Taxi vor der Tür, das mich hinaus zum Flugplatz bringt. In der Dunkelheit kann ich einige Abschnitte meines letzten Pilgertages erkennen, die ich am vergangenen Sonntag erwartungsfroh auf die baldige Ankunft gegangen bin. In der Wartezeit bis zum Abflug mache ich mir Gedanken, wie der Übergang in den Alltag wohl aussehen mag.

Erinnerungen tauchen auf, wie ich glaube einigStationen meiner letzten Pilgerwochen erkennen zu können

Wird alles wieder so sein wie vorher, oder habe ich mich derart verändert, dass mir alles fremd und ungewohnt vorkommen wird? Kann ich etwas von meiner neu gewonnenen Gelassenheit, von meinem Urvertrauen, von der Sorglosigkeit und Zuversicht in mein weiteres Leben hinüberretten, oder sind die ausgefahrenen Geleise so stark, dass ich bald wieder in die bisherigen Gewohnheiten zurückfalle?

Bei aufgehender Sonne heben wir ab. Mit Wehmut schaue ich hinunter, um durch den Morgennebel hindurch ein Stück des Caminos zu erhaschen. Ich glaube auch, einige markante Orte wie Portomarín oder Ponferrada zu erkennen, und schon tauchen die damit verbundenen Erlebnisse wieder sehr lebendig in mir auf.

Nach einer Zwischenlandung in Barcelona geht der Flug übers offene Meer hinüber zu den mir bekannten Gipfeln der Alpen. Vorbei am Mont Blanc, der Dufourspitze und dem Dreigestirn Eiger, Mönch und Jungfrau in Richtung Basel. Über dem Mittelland liegt eine dicke Wolkendecke. Und da sehe ich doch tatsächlich das «Bocksgespenst» Phänomen. In einer kreisrunden, regenbogenfarbigen Gloriole zeichnet sich mittendrin auf der Wolkendecke unser Flugzeug als Schatten ab. Der ganze Spuk dauert nur einen kurzen Moment. Die ideale Konstellation von Sonne und Flugzeug war dafür zeitlich eng begrenzt.

Das Phänomen «Bocksgespenst».

Am Flughafen besteige ich das erstbeste Taxi, ein Riesenauto für Staatsmänner. Trotz der Nobelkarosse lasse ich es mir nicht nehmen, zwei Kilometer nach Hause zu Fuss, als symbolischer Akt, zurückzulegen. Zeit, um mir den Abschied vor knapp drei Monaten in Erinnerung zu rufen. Eine lange Zeit, während der ich so vielen Menschen begegnet bin und so viel Unbekanntes kennen lernte. Und trotzdem scheint es mir, als ob es gestern gewesen wäre. Würde ich die Rückkehr genauso erleben, wenn ich den ganzen Weg nach Hause ebenfalls zu Fuss gemacht hätte, wie einst die Pilger im Mittelalter?

Gedanken zu meinem Pilgerweg

Jeder Pilger erlebt seine Wanderung auf seine ganz persönliche Art. Und jeder Pilger macht seine eigenen Erfahrungen, hat seine persönlichen Erlebnisse. Begebenheiten, die ein anderer völlig unterschiedlich wahrnimmt und anders darüber berichtet. Im Nachhinein kann ich mir nicht vorstellen, dass jemals andere Herbergen in Frage gekommen wären als jene, in denen ich Unterkunft fand. Am Ende einer Tageswanderung waren die Unterkünfte entsprechend meinen Bedürfnissen einfach da.

Für mich ist die ganze Wanderung ein in sich abgeschlossenes Ganzes, eine Einheit. All die Irr- und Umwege gehörten dazu, hatten ihren Sinn und machten aus der Wanderung eine Pilgerreise. So, als ob der Weg vorgezeichnet gewesen wäre. All die Tage konnte ich mir nicht vorstellen, wo das Ziel liegt und wann immer ich ankommen würde. Ich wusste nur, dass, wenn alles gut geht, am Ende des Weges Santiago de Compostela liegt. Und gehen wir unseren Lebensweg nicht genau so?

Jeder entscheidet sich bei der Planung für die ihm zusagende Art, auf dem Pilgerweg nach Santiago de Compostela zu gelangen. Sei es als Mitglied einer Gruppe, zu zweit oder alleine, mit dem Fahrrad, mit einem Pferd oder in Begleitung seines Hundes, sei es als Bus- oder Busspilger oder als Hochleistungspilger, sei es als Abenteuer- oder Kulturfreak oder auch als Bettelpilger. Wenig Verständnis habe ich für diese Bettelpilger, für die es ein Sport ist, Santiago zu erreichen, ohne einen einzigen Cent auszugeben und die dabei die meist armen Anwohner des Caminos zu Spenden nötigen. Ebenso unverständlich ist für mich die Motivation der Schickimicki-Pilger, die mit dem Taxi von Ort zu Ort fahren, um die Stempel einzusammeln, damit sie sich mit der Compostela-Urkunde als echte Pilger brüsten können.

Auf Grund meiner Begegnungen glaube ich, dass es eine Illusion ist, auf dem Pilgerweg für anstehende (Lebens)-Probleme eine Lösung zu finden. Dafür ist die Zeit zu kurz, auch wenn jemand ein halbes oder ganzes Jahr unterwegs ist. Das Problem holt ihn bei seiner Rückkehr unweigerlich wieder ein. Ich habe Pilger getroffen, die deswegen schon wiederholt auf dem Camino waren und noch immer nicht weiter wissen.

Ich bin überzeugt, dass jedermann, sei er nun Künstler, Manager, Hausfrau, Arbeiter, Rentner oder auch behindert, ein grösseres oder kleineres Stück des Pilgerweges gehen kann. Vorausgesetzt, sein Wunsch ist gross genug und er steckt genügend Energie in den Wunsch. Ein Manager, der für sich eine längere Auszeit genommen hatte, fasste dies so zusam-

---

NB Trotz Lebensmittelvergiftung war mein Gewicht seit «Auch» unverändert bei 64 kg geblieben.

men: Wenn er ernsthaft krank wäre, müsste die Firma auch ohne ihn auskommen. Zu oft glauben wir, dass der Laden ohne uns nicht laufen würde und wir unersetzlich seien. Meine grosse Bewunderung gilt jedoch allen jenen Pilgern, die mit einer körperlichen oder geistigen Behinderung unterwegs waren. Ich bin Pilgern begegnet, die mit Hilfe von Krükken den Pilgerweg zu meistern versuchten und die auch bei langen Anstiegen, wie zum Beispiel hinauf auf den O Cebreiro, ihren Rucksack selbst mitgetragen haben und nicht durch einen Taxidienst in die nächste Herberge transportieren liessen. Es ist für das persönliche Pilgererlebnis unerheblich, ob die Tagesleistungen «nur» 10 km oder aber 30 km und mehr betragen.

Um aber in die spezielle Pilgeratmosphäre richtig eintauchen und sie erleben zu können, sind meiner Meinung nach mindestens sechs Wochen Wanderschaft nötig. Ich bin 14 Wochen unterwegs gewesen und habe nach drei Tagen meinen einzigen echten Ruhetag bei Freunden im Jura eingeschaltet. Auch an meinen «Ruhetagen» bin ich drei bis vier Stunden wie bei einem Sonntagsspaziergang unterwegs gewesen. Während 79 Tagen bin ich tagtäglich gewandert. Ein Bedürfnis, einen weiteren richtigen Ruhetag einzuschalten oder in einer der schönen Städte zu bleiben, verspürte ich nicht. Trotzdem bin ich überzeugt, die meisten, wenn auch nicht alle Perlen am Pilgerweg gesehen zu haben. Vielleicht hängt das mit meiner Fähigkeit zusammen, das für mich Wichtige in meinem Unterbewussten abzuspeichern, um es jederzeit wieder von dort abrufen zu können.

Mein Pilgerpass mit allen Stempeln meiner Unterkünfte

Während der ganzen Zeit war das Wandern für mich nie ein Muss. Ich war einfach glücklich, unterwegs zu sein. Im Gegenteil, ich erachtete es bald einmal als besonderes Privileg, in meinem Alter so unterwegs sein zu dürfen. Ehrlicherweis muss ich gestehen, dass ich bei Regenwetter den morgendlichen Start einige Male etwas hinauszögerte.

Ich war alleine unterwegs und würde es wieder so machen, weil ich so meinen eigenen Rhythmus gehen konnte. Im Gegensatz zu anderen, die sich in einer Gruppe wohl und sicher fühlten, wäre mir dies wahrscheinlich zu eng geworden. Nicht selten habe ich Pilger angetroffen, die als Gruppe oder in Begleitung starteten und sich dann oft schon nach wenigen Tagen trennten, weil sie die Nähe auf die Dauer nicht ertrugen. Es war mir nie langweilig, und ich fühlte mich nicht einsam. Ich war alleine unterwegs, und trotzdem fühlte ich, dass ich zu einer grösseren, ständig wechselnden Gemeinschaft gehörte. Es ist eine Zweckgemeinschaft, bei der alle zusammenhalten und sich helfen, um die Chancen zu erhöhen, das Ziel zu erreichen. Am Ziel angelangt löst sich diese Gemeinschaft auf, und nicht selten reisen die Pilger noch am gleichen Tage ab. Ein bekanntes Phänomen. Ich machte mir aufgrund der Erlebnisse auch nicht die Illusion zu glauben, dass ich bei einem Unglück vermisst worden wäre.

Für mich stimmte diese Art des Pilgerns, weil ich so für Begegnungen offener war als in einer Gruppe. Besonders beglückend waren, trotz meiner nicht perfekten Sprachkenntnisse, die vielen Begegnungen und der Austausch mit Pilgern verschiedenster Nationalitäten und selbstverständlich mit den Einheimischen. So wurde ich in den Herbergen oft als Dolmetscher bei Unklarheiten zugezogen.

Aufgrund meiner Vorbereitungen hatte ich eine Ahnung, worauf ich achten wollte. So wurde es eine Wanderschaft in die Vergangenheit, welche die Geschichte Europas stark beeinflusste. Beim genauem Hinsehen wurden viele seit Jahrhunderten oder Jahrtausenden erhaltene Spuren sichtbar und bilden einen lebendigen Hintergrund des Jakobsweges. Besonders bin ich von den keltischen Überresten fasziniert.

Meine Wanderung kann ich rückblickend in drei Phasen unterteilen, die eigenartigerweise mit der Art und Weise, wie ich unterwegs war, parallel zu verlaufen scheinen. Die ersten, etwa drei Wochen umfassende Phase nenne ich Abschalten und Abstand vom Alltag nehmen. In dieser Zeit musste ich mit Hilfe von Landkarten meinen Weg selbst suchen, bis ich südlich von Lyon auf den Pilgerweg stiess. Zu Beginn meiner Wanderung notierte ich im Tagebuch die exakte Zeit und die Kilometer meiner Tagesleistung. Letzterer ging täglich eine längere Planung und Abwägung von Varianten voraus. Ich wollte jederzeit genau wissen, wo ich mich befand und wie lange ich noch bis zum nächsten Ort zu wandern hatte. Bereits gegen Ende dieser Phase wurde dies zur Belanglosigkeit, ohne jegliche Bedeutung; ich begann so lange zu wandern, wie ich mochte oder bis ich eine Unterkunft fand. In dieser Phase bekamen die menschlichen Grundbedürfnisse von Essen, Trinken, Schlafen und der Pflege der Füsse ganz unbewusst die grösste Bedeutung. Alles andere wurde zur Nebensache, weil es für den nächsten Tag nicht relevant war.

Die zweite Phase dauerte rund vier Wochen auf der GR 5. Dabei durchquerte ich das Zentralmassiv und den Süden Frankreichs bis hinauf zur spanischen Grenze auf dem Col du Somport. Ich bezeichne sie als Phase des «totalen men-

talen Freiwerdens, des Loslassens – auch von körperlichem Ballast, des Distanzierens von Sorgen über das Morgen, des Erahnens und Spürens eines Urvertrauens». Meiner Meinung nach wird ein Pilger, der alles genau vorausgeplant hat und genau weiss, wo er jeden Tag schläft, dieses Urvertauen, dass alles gut verlaufen wird, nicht zu spüren bekommen. Dabei wird es unerheblich, welcher Wochentag es gerade ist, und Weltneuigkeiten sind ohne Interesse. Auf diesem Abschnitt war der Pilgerweg ausgeschildert und die Wanderkarten dienten mir nur noch als grobe Orientierungshilfe, um zu wissen, in welcher Gegend Frankreichs ich mich gerade bewegte, als Evaluierung und Abschätzen möglicher Tagesziele.

In der dritten, fünf Wochen dauernden Phase durchquerte ich Spanien, ohne Wanderkarte, mich nur auf den ausgeschilderten Pilgerweg verlassend, was oft mit Unsicherheiten verbunden war. Es ist für mich die Phase der völligen Schwerelosigkeit, der Leere, der unbegrenzten Aufnahmefähigkeit, der Sensibilisierung für das Urvertrauen. In diese Phase fällt auch das tägliche stundenlange und pausenlose Wandern, ohne dass es Mühe und Schmerzen bereitet. Diese werden vermutlich aufgrund der Endorphinausschüttungen nicht mehr wahrgenommen. Andere Pilger bezeichnen dieses Phänomen als «Sog», den Santiago de Compostela ausübt. Es ist eine Art andauernder Trancezustand, einer vertieften, geführten Meditation, bei der der Geist hellwach und aufnahmefähig ist, nicht unähnlich. Aufgrund meiner persönlichen Erlebnisse und Erfahrungen auf dem Camino war es mir vergönnt, das grosse Urvertrauen in den Schöpfergott zu spüren und zu erfahren. Ein Urvertrauen, nicht zu verwechseln mit jenem Fatalismus oder Leichtsinn, dass Gott schon alles richten wird. Sondern ein Urvertrauen, das mit der Gewissheit verbunden ist, dass sich bei einem ehrlichen

und redlichen Bemühen mit Sicherheit immer wieder ein Türchen öffnen wird. Bestimmt entspricht der dargebotene Lösungsvorschlag nicht immer der gewünschten Idealvorstellung. Hauptsache, es bietet sich eine Lösung des Problems an. Nachhaltig beeindruckt haben mich in solchen Situationen die von der «Vorsehung» arrangierten Begegnungen mit vielen hilfsbereiten Menschen.

Motive für eine Wanderung über kürzere oder längere Strecken nach Santiago de Compostela gibt es viele. Zu Beginn habe ich mich nicht als Pilger gesehen, sondern als Wanderer auf einem kulturhistorischen Weg quer durch Europa. Meiner Meinung nach konnten nur Katholiken echte Pilger sein, die aus religiösen Gründen, als Sühne, als Dank oder eines Gelübdes wegen die Beschwerden einer solch langen Wanderung auf sich nehmen. All diese Beweggründe respektiere ich, auch wenn für mich das eine oder andere Motiv unverständlich ist. Wie zum Beispiel jener Spanier, der seiner Frau am Sterbebett gelobt hatte, den spanischen Abschnitt von 850 km Länge fünfmal zurückzulegen, damit sie im Himmel einen besseren Platz bekomme.

Beim Aufbruch kannte ich die wahren Gründe für den grossen inneren Drang, nach Santiago de Compostela zu wandern, nicht. Und ich kannte diese auch nach der Rückkehr noch immer nicht. Von den vielen Motiven, die ich von an-

deren Pilgern gehört habe, trifft keines so richtig auf mich zu. Am ehesten ist es eine Mischung aus Fernweh und Sehnsucht nach Unbekanntem und nach der Vergangenheit. Beim Abwägen aller Aspekte haben sich zuerst zwei für mich realistische Möglichkeiten abgezeichnet. Ich besitze die in Europa seltene asiatische Blutgruppe B der Nomaden. Diese habe ich von meiner Grossmutter mütterlicherseits vererbt bekommen. Ausser einer leicht bräunlichen Hautfarbe hatte sie keine asiatischen Merkmale. Ob diese Blutgruppe ein Gen für das Nomadentum enthält, ist mir unbekannt. Dieses asiatische Gen mag vielleicht auch der Grund sein, warum es mich immer wieder nach Asien zieht, während Amerika mich eher kalt lässt. Vielleicht ist in diesem Gen auch der stete Drang der Völkerwanderungen von Osten nach Westen - damals bis nach Finisterra und heute nach Süd-oder Nordamerika- enthalten.

Ich schliesse die Reinkarnation der Seele und des Geistes als real existierende Möglichkeit nicht aus. Deshalb bin ich auch geneigt, den Grund für meine Pilgerreise auf eines meiner früheren Leben zurückzuführen.

Die dritte und wahrscheinlich die richtige Erklärung ergab sich beim wiederholten Lesen des Manuskriptes. In meiner frühen Kindheit war ich ein schwieriges Kind. Ich nahm keine Nahrung auf und war kaum zu zähmen. Meine Eltern mussten mich immer wieder ins Spital zum Aufbauen bringen. Später mussten sie mich festbinden, da ich sonst überall hinaufkletterte, um selbstverständlich herunterzufallen. Mit zehn Jahren erlebte ich dann eine Nahtoderfahrung, kannte dieses Phänomen jedoch bis ich etwa 55 Jahre alt war nicht, da ich mein damaliges Erlebnis als ganz normal beurteilte. Damals fiel ich von einem Baum und erlitt einen schweren Schädelbruch. Während drei Tagen lag ich Koma und sah von oben herab auf meinen Körper und wie mich die Ärzte operierten. Dabei hat meine rebellierende Seele offenbar begriffen, dass es noch nicht Zeit zum Zurückkehren war, und sie die ihr übertragenen Lebensaufgaben zu erledigen hat. Ab diesem Zeitpunkt entwickelte ich mich normal und hatte auch keine nennenswerten Unfälle mehr. Seither haben sich in meinem Leben allerdings Dinge ereignet, die aufgrund ihrer Kausalität keine Zufälle sein können. Die mir auf der Wanderung erteilte Lektion des sich Führenlassens durch das Urvertrauen Gottes, Jahwe, oder wie man eine höhere Macht auch immer nennen will, habe ich begriffen. Und dass jeder Mensch eine seinen Fähigkeiten entsprechende Lebensaufgabe zu lösen bekommt, die er bei entsprechendem Einsatz auch lösen kann. Der durch den Diebstahl bedingte Abbruch meines ersten Versuches, nach Santiago de Compostela zu wandern, ist für mich persönlich ein Grund mehr, die-

se Möglichkeit ernsthaft in Betracht zu ziehen. Dies umso mehr, als ich mich auf den Tag genau ein Jahr nach dem Abbruch wieder auf den Weg machte, ohne dies bewusst geplant zu haben. Die Zeit war diesmal einfach reif dafür.

Santiago de Compostela ist nur schon seiner historischen Bauten wegen allemal eine Reise wert. Mit einem Städteflug ist es günstig zu erreichen. Ein solcher Tourist wird jedoch kaum erahnen können, welche landschaftlichen Schönheiten, welche architektonischen Baudenkmäler des Mittelalters ähnlich einer Perlenkette entlang dem Camino aufgereiht sind und den Jakobsweg zu einem der wichtigsten Weltkulturerbe werden liessen; von den vielen unvergesslichen Begegnungen ganz zu schweigen.

Ende November erhielt ich von Christian aus München ein Mail (jener Pilger mit den 2,5 kg Steinen.) Er schildert darin, dass er auf Grund einer Vergiftung kurz vor León während einer Woche hospitalisiert war. Ein Dorf, das unter einer argen Rattenplage litt, bekämpfte diese mit Gift, welches ins Grundwasser geriet. Er selbst habe kein Wasser getrunken, sondern nur Früchte damit gewaschen, und trotzdem habe es ihn erwischt. Mit Sicherheit war es die gleiche Geschichte, von der mir Gerald auf dem Weg nach León erzählte. Seine beiden Freunde mussten, wie er damals berichtete, die Wanderung wegen Übelkeit und Erbrechen vorzeitig beenden. Aufgrund

CAPITULUM hujus Almae Apostolicae et Metropolitanae Ecclesiae Compostellanae sigilli Altaris Beati Jacobi Apostoli custos, ut omnibus Fidelibus et Peregrinis ex toto terrarum Orbe, devotionis affectu vel voti causa, ad limina Apostoli Nostri Hispaniarum Patroni ac Tutelaris **SANCTI JACOBI** convenientibus, authenticas visitationis litteras expediat, omnibus et singulis praesentes inspecturis, notum facit: *Dnum Arturum Mueller* hoc sacratissimum Templum pietatis causa devote visitasse. In quorum fidem praesentes litteras, sigillo ejusdem Sanctae Ecclesiae munitas, ei confero.

Datum Compostellae die *21* mensis *Octobris* anno Dni *2007*.

Canonicus Deputatus pro Peregrinis

dieser Erkenntnis glaube ich heute, dass nicht die Fische von Arzú an meiner Vergiftung schuld waren. Dieses Beispiel steht für mehrere derartige Zusammenhänge von Ereignissen, ebenso wie die jeweiligen Warnungen vor bevorstehenden Schwierigkeiten. Erst beim Schreiben des Buches habe ich dies realisiert und auch begriffen, warum es so sein musste. In einem Pilgerbuch habe ich gelesen, dass Santiago de Compostela jeden Pilger so empfängt, wie er es verdient. Mit meinem Unwohlsein muss ich meine letzten Reserven hergegeben haben, um gereinigt an Körper und Geist anzukommen. Weil einzelne Ereignisse für sich alleine keinen speziellen Sinn machen und weil ich nicht alle in meinem Tagebuch notiert habe, verzichte ich hier auf die Deutung weiterer Zusammenhänge.

Es war nie meine Absicht, ein Buch zu schreiben; zu viele Bücher gibt es über den Jakobsweg. Anita hat mich während meiner Wanderschaft ermuntert, alles was ich ihr erzähle, aufzuschreiben, obwohl ich normalerweise kein Tagebuch führe. Die auf dem Pilgerweg gemachten Notizen sollten für mich persönlich sein. Nebst Anita haben mich nach einem Vortrag auch Freunde aufgefordert, doch ein Buch zu schreiben. Es war für mich eine Knochenarbeit, denn in der Schule gehörte der Deutschunterricht nicht zu meinen Lieblingsfächern! Als ich das Buch samt Fotos soweit fertig gestaltet hatte, wurde mir bewusst, dass es, weil durchgängig vierfarbig konzipiert, einen unverkäuflichen Preis von über hundert Franken haben würde. In dieser Situation öffneten sich, wie so oft in meinem Leben, mehrere Türchen, die einem anderen Autoren nicht offenstehen und die es mir erlauben, dieses Buch zu einem erschwinglichen Preis zu verkaufen.

Ich bin glücklich, den Pilgerweg begangen zu haben. Er gehört fortan zu meiner Biografie, genauso wie das Gestalten dieses Buches. Letzeres war vermutlich mit einem gleich grossen zeitlichen Aufwand verbunden wie die Wanderung selbst. Ich bin stolz auf meine Leistung, an einem Stück gegen 2'250 km zurückgelegt zu haben. Viele andere Pilger haben im Vergleich dazu aufgrund ihrer persönlichen Lebenssituation und ihrer Leiden eine bedeutend grössere körperliche und mentale Leistung erbracht. Ich bin dankbar für das Privileg, den Camino in meinem Alter im zweiten Anlauf ohne grössere Zwischenfälle gesund beendet zu haben. Dies ist keineswegs selbstverständlich. Von einigen Pilgern, die ich kennenlernte, weiss ich, dass es ihnen aufgrund von Unfällen, Krankheiten, Kreislaufproblemen oder ganz einfach weil die Füsse sie nicht mehr tragen wollten, nicht vergönnt war, Santiago de Compostela zu erreichen.

Vor allem bin ich Anita, meinem Sohn André mit seiner Familie und allen meinen Mitarbeiterinnen und Mitarbeitern bei *vita sana* und bei der *Triscom* dankbar dafür, dass sie dies ermöglichten und während meiner dreimonatigen Abwesenheit dafür sorgten, dass ich ohne Sorgen unterwegs sein konnte und mir einen Wunsch erfüllen durfte.

Dank

*W*ährend der letzten zwei Jahre habe ich alle Freizeit in die Realisierung dieses Buches gesteckt. Anita danke ich deshalb für das Verständnis, dass ich soviel Zeit vor dem Computer verbrachte. Frau Jutta Blättler und Frau Meta Zeifel danke ich für das Lektorieren des Buchumbruchs, es war für sie eine anspruchsvolle Arbeit. Herrn Dr. André Herrmann danke ich für seine Korrekturen und weil er sich ganz speziell dem spanischen Teil angenommen hat. Herrn Markus Schönholzer danke ich für die Bildbearbeitung. Ausserdem gab er mir viele wertvolle Tipps für die Gestaltung während der Umbruchsphase. Herrn Thomas Joos danke ich für die Überwachung des Drucks. Er ermöglichte auch die Realisierung eines Spezialformates.

Die Farben der Initialen und des Buchumschlages wurden nach der Farblehre von Sri Chinmoy gewählt. Er war Initiant der Friedensläufe und anderer weltweiten Friedensbemühungen und deshalb auch Kandidat für den Friedens-Nobelpreis. Die Farben spiegeln die Erlebnisqualität der einzelnen Tagesetappen und die des Buches im Allgemeinen wider.

Mein Jakobsweg
quer durch Europa

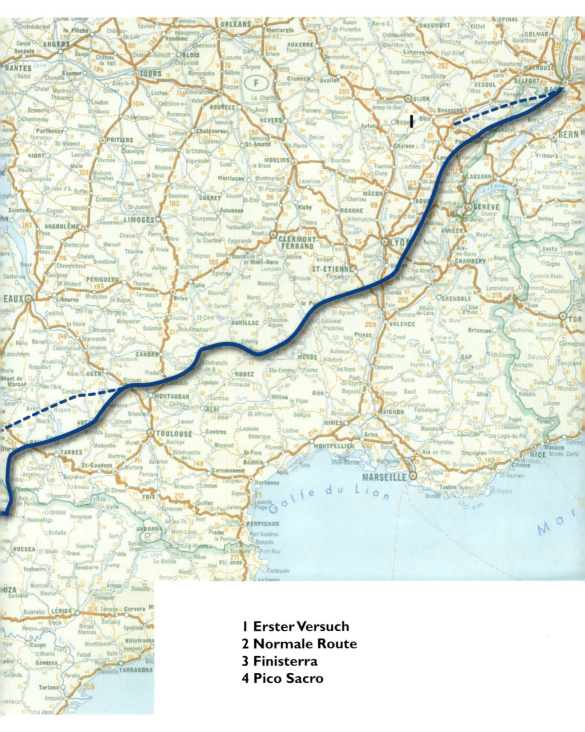

1 **Erster Versuch**
2 **Normale Route**
3 **Finisterra**
4 **Pico Sacro**